房地产并购实务

操作指引与案例精释

吕春华 著

中国法制出版社
CHINA LEGAL PUBLISHING HOUSE

序言

新时代下的金鹏律师与房地产并购法律实务

20世纪90年代,随着改革开放步伐的加快,我国开启了城镇住房制度改革,开启了城镇住房的商品化,从而也催生了房地产行业和繁荣的房地产市场。30多年来,房地产行业经历了快速发展的时期,并且已经成为国民经济的支柱产业。随着行业的发展和市场的成熟,房地产并购业务也越来越活跃,行业和市场对房地产并购的合规以及法律风险防范的需求也越来越强烈,对律师提供并购法律服务的深度、广度以及律师的专业能力也提出了更高的要求。如今房地产并购律师已是房地产并购交易中不可或缺的角色,是发现房地产项目中存在的法律风险和设计交易架构、起草协议条款的重要力量。由于房地产行业的复杂性和房地产并购涉及的法律专业知识的专门性、复合性,未经过专门、系统学习和训练的律师无法担纲这一角色。房地产专业律师随着房地产行业的发展而一同成长,不少律师也已经总结出了自己的经验和方法,并著书立说,但这些书籍和专业文章大多集中于一般性的房地产法律事务,集中研究和探讨房地产并购的法律实务书籍屈指可数,这与越发活跃的房地产并购市场、越发需要专业房地产并购律师团队和服务产品诞生的法律服务市场不相匹配。正是在这样的背景下,作为探讨房地产并购法律实务问题和介绍房地产并购律师实务经验的专著，本书应时代的发展和市场的需求而问世。

广州金鹏律师事务所成立于1993年1月，房地产并购业务一直以来都是该所的核心业务之一，广州金鹏律师事务所及本所吕春华律师团队近30年来为广东省人民政府、广东省地产商会、贵州茅台集团、广州城投集团、广州市市政集团、广州发展集团、广州商控集团、广州基金、广州金控、广百百货、南沙城投、中国铁建房地产、碧桂园地产、万科地产、万达地产、融创地产、保利地产、招商蛇口、中国银行、建设银行、工商银行、农业银行、中信银行、光大银行、招商银行、广发银行、阳光保险集团、珠江人寿等政府机关、国有企业、知名房地产企业、金融机构、海外企业的投资并购业务提供过法律服务，在房地产并购业务方面积累了丰富的经验。如今金鹏律师事务所已步入新时代，在成立30周年之际，本所律师将自身的专业知识、服务经验写进本书之中，以作为对金鹏律师事务所发展成果的总结，也对30年来与金鹏律师事务所共同成长的客户表示衷心感谢。

本书所写内容大多是对过往房地产并购项目法律服务经验和专业知识的总结，不少内容是本所律师独创的服务成果，例如书中所列尽职调查清单模板、并购协议的模板就是本所为某些知名房地产并购项目专门制作的工作文本，法律尽职调查所需调取的档案清单和网络核查清单也是本所律师专门为房地产并购项目而制作。同时，在积累自身的项目经验的基础之上，本书也不忘吸收和总结行业已有知识成果和权威实务指引，不少内容和观点都借鉴和参考了中华全国律师协会、广东省律师协会、浙江省律师协会、山东省律师协会等行业协会的规则和关于并购项目的实务操作指引，本书对律师行业共同体专业精神和奉献精神表示感谢,同时也希望本书能够为行业的发展作出微薄的贡献。

仅仅总结经验还远远不够,法治的发展、法律的修订和完善、法律实践的与时俱进都需要房地产并购律师"且将新火试新茶",不断了解和学习最新的法律规则、法学理论、政府部门政策以及司法观点。因此本书所有的内容都尽量以最新的法律和案例为讨论对象,例如《中华人民共和国民法典》《最高人民法院关于适用〈中华人民共和国民法典〉有关担保制度的解释》《中华人民共和国民法典》出台后最新修订的与房地产并购相关的《最高人民法院关于审理涉及国有土地使用权合同纠纷案件适用法律问题的解释》等司法解释以及对司法实践带来较大影响的2019年发布的《全国法院民商事审判工作会议纪要》等都成了本书涉及的内容,以确保本书的内容和观点具有准确性、时效性和实用性。本书共分为五章,第一章主要是作者对房地产行业和并购业务的观察以及并购基础理论和法律服务的概述,让读者对房地产并购有一个初步的了解。第二章主要论述房地产并购项目的尽职调查实务以及尽职调查应重点关注的法律问题,旨在为法律和相关行业人员提供实务指引。第三章主要描写了并购协议的起草和履行的相关事项,旨在为交易文件制作等法律服务提供指引和参考。第四章重点剖析了房地产并购当中时常发生的纠纷,分析了法律规定、案例裁判观点以及交易各方特别是并购方在交易中应当注意的问题和防范的风险,笔者认为,只有更好地了解纠纷和争议焦点,才能更好地进行尽职调查和起草交易文件。第五章是关于跨境房地产并购和困境房地产并购项目的尽职调查实务,笔者的一些经验可供参考。

总之,希望本书能够为同行业专业人员提供有用的实务指引、带来专能力的提升，也希望房地产等相关行业的人员以及参与房地产并购交易的工作人员能够通过本书了解律师提供房地产并购法律服务的相关内容，并就法律风险的防范获得行之有效的建议。如读者有任何疑问或者建议，欢迎随时与金鹏律师联系和沟通，期待进一步的交流。

广东省律师协会名誉会长

广州市律师协会名誉会长

广州金鹏律师事务所创始人

王波

二零二三年一月

目录

第一章 房地产并购法律实务概述

第一节 房地产并购业务概述 / 003
一、房地产并购业务、市场与趋势 / 003
二、房地产并购的政策动向 / 004

第二节 房地产并购的概念、类型与法律要点 / 016
一、并购的概念与类型 / 016
二、股权收购与资产收购的概念 / 021
三、房地产并购的概念与类型 / 023

第三节 房地产并购律师提供法律服务概述 / 028
一、法律尽职调查、法律风险提示服务 / 028
二、交易结构设计、并购协议起草或修改服务 / 029
三、并购项目投资后法律顾问、争议解决服务 / 031
四、房地产并购律师的必备技能与项目获取 / 031

第二章　房地产并购法律尽职调查实务

第一节　房地产并购法律尽职调查概述、基本流程与方法 / 039
　　一、房地产并购法律尽职调查概述 / 039
　　二、房地产并购项目尽职调查的基本流程 / 047
　　三、房地产并购项目尽职调查的方法 / 071

第二节　房地产并购项目中法律风险的发现 / 087
　　一、常见法律问题的梳理和分析 / 088
　　二、应重点关注的法律问题的梳理和分析 / 118

第三章　房地产并购协议的起草和履行

第一节　房地产并购协议起草的方法和注意事项 / 189
　　一、房地产并购协议与收购意向书概述 / 189
　　二、房地产并购协议起草的方法和注意事项 / 194

第二节　房地产并购协议参考文本与示范条款 / 205
　　一、资产并购协议参考文本 / 205
　　二、股权并购协议参考文本 / 231

第三节　并购协议的履行与股权、资产的交割应注意事项 / 247
　　一、股权收购协议的履行和交割应注意事项 / 247
　　二、资产收购协议的履行和交割应注意事项 / 266

第四章　房地产并购常见类型的纠纷与风险防范

第一节　类型一：资产并购模式下转让方未取得土地使用权证书 / 279
　　一、未取得证书并购协议存在无效的风险 / 279
　　二、并购协议被认定为无效后的法律后果 / 282
　　三、项目未达到开发投资总额25%以上土地使用权转让合同仍有效 / 284

第二节　类型二：股权并购模式下土地增值税征收的问题 / 287
　　一、股权转让仍存在被征收土地增值税的风险 / 287
　　二、并购方土地增值税征收风险的化解 / 292
　　三、股权并购模式下土地增值税税负转嫁的风险 / 293

第三节　类型三：股权并购模式下其他股东优先购买权的问题 / 294
　　一、股东优先购买权的规定与行权条件 / 294
　　二、侵害股东优先购买权的情形与合同效力 / 296
　　三、股东优先购买权被侵害的防范与救济 / 301

第四节　类型四：转让方"一地数卖"与并购协议履行的问题 / 307
　　一、转让方"一地数卖"，各份转让协议原则上均为有效 / 307
　　二、转让方"一地数卖"的情况下并购协议能否得到履行 / 309

第五节　类型五：股权并购模式下因未披露的债务产生的纠纷 / 313
　　一、存在未披露债务的情况下并购双方的权利与义务 / 313
　　二、法院对未披露债务的负担以及并购方求偿规则的案例 / 315

第五章　跨境与困境中的房地产并购

第一节　跨境房地产并购项目尽职调查 / 325

一、我国香港特别行政区房地产并购尽职调查实务要点、难点 / 325

二、澳大利亚房地产并购尽职调查实务要点、难点 / 328

三、新西兰房地产并购尽职调查实务要点、难点 / 331

第二节　困境房地产并购项目尽职调查 / 337

一、困境房地产项目常见的法律风险 / 337

二、困境房地产项目尽职调查关注重点 / 340

三、给律师同行的尽职调查风险防范建议 / 346

后记 / 349

第一章

房地产并购法律实务概述

第一节 房地产并购业务概述

一、房地产并购业务、市场与趋势

当前房地产并购的进行仍存在诸多困难。首先是并购项目的成交难度大。由于项目超融严重，收购方的利润无法覆盖项目债务，其难以发现被收购方的隐性债务与危机，使当前房地产市场的并购项目风险极大，成交困难。其次是部分房企对拟并购项目所处的城市、区域、位置、销售净利率等提高了准入要求，导致交易双方的供需匹配度低。在当前市场环境下，交易双方针对项目本体的预期容易出现较大差异，遇到通过商业或产业勾地的（也含有住宅用地）项目，由于收购方一般只愿意要住宅，而不愿意要非住宅，导致商业部分和产业部分如何分割与合作成为一大难题。又加上房地产并购其实是对交易双方利益的再分配，因此业务成交前即使经过多轮博弈与斗争，也依然无法成功交易。

在笔者看来，房地产行业未来十几年会进入多元化或产业化时代，除了传统的住宅、公共设施、商业配套建筑，行业进一步的发展将会集中在商业、旅游、医疗、养老、体育、科技园、物流、文化、教育等产业化房地产需求领域。另外，相比传统的项目建成后将其出售以实现盈利的模式，未来房企通过自持物业来实现盈利的情况也会增多，例如通过城市更新、商业或类商业化物业管理、轻资产管理等获得长期、稳定的现金流，包括办公用途租赁、工商业和物流用途租赁、长租公寓用途租赁等，也包括互联网化和智能化的运营管理。在自持物业增多以后，房企可以通过多种方式将未来较为稳定的长期现金收入证券化以满足融资需求，或者通过自持物业抵押、售后回租等方式融资，总之，房地产行业金融化也是未来的发展趋势。随着房企并购业务的发展，大型房企资金、品牌、人才、拿地等优势的凸显以及大型房企向三、四线城市的扩张，房地产行业呈现集中化趋势，百强房企占的销售份额将会越来越大，操盘和投资的项目也会越来越多，随之而来的将会是物业公司和商业地产公司集中化。

二、房地产并购的政策动向

（一）近年房地产并购政策及动态概览

2021年以来，为缓解房地产市场的下行状态，营造良好的并购融资环境，自2021年11月开始，国家不断出台政策鼓励房企进行合理的兼并收购，金融机构也在努力从各方面逐渐加大对并购贷款业务的支持力度，具体政策及动态如表1-1所示。[①]

表1-1　近年来房企监管和房地产并购相关政策概览

序号	时间	发布机构	政策或新闻名称及文号	相关内容	政策要点
1	2015年2月10日[①]	原中国银行业监督管理委员会	《商业银行并购贷款风险管理指引》（银监发〔2015〕5号）	第二十条："商业银行对单一借款人的并购贷款余额占同期本行一级资本净额的比例不应超过5%。"第二十一条："并购交易价款中并购贷款所占比例不应高于60%。"第二十二条："并购贷款期限一般不超过七年。"第二十六条："商业银行受理的并购贷款申请应符合以下基本条件：（一）并购方依法合规经营，信用状况良好，没有信贷违约、逃废银行债务等不良记录；（二）并购交易合法合规，涉及国家产业政策、行业准入、反垄断、国有资产转让等事项的，应按相关法律法规和政策要求，取得有关方面的批准和履行相关手续；（三）并购方与目标企业之间具有较高的产业相关度或战略相关性，并购方通过并购能够获得目标企业的研发能力、关键	并购交易价款中并购贷款所占比例不应高于60%。并购贷款期限一般不超过七年。并购方依法合规经营，信用状况良好，没有信贷违约、逃废银行债务等不良记录。

---

① 本书所标日期为该文件通过、发布、修订后公布、实施的日期之一。以下不再标注。

续表

序号	时间	发布机构	政策或新闻名称及文号	相关内容	政策要点
				技术与工艺、商标、特许权、供应或分销网络等战略性资源以提高其核心竞争能力。"第三十三条:"商业银行应在借款合同中约定提款条件以及与贷款支付使用相关的条款,提款条件应至少包括并购方自筹资金已足额到位和并购合规性条件已满足等内容。商业银行应按照借款合同约定,加强对贷款资金的提款和支付管理,做好资金流向监控,防范关联企业借助虚假并购交易套取贷款资金,确保贷款资金不被挪用。"	
2	2016年3月16日	全国人民代表大会	《中华人民共和国国民经济和社会发展第十三个五年规划纲要》	第二十二章实施制造强国战略第三节推动传统产业改造升级:"实施制造业重大技术改造升级工程,完善政策体系,支持企业瞄准国际同行业标杆全面提高产品技术、工艺装备、能效环保等水平,实现重点领域向中高端的群体性突破。开展改善消费品供给专项行动。鼓励企业并购,形成以大企业集团为核心,集中度高、分工细化、协作高效的产业组织形态。支持专业化中小企业发展。"	鼓励企业并购,形成以大企业集团为核心,集中度高、分工细化、协作高效的产业组织形态。支持专业化中小企业发展。
3	2016年7月17日	国务院办公厅	《国务院办公厅关于推动中央企业结构调整与重组的指导意见》(国办发〔2016〕56号)	"搭建国际化经营平台。以优势企业为核心,通过市场化运作方式,搭建优势产业上下游携手走出去平台、高效产能国际合作平台、商产融结合平台和跨国并购平台,增强中央企业联合参与国际市场竞争的能力。加快境外经济合作园区建设,形成走出去企业集群发展优势,降低国际化经营风险。充分发挥现有各类国际合作基金的作用,鼓励以市场化方式发起设立相关基金,组合引入非国有资本、优秀管理人才、先进管理机制和增值服务能力,提高中央	鼓励中央企业围绕发展战略,以获取关键技术、核心资源、知名品牌、市场渠道等为重点,积极开展并购重组,提高

续表

序号	时间	发布机构	政策或新闻名称及文号	相关内容	政策要点
				企业国际化经营水平。""积极稳妥开展并购重组。鼓励中央企业围绕发展战略，以获取关键技术、核心资源、知名品牌、市场渠道等为重点，积极开展并购重组，提高产业集中度，推动质量品牌提升。建立健全重组评估机制，加强并购后企业的联动与整合，推进管理、业务、技术、市场、文化和人力资源等方面的协同与融合，确保实现并购预期目标。并购重组中要充分发挥各企业的专业化优势和比较优势，尊重市场规律，加强沟通协调，防止无序竞争。"	产业集中度，推动质量品牌提升。
4	2016年9月22日	国务院	《国务院关于积极稳妥降低企业杠杆率的意见》（国发〔2016〕54号）	"（一）积极推进企业兼并重组。1.鼓励跨地区、跨所有制兼并重组。支持通过兼并重组培育优质企业。进一步打破地方保护、区域封锁，鼓励企业跨地区开展兼并重组。推动混合所有制改革，鼓励国有企业通过出让股份、增资扩股、合资合作等方式引入民营资本。加快垄断行业改革，向民营资本开放垄断行业的竞争性业务领域。2.推动重点行业兼并重组。发挥好产业政策的引导作用，鼓励产能过剩行业企业加大兼并重组力度，加快'僵尸企业'退出，有效化解过剩产能，实现市场出清。加大对产业集中度不高、同质化竞争突出行业或产业的联合重组，加强资源整合，发展规模经济，实施减员增效，提高综合竞争力。3.引导企业业务结构重组。引导企业精益化经营，突出主业，优化产业链布局，克服盲目扩张粗放经营。通过出售转让非主业或低收益业务回收资金、减少债务和支出，降低企业资金低效占用，提高企业运营效率和经营效益。4.加大对企业兼并重组的金融支持。通过并购贷款等措施，支持符合条件的企业开展并购重组。允许符合条件的企业通过发行优先股、可转换债券	推动重点行业兼并重组。加大对企业兼并重组的金融支持。通过并购贷款等措施，支持符合条件的企业开展并购重组。允许符合条件的企业通过发行优先股、可转换债券等方式筹集兼并重组资金。进一步创新融资方式，满足企业兼并重组不同阶段的

续表

序号	时间	发布机构	政策或新闻名称及文号	相关内容	政策要点
				等方式筹集兼并重组资金。进一步创新融资方式，满足企业兼并重组不同阶段的融资需求。鼓励各类投资者通过股权投资基金、创业投资基金、产业投资基金等形式参与企业兼并重组。"	融资需求。鼓励各类投资者通过股权投资基金、创业投资基金、产业投资基金等形式参与企业兼并重组。
5	2019年5月8日	中国银行保险监督管理委员会	《中国银保监会关于开展"巩固治乱象成果促进合规建设"工作的通知》（银保监发〔2019〕23号）	1."房地产行业政策。表内外资金直接或变相用于土地出让金融资；未严格审查房地产开发企业资质，违规向'四证'不全的房地产开发项目提供融资；个人综合消费贷款、经营性贷款、信用卡透支等资金挪用于购房；资金通过影子银行渠道违规流入房地产市场；并购贷款、经营性物业贷款等贷款管理不审慎，资金被挪用于房地产开发。" 2."向'四证'不全、开发商或其控股股东资质不达标、资本金未足额到位的房地产开发项目直接提供融资，或通过股权投资+股东借款、股权投资+债权认购劣后、应收账款、特定资产收益权等方式变相提供融资；直接或变相为房地产企业缴交土地出让价款提供融资，直接或变相为房地产企业发放流动资金贷款；违法违规向地方政府提供融资；违规要求或接受地方政府及其所属部门提供各种形式的担保；违规将表内外资金直接或间接投向'两高一剩'等限制或禁止领域等。"	并购贷款资金不得挪用于房地产开发。不得向'四证'不全、开发商或其控股股东资质不达标、资本金未足额到位的房地产开发项目直接或变相提供融资。不得直接或变相为房地产企业缴交土地出让价款提供融资。

续表

序号	时间	发布机构	政策或新闻名称及文号	相关内容	政策要点
6	2020年3月13日	中国人民银行	中国人民银行决定于2020年3月16日定向降准，释放长期资金5500亿元	为支持实体经济发展，降低社会融资实际成本，中国人民银行决定于2020年3月16日实施普惠金融定向降准，对达到考核标准的银行定向降准0.5至1个百分点。在此之外，对符合条件的股份制商业银行再额外定向降准1个百分点，支持发放普惠金融领域贷款。以上定向降准共释放长期资金5500亿元。	降低存款准备金率，除了对冲流动性缺口外，兼顾了降低终端融资成本的诉求，通过全面降准希望打开银行资产端空间进行让利。虽然理论上各类资金本身不会流入房地产，但降准有助于改善商业银行的流动性，提高商业银行贷款额度，因此在实际过程中有助于房地产的发展，至少房贷本身有趋于宽松的可能。

续表

序号	时间	发布机构	政策或新闻名称及文号	相关内容	政策要点
7	2020年6月23日	中国银行保险监督管理委员会	《中国银保监会关于开展银行业保险业市场乱象整治"回头看"工作的通知》（银保监发〔2020〕27号）	1."'房住不炒'政策。表内外资金直接或变相用于土地出让金或土地储备融资；未严格审查房地产开发企业资质，违规向'四证'不全的房地产开发项目提供融资；个人综合消费贷款、经营性贷款、信用卡透支等资金挪用于购房；流动性贷款、并购贷款、经营性物业贷款等资金被挪用于房地产开发；代销违反房地产融资政策及规定的信托产品等资管产品。" 2."保险资金违规投向国家及监管禁止的行业或产业；通过股权投资、不动产投资等方式违规向不符合政策要求的房地产公司、房地产项目提供融资；违规向地方政府提供融资或通过融资平台违规新增地方政府债务；保险产品开发设计和业务发展偏离保障本源；精准扶贫政策执行不到位，扶贫专属农业保险产品与普通商业保险产品无实质差异，'三区三州'深度贫困地区农业保险费率未按要求降低等。" 3."未严格执行房地产信托贷款监管政策，向不满足'四三二'要求的房地产开发项目提供贷款；直接或变相为房地产企业提供土地储备贷款或流动资金贷款；以向开发商上下游企业、关联方或施工方发放贷款等名义将资金实际用于房地产开发，规避房地产信托贷款相关监管要求；对委托方信托目的合法合规性审核不严，为各类资金违规流入房地产市场提供便利；人为调整房地产业务分类、规避合规要求或规模管控要求；违法违规向地方政府融资平台提供融资；违规要求或接受地方政府及其所属部门提供各种形式的担保等。"	强调落实"房住不炒"政策，要求银行、保险、信托、金融资产管理机构进行自查，防止资金违规流入房地产市场。

续表

序号	时间	发布机构	政策或新闻名称及文号	相关内容	政策要点
8	2020年8月20日	住房城乡建设部、人民银行	《住房城乡建设部、人民银行联合召开房地产企业座谈会》	会议指出，人民银行、住房城乡建设部会同相关部门在前期广泛征求意见的基础上，形成了重点房地产企业资金监测和融资管理规则。会议强调，市场化、规则化、透明化的融资规则，有利于房地产企业形成稳定的金融政策预期，合理安排经营活动和融资行为，增强自身抗风险能力，也有利于推动房地产行业长期稳健运行，防范化解房地产金融风险，促进房地产市场持续平稳健康发展。	
9	2020年10月5日	国务院	《国务院关于进一步提高上市公司质量的意见》（国发〔2020〕14号）	1."（四）促进市场化并购重组。充分发挥资本市场的并购重组主渠道作用，鼓励上市公司盘活存量、提质增效、转型发展。完善上市公司资产重组、收购和分拆上市等制度，丰富支付及融资工具，激发市场活力。发挥证券市场价格、估值、资产评估结果在国有资产交易定价中的作用，支持国有企业依托资本市场开展混合所有制改革。支持境内上市公司发行股份购买境外优质资产，允许更多符合条件的外国投资者对境内上市公司进行战略投资，提升上市公司国际竞争力。研究拓宽社会资本等多方参与上市公司并购重组的渠道。（证监会、工业和信息化部、国务院国资委、国家发展改革委、财政部、人民银行、商务部、市场监管总局、国家外汇局等单位与各省级人民政府负责）" 2."（八）拓宽多元化退出渠道。完善并购重组和破产重整等制度，优化流程、提高效率，畅通主动退市、并购重组、破产重整等上市公司多元化退出渠道。有关地区和部门要综合施策，支持上市公司通过并购重组、破产重整等方式出清风险。（证监会、最高人民法院、司法部、国务院国资委等单位与各省级人民政府负责）"	国家鼓励上市公司盘活存量、提质增效、转型发展。完善上市公司资产重组、收购和分拆上市等制度，丰富支付及融资工具，激发市场活力。

续表

序号	时间	发布机构	政策或新闻名称及文号	相关内容	政策要点
10	2020年12月29日	最高人民法院	《最高人民法院关于审理民间借贷案件适用法律若干问题的规定》（2020年第二次修正）	第二十五条："出借人请求借款人按照合同约定利率支付利息的，人民法院应予支持，但是双方约定的利率超过合同成立时一年期贷款市场报价利率四倍的除外。前款所称'一年期贷款市场报价利率'，是指中国人民银行授权全国银行间同业拆借中心自2019年8月20日起每月发布的一年期贷款市场报价利率。"	
11	2021年8月17日	中国人民银行、国家发展和改革委员会、财政部等	《关于推动公司信用类债券市场改革开放高质量发展的指导意见》	"（五）以分类趋同为原则，按照《中华人民共和国证券法》对公开发行、非公开发行公司信用类债券进行发行管理。公开发行公司信用类债券，由国务院证券监督管理机构或者国务院授权的部门注册，相关标准应统一。非公开发行公司信用类债券，市场机构应加强自律，行政部门依法监管和指导，相关标准也应统一。债券发行应符合国家宏观经济发展和产业政策，匹配实体经济需求。限制高杠杆企业过度发债，强化对债券募集资金的管理，禁止结构化发债行为。"	限制高杠杆企业过度发债，呼吁房企"降负债去杠杆"，强化对债券募集资金的管理，禁止结构化发债行为。
12	2021年12月20日	央行、银保监会	《关于做好重点房地产企业风险处置项目并购金融服务的通知》	央行、银保监会联合发布《关于做好重点房地产企业风险处置项目并购金融服务的通知》，并且会同国资委召集部分民营、国有房地产企业和主要商业银行召开座谈会，鼓励优质企业按照市场化原则加大房地产项目兼并收购，鼓励金融机构提供兼并收购的金融服务，助力化解风险、促进行业出清。	
13	2021年12月3日	中国银保监会	中国银保监会新闻发言人答记者问：恒大集团此次未能履行担保义务不会对银行业保险业的正常运行造成任何负面影响	"中国银保监会将认真贯彻国家有关政策，在落实房地产金融审慎管理的前提下，指导银行保险机构做好对房地产和建筑业的金融服务。现阶段，要根据各地不同情况，重点满足首套房、改善性住房按揭需求，合理发放房地产开发贷款、并购贷款，加大保障性租赁住房支持力度，促进房地产行业和市场平稳健康发展。"	合理发放房地产开发贷款、并购贷款，加大保障性租赁住房支持力度，促进房地产行业和市场平稳健康发展。

续表

序号	时间	发布机构	政策或新闻名称及文号	相关内容	政策要点
14	2022年4月18日	中国人民银行、国家外汇管理局	《关于做好疫情防控和经济社会发展金融服务的通知》（银发〔2022〕92号）	"（十三）完善住房领域金融服务。要坚持'房子是用来住的、不是用来炒的'定位，围绕'稳地价、稳房价、稳预期'目标，因城施策实施好差别化住房信贷政策，合理确定辖区内商业性个人住房贷款的最低首付款比例、最低贷款利率要求，更好满足购房者合理住房需求，促进当地房地产市场平稳健康发展。金融机构要区分项目风险与企业集团风险，加大对优质项目的支持力度，不盲目抽贷、断贷、压贷，不搞'一刀切'，保持房地产开发贷款平稳有序投放。商业银行、金融资产管理公司等要做好重点房地产企业风险处置项目并购金融服务，稳妥有序开展并购贷款业务，加大并购债券融资支持力度，积极提供兼并收购财务顾问服务。金融机构要在风险可控基础上，适度加大流动性贷款等支持力度，满足建筑企业合理融资需求，不盲目抽贷、断贷、压贷，保持建筑企业融资连续稳定。"	金融机构要区分项目风险与企业集团风险，加大对优质项目的支持力度，不盲目抽贷、断贷、压贷，不搞"一刀切"，保持房地产开发贷款平稳有序投放。商业银行、金融资产管理公司等要做好重点房地产企业风险处置项目并购金融服务，稳妥有序开展并购贷款业务，加大并购债券融资支持力度，积极提供兼并收购财务顾问服务。

续表

序号	时间	发布机构	政策或新闻名称及文号	相关内容	政策要点
15	2022年7月21日	银保监会	银保监会国新办新闻发布会答问实录①	银保监会在房地产方面坚决贯彻落实党中央、国务院部署，始终坚持"房子是用来住的，不是用来炒的"定位，紧紧围绕"稳地价、稳房价、稳预期"的目标，贯彻房地产长效机制要求，促进房地产市场平稳健康发展。6月份，房地产贷款新增2003亿元，房地产信贷整体运行平稳。在我们采取的措施和工作方面： 一是有序做好房地产行业融资。在落实房地产金融审慎管理的前提下，指导银行保险机构做好对房地产和建筑业的金融服务，6月份房地产开发贷款新增522亿元，同时我们发挥好并购贷款等工具的作用，以及资产管理公司的专业优势，配合有关方面做好"保交楼、保民生、保稳定"金融支持相关工作。 二是满足居民合理购房需求。我们会同人民银行将首套住房贷款利率下限下调20个基点，指导银行提高按揭贷款审批效率，目前放款速度已经达到2019年以来的最快。优化新市民住房金融服务，支持好刚需和改善性客户需求。目前按揭贷款中90%以上是首套房贷款。 三是支持住房租赁市场发展。牵头发布了《关于银行保险机构支持保障性租赁住房发展的指导意见》，将保障性租赁住房贷款从房地产贷款集中度中剔除，提升银行投放保障性租赁贷款的积极性，目前住房租赁相关贷款较上年同期增长62.9%。 四是落实差别化住房信贷政策。指导各派出机构配合地方政府从实际出发优化房地产政策，因城施策做好房地产相关工作，促进房地产市场平稳健康发展。在金融部门的积极配合下，购房利率逐步下行。	银保监会将继续贯彻落实好党中央、国务院的决策部署，继续坚持"房子是用来住的，不是用来炒的"定位，坚持"稳地价、稳房价、稳预期"，保持房地产金融政策的连续性、稳定性，加强与相关部门的沟通配合，保持房地产融资平稳有序，支持商品房市场更好满足购房者合理住房需求，引导金融机构市场化参与风险处置，与住建部、人

---

① 载中国银行保险监督管理委员会网站，http://www.cbirc.gov.cn/cn/view/pages/ItemDetail.html?docId=1062920&itemId=915&generaltype=0，访问日期2023年2月8日。

续表

序号	时间	发布机构	政策或新闻名称及文号	相关内容	政策要点
					民银行加强协同，配合地方政府积极推进"保交楼、保民生、保稳定"工作，依法依规做好相关金融服务，促进房地产业良性循环和健康发展。

（二）房地产并购的并购需求与规律

从并购方角度看，除了通过"招拍挂"方式拿地以外，通过并购项目公司股权或直接从项目公司处收购项目土地的方式是获取项目资源最主要的方式。通过并购，并购方可以获得区位、产品与并购企业发展战略相契合的项目或者获取发展前景、预期收益较好并且性价比较高的项目。对于一些已经完成拿地和前期开发手续的项目，并购方并购之后项目能快速入市销售、实现现金回流，较快满足并购方投资目的。

从被并购方的角度看，完成并购交易能够使被并购方立即获得现金，解决自身资金困难。并购能够使被并购方尽快从项目中脱离出来，完成的投资开发成果通过出售的方式固定下来，将当前的市场利好价值变现，消除或减轻后续的业务或投资风险。还可以通过获得的并购对价清偿被并购方及相关债务人员的债务，解除自身存在的担保等法律风险，及时化解债务纠纷。引入并购方开发投资房地产项目，可使项目的融资渠道和合作协同的机会增加，同时向作为大企业的并购方学习更好的管理经验和业务模式，从而带来附加收益。

根据上文所述房地产并购政策及新闻内容，结合笔者在实务过程中的观察，笔者认为目前乃至近年来，房地产行业的并购都可能存在以下规律和趋势。在2021年央行接连的鼓励政策之下，越来越多的房企积极接手出险房企，比如保利、招商蛇口、华润等积极向11家出险房企提供并购的流动性支持。除此之外，对于拥有较好并购经验和业务操作团队的房企，尤其是区域深耕型以及地方性的稳健房企已经在谨慎中主动收购不良的地产项目。近两年市场上一直存在较多并购机会，在政策暖风的催化下，房企呈现加速并购的局面，但由于资金无法在短期内迅速回暖，房企整体并购推进速度不会太快。

根据国家统计局发布的数据可知，房地产业土地购置面积累计值自2021年以来增长缓慢，房地产新开工施工面积累计值与竣工面积增速放缓，同比都处于下降趋势，可以看出房企资金收紧，这也是影响并购交易成功与增长的一大原因。从国家统计局公布的全国300城各类用地和住宅用地成交面积来看，可能由于房地产交易市场活跃度不足、企业资金压力大等因素，2022年上半年政府供地力度进一步放缓，推出面积和成交面积均有不同程度的下降。[①]

笔者认为房地产市场供应端明显走弱，库存维持高位，短期库存出清压力大、周期可能会延长。而需求端受到居民预期收入走弱以及市场预期不稳定等因素的影响，刚需置业群体观望情绪重，刚需客户买房意愿持续走低。结合来看，住宅用地供需规模同比大幅下降，市场仍旧处于低温态势。受到房地产销售层面的影响，房企到位资金也会下降，房企资金压力持续增长。

笔者认为，未来几年甚至十几年的房地产行业的趋势是房地产并购将呈区域性地继续扩张，如果说往年的房地产并购主要大规模地集中在长三角地区、珠三角地区和以北京、天津为主的华北地区的话，今后全国性的、区域性的大型房地产开发商会重点向同样具备市场潜力和消费需求的二、三线

---

① https://data.stats.gov.cn/easyquery.htm?cn=A01&zb=A0601&sj=202206，国家统计局月度数据简单查询，访问日期2022年7月4日。

中心城市，省会城市及其辐射地区聚焦，从而形成多个规模化的并购业务区域。此外，由于城市土地储备越来越少、获取土地的成本越来越高，在金融监管更加审慎、房地产企业融资更加困难的背景下，房地产企业扩张和稳健需要两手抓，甚至会陷入又想拿项目又面临资金短缺、销售回流慢等两难境地。在前述背景下，部分房企可能面临经营、债务困境，但部分稳健经营的大型房企会强者越强，由此房地产企业对市场声誉、排名、上市等品牌化方式的需求也越来越强。现在并购项目的趋势是并购方不会以单一投资者的心态出现，而是更多地在并购时就考虑后续项目融资的问题，考虑后续项目是否能够获得其他前端融资方和金融机构的融资，即以融资为导向设计、开展并购，例如在并购之前就已经开始设计可行的融资方式、寻找后续的融资渠道，又如计划在后续的开发贷进来以后，及时清偿并购方和其他股东方投入的资金和项目公司欠款（包括股东借款、工程款欠款等），以减轻并购方和其他前期投资方的投资压力和风险，防止在并购后又产生新的融资困难或问题，从而导致项目无法继续进行或出现僵局，最终导致投资失败。也就是说，各方在并购时，就已经打算在解决各自的融资需求以及项目公司的需求以后，再进一步推动并购交易。

第二节　房地产并购的概念、类型与法律要点

一、并购的概念与类型

（一）并购的概念

查阅我国现行有效的法律、法规可以发现，我国未对"并购"一词有一个行政法规以上层级的统一定义。一般理论认为，并购是"兼并"和"收购"的合称。并购是指一家公司为获得另一家公司的控制权或最具有实际价值的资产，利用自身资产，购买目标公司资产或股权，以此为自身或目标公司带来利益增

长或挽救危机企业的交易方式。简言之，并购是指公司为了实现扩张目的的购买与重组行为，是一个含义较为广泛的概念，主要包括股权收购、资产收购、公司合并、分立与债转股以及资产、股权收购后的公司股份制改造与重组等。

《中华人民共和国公司法》（2018年修正）第一百七十二条将"公司合并"方式定义为"吸收合并"与"新设合并"。"吸收合并"与"新设合并"形式上都是由多家公司合并成一家公司，区别是"吸收合并"的公司仍会保留合并前其中一家公司的法人资格，而"新设合并"的方式下，合并前的公司法人资格全部消灭，成立的新公司建立新的法人独立资格。

而收购一词则有两种含义，第一种含义和并购无实际性差别，最本质的目的是通过交易取得其他公司的控制权从而给收购方带来经济效益的经济行为，和并购的主要差别在于并购具备了取得控制权后合并、改制、划转、债权债务重新安排等兼并重组的含义，而收购只关注取得控制权或重大资产这一交易行为。第二种含义下的收购仅仅是一种投资行为，例如购买目标公司部分股权而不获得控制权，不实际参与目标公司经营，不撤销或过分干预目标公司现有管理层，仅仅作为财务投资人和大股东、管理层分享目标公司的利润或股权增值。

由于房地产并购并不会涉及过于复杂的兼并重组，而更多地关注以项目土地使用权和在建工程、地上房产为核心的目标公司股权和资产交易这一行为，所以本书中所指的收购是第一种含义的收购，与并购这一概念无异。笔者认为，所谓收购，是指收购人出于资源整合、财务税收、提高企业市场竞争力等方面的考虑，通过购买公司股东的股权或以其他合法途径控制该出资进而取得该公司的控制权或管理权以及购买该公司的资产并得以自主运营该资产的行为。取得控制权或管理权的企业称为并购方或收购公司，对方公司成为目标公司或被收购公司。[1]因此，本书在多数情况下使用房地产并购一词，但也可能将并购与收购混用，本书中，两者词义相同，望读者知晓、不要产生疑惑。

---

[1] 参见浙江省律师协会《律师提供并购法律服务操作指引》第二章定义与概述第二条定义3相关部分。

（二）并购的实质与动因

企业并购的过程实质上也是企业控制权流转的过程，在这个过程中，参与企业都通过并购一定程度上实现了自己的经济目的。不论是通过同行业、上下游企业，还是无关联企业之间的并购，一定程度上都是为了实现企业协同效应。一方面，并购通过优势互补、扩大市场份额、降低成本、提供更全面的服务等方式提高企业生产经营的效率与效益；另一方面，并购通过提高企业财务能力、资金运用灵活程度与回报率，极大地提高企业资金使用效益，提高企业收益。

在并购实务中，并购具有十分丰富的现实动因。首先，并购是符合企业发展战略的商业活动，直观来看，并购整合了不同企业的资产、业务、管理、技术、人才等资源，而这些资源往往对并购提起主体来说有充足的资源、明朗的发展道路与前景可供选择，更能通过优质整合降低成本、实现利益的最大化。其次，并购可以在扩大经营规模、提高市场份额的同时提升行业战略地位。企业通过并购完善生产技术与销售渠道、扩展市场份额与客户群体、强化甚至是帮助确立企业在行业中的领导地位，实施品牌经营战略，提高企业知名度，强化品牌效应。最后，对于危机企业来说，并购重组是挽救危机企业，带来新的资金、人力、技术、管理、销售等资源，对双方资源进行优势重组、反亏为盈的有力措施。

（三）并购的类型

随着经济和社会的发展，人们对并购类型的分类和认知越来越精细。

1. 按并购的产业对象与提起并购的企业的关系分类

按并购的产业对象与提起并购的企业的关系，可以将并购分为三种基本类型。

（1）横向并购

横向并购的对象是与提起并购的企业属于同一行业、类似层级的企业，通过并购，可以快速扩大规模、提升市场份额、打造规模经济和效益。

（2）纵向并购

纵向并购的对象是同一产业的上下游企业。纵向并购的企业之间没有直接的竞争关系，但仍然属于同一个行业内的供需链。通过并购，可以控制成本与价格，因此该种并购方式也被很多企业所选择。

（3）混合并购

混合并购的对象与提起并购的企业，不属于同一行业，甚至没有任何经济关系，是企业发展范围经济、分散行业风险、实现企业多元化发展的高效途径。

2.按并购的企业资产内容分类

按并购的企业资产内容可以将并购分为无形资产并购、有形资产并购，如图1-1所示。

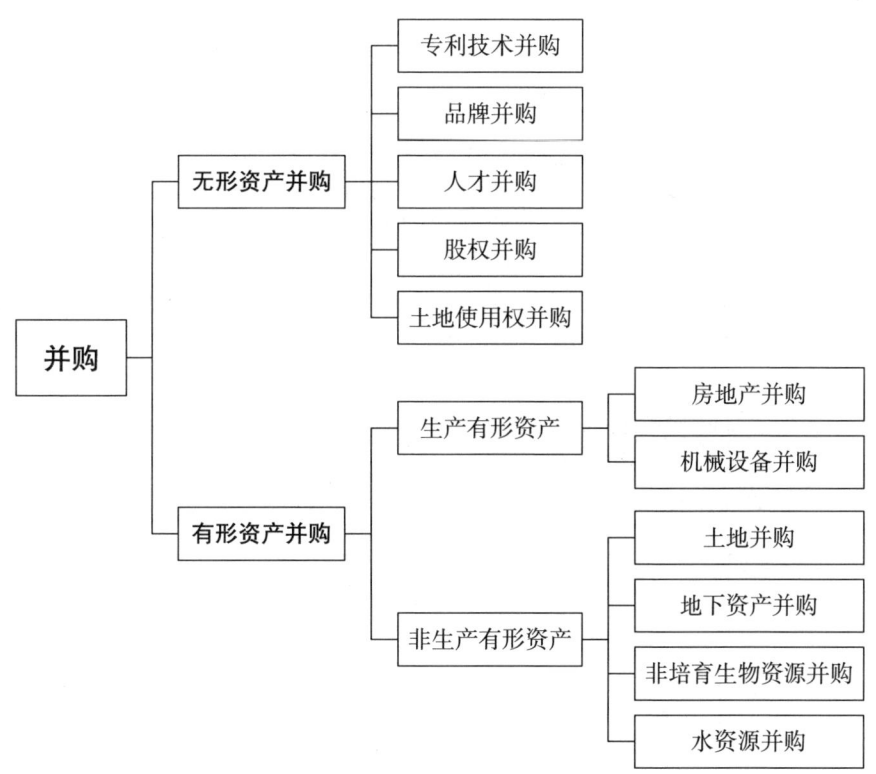

图1-1　按并购的企业资产内容分类

3.按并购方的态度分类

按并购方的态度可以将并购分为善意并购和恶意并购，如图1-2所示。

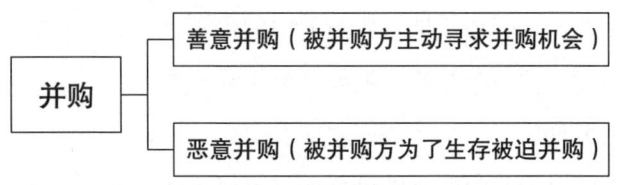

图1-2　按并购方的态度分类

4.按并购标的分类

"标的"是合同当事人之间存在的权利义务关系。所有合同都一定有标的，但不一定有标的物。标的的种类总体上包括财产和行为，其中财产又包括物和财产权利，具体表现为动产、不动产、债权、物权、无体财产权等。

企业并购中的并购标的可能是物，也可能是财产权利，具体标的取决于交易目的和交易方式。狭义的企业并购通常指对目标公司的股权或股票进行收购，并购标的是股权或者股份。广义的并购，从目的的多样性角度看，实际标的可能是物或者其他权利，如图1-3所示。

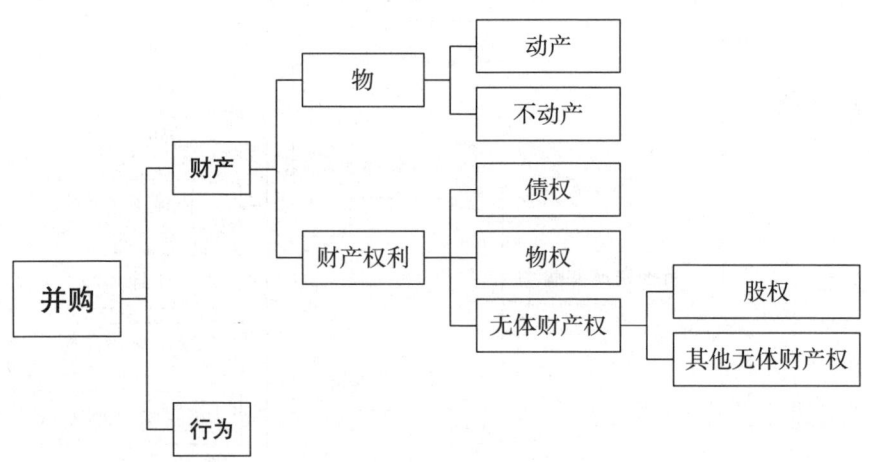

图1-3　按并购标的分类

二、股权收购与资产收购的概念

（一）股权收购的概念

股权收购是指，一家公司（以下简称收购公司）购买另一家公司（以下简称被收购公司或目标公司）的股权，以实现对目标公司的控制的交易。

对于什么是"控制"，我国的不同法律、法规、规章等有不同的规定。例如，《中华人民共和国公司法》（2018年修正）第二百一十六条第（二）项规定："控股股东，是指其出资额占有限责任公司资本总额百分之五十以上或者其持有的股份占股份有限公司股本总额百分之五十以上的股东；出资额或者持有股份的比例虽然不足百分之五十，但依其出资额或者持有的股份所享有的表决权已足以对股东会、股东大会的决议产生重大影响的股东。"此外，实际控制人，是指虽不是公司的股东，但通过投资关系、协议或者其他安排，能够实际支配公司行为的人。对于上市公司收购，《上市公司收购管理办法》（证监会令第166号，2020修订）第八十四条规定："有下列情形之一的，为拥有上市公司控制权：（一）投资者为上市公司持股50%以上的控股股东；（二）投资者可以实际支配上市公司股份表决权超过30%；（三）投资者通过实际支配上市公司股份表决权能够决定公司董事会半数以上成员选任；（四）投资者依其可实际支配的上市公司股份表决权足以对公司股东大会的决议产生重大影响；（五）中国证监会认定的其他情形。"

因此，一般而言，所谓"控制"或拥有"控制权"是指，一家公司对另一家公司在股份、资金、经营、购销等方面拥有实质决策权或具有重大的影响力。其中，股份控制通常是指一家公司直接或间接地持有另一家公司50%以上的表决权股份或虽未达到50%的表决权股份但对该另一家公司具有实质的表决权控制（如上市公司收购中，实际支配超过30%的表决权或者能够决定公司董事会半数以上成员选任）。

按照不同的分类标准，股权收购可以分为狭义股权收购和广义股权收购。狭义股权收购是指通过受让转让方持有的目标公司的存量标的股份的方式获取对目标公司控制的收购；而广义股权收购则除包括狭义股权收购外，通常还包括对目标公司的增资并购。所谓对目标公司的增资并购是指，收购方支付对价对目标公司增资以换取目标公司增发的股权或股份的交易行为，其通常意义上也被称为对目标公司的增资行为，与狭义股权收购的区别在于，目标公司的注册资本和资产相应增加，收购方获得的股权或股份并非目标公司原有（存量）股权或股份。若无特别说明，本书采用狭义股权收购的概念。

在狭义股权收购中，按照对价支付方式的不同，可以分为股权支付型股权收购和非股权支付型股权收购。前者还可以细分为"增发型"股权收购、"子公司换股型"股权收购和"三角"股权收购；后者还可以细分为现金型股权收购、非货币性资产置换型股权收购。所谓股权支付是指，收购公司可以以自身发行的股权或股份或者以其直接持有的其他公司的股权或股份作为对价进行支付；而非股权支付是指除股权支付之外的其他支付方式，包括以货币资金、非货币性的其他财产作为对价进行支付。

所谓"增发型"股权收购是指，收购方以增发自身股份为对价收购标的股权的收购；所谓"子公司换股型"股权收购是指，收购方以其持有的子公司股权作为对价收购标的股份的收购；所谓"三角"股权收购是指，收购方可能基于各种原因，譬如隔离潜在的债务风险（破产风险）、设立分业控股经营架构以及规避某些国家有关并购法规的限制等，并不愿意自身直接作为收购主体出现，它们往往先设立一个收购子公司（通常是全资子公司），并以该收购子公司的名义进行并购交易。在"三角"股权收购中，收购子公司使用其收购方（控股母公司）的表决权股份作为对价收购目标公司股东持有的目标公司股份，以实现对目标公司的控制。交易完成后，目标公司依然保留独立法人资格，成为收购子公司的子公司。

（二）资产收购的概念

资产收购简称A.A.，又称pur-chase of assets，一般来说，不同于股权收购是将目标公司的股权作为交易标的，资产收购是将目标公司的资产，比如房屋、建筑物、设备等固定资产，商标、专利、土地使用权等无形资产以及用于生产经营的原材料、在产产品等流动资产等作为并购交易的交易标的。对于房地产资产收购来说，资产收购的交易标的是房屋、建筑物（在建工程）、土地使用权等。并购方在资产收购的过程中，可用现金、实物、有价证券、劳务或者债务免除的方式，收购目标公司一部分或者全部资产。资产收购完成后，目标公司可自行决定依法存续或解散注销。

三、房地产并购的概念与类型

上文已说明并购的概念，房地产并购的概念也差异不大，房地产并购与其他类型的并购的差别主要在于并购标的的不同，其他并购可能是并购生产型、科技型企业，涉及大宗商品、生产车间、生产设备、知识产权、人力资源的收购，但在房地产并购中，并购标的主要是某个房地产项目。

本书所称的房地产并购或房地产收购是指房地产开发企业直接转让其名下的房地产项目（或直接受让其他房地产开发企业名下的房地产项目）和/或通过转让房地产开发企业股权的方式间接实现房地产项目转让目的的行为。房地产项目是指房地产开发企业通过政府部门出让或其他土地权属方转让获得的土地使用权和/或在该土地上开发建设的住宅、商业（含办公）、酒店等物业及其配套设施等。但不包括无法办理出让手续的划拨土地使用权和/或在该等土地上建设的建筑物及配套设施，亦不包括公有房屋、廉租住房、经济适用房等政府限制交易的物业和/或该等物业占用的土地。[①]

为统一表述、明确词汇含义，使读者更为清晰和方便地阅读本书，本书可能将房地产并购称为并购交易、并购事项、收购、股权收购、资产收购、本次交易等，受让房地产项目或目标公司股权并支付转让对价或收购价款的一方称为并购方、收购方、受让方、买方等，转让房地产项目或目标公司股权并收取对价款的一方称为被并购方、转让方、卖方、出让方。被并购方在

---

① 参见山东省律师协会《律师办理房地产项目转让业务操作指引》（2013年版）第一章、总则的第二条中所涉及的名词解释相关部分。

股权并购模式下为目标公司的股东（本书有时也称为交易对手），在资产并购模式下为目标公司（拥有房地产项目的项目公司），并购方和被并购方合称为并购双方或买卖双方。本书也可能将房地产项目称为并购标的、标的资产、标的股权、项目土地使用权及在建工程、地上房产等，股权并购与资产并购有时也会被称为股权收购和资产收购。

房地产并购模式主要分为资产并购与股权并购，是实践中的最主要的两种并购方式，表1-2是笔者总结的两者之间的异同，供读者参考：

表1-2 房地产资产并购与股权并购的异同

关于一般事项		
序号	对比事项	资产并购	股权并购
1	适用对象	不限制目标企业的企业类型，合伙企业、私营企业等均可适用资产并购。	要求目标企业必须是公司类型的企业。
2	收购标的	目标公司的主要资产、重大资产、全部资产或实质性的全部资产。	目标公司投资者的股权。
3	股东受益情况	股东不能直接从资产收购行为中获益。	股东可直接取得收购款。
4	影响收购价格的因素	拟收购的资产的市场价值。	目标公司的资产价值、负债情况、未来现金流、盈利预测等。
5	再出售阶段税负	收购阶段已承担所得税等，两阶段合并税负整体相对偏轻。	收购阶段的溢价无法被确认为被收购公司的资产成本，需在销售阶段承担企业所得税、土地增值税等。两阶段合并税负整体偏重。
6	整合难度	资产并购后，整合难度大于新设投资。	股权并购后，整合难度大于资产并购。
7	或有债务风险	无须承担目标公司在被收购前的或有债务，或有债务风险小。	成为目标公司的股东，继承目标公司未披露的债务以及担保、抵押附带的或有债务等，或有债务风险大。

续表

关于一般事项				
序号	对比事项	资产并购	股权并购
8	收购阶段时间成本	需要对每一项资产进行尽职调查，然后就每项资产进行所有权转移和报批。资产并购的程序相对复杂。收购阶段时间成本相对较高。	直接进行股权转让，工商、税务办理股权变更登记即可，收购阶段时间成本较低。
9	收购国有企业股权或资产时，进场交易的标的是否有价值或金额限制	有金额限制，达到一定金额才需要进场交易。	无金额限制，均须进场交易。
10	是否需进场交易	国家机关、国有企业、事业单位、国有独资公司和国有控股公司转让其持有的实物资产一般需要进场交易。国有参股公司持有的实物资产一般不需要进场交易。	国家机关、国有企业、事业单位、国有独资公司和国有控股公司转让其持有的股权一般需要进场交易。国有参股公司持有的股权不需要进场交易。
11	收购国有企业资产或股权时，是否需要进行评估	国有企业出让产权、资产的价值均需要经过有资质的评估机构评估，并且根据《企业国有资产交易监督管理办法》的要求，产权转让价格应以经核准或备案的评估结果为基础确定。	需要，但未进行评估或未以核准、备案的评估结果为基础确定转让价格的，不宜直接认定股权转让行为无效。
12	收购国有企业资产或股权是否需要报批	出让企业除履行总经办、董事会、股东会等内部审议程序外，还需要单独报上级国资机构或出资企业审核，内部审核原则上不影响已签订的协议的效力。	国有独资企业、国有独资公司、国有资本控股公司转让国有股权，致使国家不再拥有控股地位的，属于重大事项，应报请有关国有资产监督管理机构和本级人民政府批准，涉案股权转让在一审法庭辩论终结前当事人仍未办理批准手续，应认定股权转让协议未生效。

续表

关于一般事项			
序号	对比事项	资产并购	股权并购
13	并购目的	减少目标市场的竞争对手，改变目标市场的竞争态势。	
14	收购阶段资金需求量	收购阶段资金需求量大。	收购阶段资金需求量相对较小。
15	收购阶段资质要求	收购阶段要求达到投资额25%方可进行资产转让。	净地亦可转让。
关于税负相关情况			
序号	对比事项	资产并购	股权并购
16	收购阶段税负	转让方需承担增值税、所得税等，税负较重。	转让环节，不涉及不动产所有权变更，不需要承担增值税，收购阶段税负较轻。
17	企业所得税	转让方需承担该项税负，居民企业所得税税率一般为25%；非居民企业一般为10%，代扣代缴（具体税率请以税务机关最新的政策为准）。	
18	增值税及其附加	转让方需按约12.1%的税率或约5.5%的征收率征收（具体税率请以税务机关最新的政策为准）。	转让环节不负担该项税种。
19	土地增值税	转让方所承担税负需根据增值额确定，适用30%—60%的超率累进税率。	转让方有可能需承担该项税负。在实践中，部分税务机关将股权收购认定为实质上的房地产转让从而征收土地增值税，但目前尚未有统一明确规定。
20	印花税	转让方和受让方均万分之五。	
21	契税	受让方需承担3%—5%的该项税负。	不涉及该项税种。
关于审慎调查范围宽广程度			
序号	对比事项	资产并购	股权并购
22	设立沿革	一般来说该项非调查重点。	需调查。
23	资质证照	在购买预售商品房的情况下，需调查转让方是否资质齐备。	需调查。

续表

关于审慎调查范围宽广程度			
序号	对比事项	资产并购	股权并购
24	组织结构和对外投资情况	一般来说该项非调查重点。	需调查。
25	股东及实际控制人	一般来说该项非调查重点。	需调查。
26	分支机构	一般来说该项非调查重点。	需调查。
27	财务状况	一般来说该项非调查重点。	需调查。
28	资产	需对拟收购的资产进行调查。	需调查。
29	经营及重大合同	一般来说该项非调查重点。	需调查。
30	劳动和社会保险	一般来说该项非调查重点。	需调查。
31	诉讼、仲裁及行政处罚	需调查与拟收购的资产相关的诉讼、仲裁及行政处罚。	需调查。
32	房地产过户流程	需调查。	一般来说，不需调查该项。

实践中，并购双方可结合上述股权并购和资产并购的差异、优缺点，选择最适合本次交易、最能减少双方交易成本的并购模式。本书的内容涵盖股权并购和资产并购两方面的法律问题，有些法律问题不一定会存在于股权并购之中，一般仅存在于资产并购中，例如被并购方"一地数卖"的问题。有些法律问题主要存在于股权并购中，例如本书的第二章所论述的对目标公司详尽、全面的尽职调查实务以及目标公司股权瑕疵状况以及经营管理制度的相关问题等，也有部分问题是两种模式均存在的，例如国有资产交易特别程序相关问题，这些需要读者在了解两种并购模式差异的基础之上进行甄别。

由于并购交易中并购方承担的交易风险更大、对尽职调查的需求更强，本书主要站在并购方的立场上论述和讨论，更多的是为并购方及并购方的律师提供建议，但被并购方也可适当参考。

第三节　房地产并购律师提供法律服务概述

一、法律尽职调查、法律风险提示服务

并购双方具备交易意向以后，需要向律师咨询法律以及当地政策对项目地块的股权并购和资产并购交易可能存在的限制措施、禁止性规定以及鼓励政策等，在并购交易前委托律师对项目地块所在地的政策（包括项目地块规划政策、项目公司工商登记与税收关系政策、不动产登记政策以及房地产行业扶持政策等）进行相应的研究和梳理，并就并购可能涉及的具体行政程序进行调查，例如并购行为是否违背我国并购政策和法律，可能产生怎样的法律后果，并购行为是否需要经当地政府批准或进行事先报告，地方政策对同类收购有无倾向性态度等。[①]这将有助于并购双方初步判断并购项目的可行性，避免双方交易决策的盲目性，如并购项目在法律上不具备可行性，双方也可因此省去后续的步骤，节省各自的成本。

在向律师初步咨询房地产并购政策以后，如果双方决定继续推动并购交易，并购方需要委托律师开展尽职调查。法律尽职调查对于房地产并购交易特别是股权并购交易至关重要，尽职调查的标的不同和类型不同，所需关注的目标公司情况和法律风险也存在差异。对房地产开发项目来说，尽职调查需重点关注和核实的主要是两大块内容，第一是目标公司的情况，包括合法存续、经营资质、业务合同、重大资产和负债情况、劳动人事情况以及诉讼处罚情况等；第二是项目地块的开发建设情况，包括项目土地使用权获取情况以及权属状况、项目投资和开发建设进度、项目销售情况等。并购交易双方尤其是并购方需要委托房地产并购领域的专业的律师事务所及律师团队对

---

① 参见《中华全国律师协会律师办理有限责任公司收购业务操作指引》第三章收购预备第七条预备阶段的信息收集7.3相关部分。

并购交易涉及的目标公司及项目开发建设情况进行法律尽职调查，从而根据律师尽调的结果和建议控制法律风险，为后续的决策提供意见，并以此为基础确定交易对价、敲定并购协议。

法律尽职调查服务的主要工作成果是书面的法律尽职调查报告，律师需要在尽调报告中反映尽调得知的目标公司及项目地块的情况并提示法律风险、给出意见和建议，必要时也需要向客户作口头上的汇报或出具专门的法律问题备忘录。尽职调查法律服务可以是律师提供房地产并购专项法律服务的内容的一部分，也可以单独作为一项法律服务产品，即律师单独就尽职调查接受委托、提供尽调服务和尽调报告，并收取尽调费用。

二、交易结构设计、并购协议起草或修改服务

在法律尽职调查之前或之中，并购双方可能需要签署并购框架协议、收购意向书、保密协议等，律师参与这些协议的签订，一方面有利于双方敲定已经谈定的成果，为双方进一步洽谈和推进并购交易做准备和铺垫；另一方面也可站在并购方的角度，防范并购框架协议等前期协议存在不利于并购方的条款，并协助谈判、确定诚意金、定金等前期费用的数额和性质以及尽调费用的承担等事项，最大限度地维护并购方的利益。

除了前期的协议起草和修改，律师还可以为并购双方拟开展的交易提供交易结构设计咨询，例如确定并购双方为开展并购交易需要完成的步骤和先后顺序，避免并购过程中出现法律障碍。在交易结构设计法律服务方面，律师需要向并购双方提示并购过程中需要完成的法律上的步骤与义务，例如股东会、董事会审议、国资交易报批、在产权交易机构进行交易、审计评估、经营者集中申报、工商变更登记、不动产变更登记、交易价款支付流程、纳税申报与税收代扣代缴等，使并购双方能够顺利地、尽可能最低成本地完成交易。

在尽职调查完成、交易结构确定以后，双方需要签署包括并购协议在内的交易文件，交易文件作为法律文件，需要专业的律师来起草或者由并购双

方自行起草过后交由律师来审核和修改。以并购协议为主的交易文件是双方达成并购交易的第一步，是确定双方权利义务、对尽调过程中发现的风险作出安排并保障后续并购交易完成落实的具有法律效力的文件，因此需要审慎地对待。为并购双方起草或修改并购协议是律师在房地产并购项目中提供的法律服务的核心，前期咨询、交易结构设计、进行尽职调查并提示法律风险后，相关的交易安排、计划、风险负担和责任承担规则等都需要在并购协议和相关文件中落实，后期双方落实并购交易有关事项、发生问题时双方协商解决出现的争议或向对方追责等都需要以并购协议及相关交易文件为依据。因此，除法律尽职调查以外，律师提供以并购协议为主的交易文件的拟定服务也是律师体现专业能力、提供专业价值的核心服务。

交易文件如此重要，因此交易文件的签订必然伴随着并购双方较为激烈的谈判。除了客户可以自行考虑和决定的商业条款以外（如价格条款），大多数权利义务条款都需要律师来敲定，因此律师参与交易谈判也是不可或缺的一个环节。律师在提供并购协议拟定服务的同时，也必然会为客户提供交易谈判服务。律师提供交易谈判服务，既可以防止客户触碰交易陷阱、帮助客户规避法律风险，又可以分析出双方的争议焦点、排除不必要的争议事项，为争议点达成一致提供解决办法和解决思路，促成并购交易达成。

在双方已经谈拢全部的条款、准备签署相关的交易文件之后，并购双方可能须在内部对交易文件及相关事项进行审批或者向上级主管部门报批，为获得有权决定机关例如股东会、董事会、投资决策委员会或政府部门的批准，客户可能还需要律师提供盖章版法律意见书以供有权作出决定的机构参考和决策。法律意见书应当表明律师已经对相关的交易文件、本次并购交易存在的法律风险进行了审核并提供了结论性的意见，双方已经具备了签署相关交易文件的条件，签署相关交易文件不存在重大法律风险并且签订之后对各方合法有效，律师和律师事务所对其出具的法律意见书负责。因此，出具书面的正式的法律意见书也是律师提供的法律服务之一。

三、并购项目投资后法律顾问、争议解决服务

并购交易文件签署后，如果双方按计划履行并购协议，并且顺利地完成并购后的所有交接手续，那么双方将不再需要就相关事项专门咨询律师。但如果双方未适当地履行并购协议，例如并购方未按期足额支付价款、并购交易未获上级主管部门审批通过、被并购方未按期交付项目地块土地使用权或办理变更登记，那么律师就需要协助双方解决发生的问题，商讨如何继续推动交易或者按照客户的要求和实际情况解除并购协议、采取措施维护客户的利益和诉求。总之，律师在并购协议等交易文件签署后，可以为客户提供协议履行、资产股权交割或价款支付方面的法律服务。

并购交易顺利完成之后，并购方开始操盘已经收购的房地产开发项目，由于并购之前提供房地产并购专项法律服务的律师已经专门做过尽职调查，较为熟悉项目开发情况和存在的法律问题，因此房地产并购律师还可以继续为并购方就房地产开发项目后续的开发建设提供常年法律顾问服务，例如审核并购方与政府方、金融机构、建设工程施工方、房地产营销方或中介方、购房业主、物业服务方、承租方等之间的合同，防止并购方与各方发生纠纷。

房地产并购交易过程中，并购双方一旦需要通过诉讼或者仲裁来解决纠纷，也就需要律师提供代理服务，由于提供前期法律服务和参与尽职调查的房地产并购律师对项目和双方的交易情况比较了解，并且也参与了并购协议违约责任、争议解决条款的设计，因此房地产并购律师也可以充当诉讼律师的角色，为客户提供争议解决服务。

四、房地产并购律师的必备技能与项目获取

（一）把握房地产并购法律服务机会的必备技能

笔者认为，房地产行业依然是中国经济的稳定器，尽管当前形势下，房地产市场处于下行状态，成交量也同比下降，但政策方面始终在坚持引导和支持房地产并购发展，强调及时研究和提出能够有效防范化解风险的应对

方案，大力提倡做好重点房地产企业风险处置项目并购的金融服务；融资方面，并购贷款落地速度也在加快，行业从去杠杆到稳杠杆，体现了对房地产行业支持的落实、对行业发展提供有力助推力。

对于法律服务提供者来说，想要在本轮供给侧结构性改革和市场化出清的过程中抓住机会，需要培养和具备诸多能力。

一是对将要服务客户的了解能力以及沟通能力。作为法律服务提供者，需要能够判别什么样的房企具备自救能力和市场内消化能力，对于通过行业间并购来实现市场化出清的房企来说，房企自身需要具备一定的基础条件，才能调控并购过程中可能出现的风险、把握并购过程中的机遇。房企还需具备与目标客户的沟通能力，使其对房企专业能力产生信赖，并愿意与企业建立合作。

二是熟练掌握并购过程中律师提供法律服务的交易要点、法律风险关注要点与防范措施。律师需要做到熟悉并购流程与风险、能迅速根据并购项目具体情况提供不同的风险防范建议与处理措施。具体可分为事前防范、事中防范、事后防范三个部分，事前防范，主要是掌握尽职调查的相关技能，事中防范的核心可能在于交易文件的完善，包括其中的交易行为规范条款、纠纷处理与争议解决条款，事后防范的重点可能在于对交易情况与交易环境的跟进与更新。

一个房地产并购领域的律师，需要清晰了解房地产并购交易过程中各个环节可能存在的风险与解决措施。由于房地产行业的特点，并购交易额动辄千万上亿元，房企对法律风险的防控要求自然也是水涨船高。房地产并购律师必须掌握房地产项目并购过程中的风控要点。

笔者认为，房地产项目并购过程中的风控要点可以分为目标项目公司、土地资产、交易结构，律师应从这三个主要方面来进行把握。

项目公司的风控要点，第一，公司股权构成及决定权问题，当并购方式涉及股权转让时，需要全体股东表决同意，此时最为稳妥的方式是拿到股东会决议书、股东放弃优先购买权声明书，必要时还可以在访谈过程中了解会议的通知、表决情况及股东是否具有购买公司股权的意愿等。还要了解股权是否存在质押、司法查封等权利瑕疵。若存在上述权利瑕疵，应要求转让方解除质押、查封，否则，股权收购后可能无法办理过户手续。第二，股东出资资本是否实缴到位的问题，原公司股东未实缴到位或抽逃出资的，收购方应要求转让方实缴或补缴出资，否则，收购方有权调整股权转让对价。第三，目标公司是否有多个项目开发尚未收尾，对于这类公司，能被看到和被揭露的风险只能算是冰山一角，对于那些水面下的问题，既难以查清，也难以解决，因此很难评估这类项目的并购风险与收益。第四，目标公司的财务与负债情况。对于公司可核查的负债可通过调整交易对价的方式予以解决，但是对于隐性负债则需要十分谨慎，注意核查可能产生隐性债务的重大交易与合同。通过核查公司的财务报表，查询往来款，查询公司的应收账款、应付账款等，确定公司财务情况，对于无法核查的开支、未能补足的票据，在交易总对价中予以扣除。第五，目标公司的涉诉情况。相比于已结诉讼，未结诉讼才是并购交易的关注要点。综合考虑未结诉讼可能的裁判结果、涉诉金额、办理耗时等，对于比较复杂和可能影响较大的诉讼，尽量解决于交易付款前，时间不允许的，需设置交易条款规避相关风险。

土地资产的风控要点，第一，土规与城规是否一致的问题。不仅需要查看项目所涉国土证，还需要查询规划局是否存在土地调规变性的问题，土规城规不一致的，大概率会增加拿地后的时间成本，导致开发延后。而调规变性的项目，比如工业地变住宅地，有些地方需要经过政府收储，改变土地性质完成后再统一招拍挂，能否成功中标以及招拍挂的时间沉淀成本就是很大的危机了。第二，区域规划是否变更的问题。有些项目审批时可能属于住宅用地，但是随着城市控规的调整，变成了交通用地，交易前需要到规划部门核查清楚。第三，土地是否涉及闲置的问题，对于规定在一定年限内动工但未动工的，可能需要缴纳巨额的土地闲置费用，甚至被收回土地。第四，土地款滞纳金问题，大多数拿地较早的地块可能都涉及滞纳金的问题，对此，既需要在交易结构中对滞纳金的切割问题设置一个明显的时间界限，也需要尝试是否有途径减免一定数额的土地滞纳金，主要思路是寻找土地本身是否存在瑕疵，比如土地不符合"三通一平"要求、政府出让时国有建设用地不是净地等，具体瑕疵可以学习相关法律法规的最新规定。第五，土地出让部门出具的用地红线图所划用地红线是否涉及不利因素，比如用地红线是否与天然气管道、高压线区域重合等，需要提前查阅文件与主管部门进行沟通，确定是否能迁改以及预计所花时间的问题，对于不能迁改的，将会存在很大的法律风险。第六，建设项目是否符合"三通一平"的要求，对于一些新区的地块，这个问题比较容易被忽视。

交易结构的风控要点，第一，明确交易对价支付节点与对应的股权、抵押、担保，先拿到对应的股权、抵押、担保后，再支付交易对价。最大限度地降低交易风险。第二，明确约定交易税费的支付人、方式、时间节点。比如交易价款是否含税及股东的个人所得税、增值税等由谁缴纳，对于未缴纳的，在交易总价中扣除相应金额。第三，尽量降低定金金额，如此建议的理由首先是定金支付时，己方其实没有得到任何实质性的利益；其次是即使放在共管账户中，也有可能由于合作企业存在债务而被法院执行；最后是共管账户内的资金，没有发挥资本应有的功能，因此并购方应尽量降低定金金额。

（二）房地产并购项目的渠道建设与项目获取

整体来看，2022年以来，中央以及地方都在持续调整房地产供需两端的政策，但实际情况是刚需购房者置业预期下降，房地产市场仍延续低温态势，在此情况下，房企更需谨慎投资、做到科学决策、把握结构性机会、实现稳健发展。对于不同类型的企业来说，需要在当前房企市场中承担不同的角色与分工。首先是资金充足的国企央企，需要在政策的号召下，继续发挥担当作用，促进房地产市场平稳发展，借助数据工具科学决策，聚焦优势地区、优势企业、优势项目，从投资端把控风险。其次是部分经营稳健的民企，则需要利用自身积累的经验与资源、把握机会、积极作为，在稳健的投资策略中实现企业发展。最后是危机企业，这类企业首先需要清楚把握自身存在的风险与问题，有针对性地引入上述不同主体，为企业解决资金危机、助力企业恢复经营、为减少资产负债选择合适的合作对象。对于处于并购不同地位的房企来说，需要并购企业对项目过程中的配资业务进行合理的规划，最好是对目标项目或者公司进行详细、精准的研判，然后各自评估企业的并购和操盘能力，主要包括项目获得与筛选、风险防范与解决等。

对于律师来说，确保有能力接触到足够多的项目，才有机会从中进行筛选从而建立合作，一般而言，我们可以从以下渠道获取并购项目信息。

（1）密切关注已与团队建立合作的投资机构与房地产企业，关注是否有相关并购计划，利用已建立的合作和信任，获取项目最新信息与企业信息，为是否就并购项目建立合作提供决策依据。

（2）接触了解投资机构及房地产企业信息的专业人士，参与或关注投资机构与房地产企业举行的沙龙、讲座、开设的公众号等，关注最新并购动态与机会。

（3）关注同行律师发布的动态与业务合作邀请，对于律师来说，部分业务来自同行的合作邀请也比较常见。

（4）关注头部投资机构与房地产企业，这些头部企业的投资举措往往具有行业引领作用，关注到头部企业的动作，可以顺藤摸瓜地关注到很多投资机构或者房地产企业的投资计划。

获取相关并购信息之后，在对信息进行处理以进一步决策是否并购合作时，并购双方往往都会评估待合作目标项目的债权债务情况、所需投入资金额、项目整改难度、相对方配合程度、项目完成所需时间跨度等，根据目标项目的综合整改难度，判断自家公司与可能合作企业的规模、资金储备、管理能力等是否匹配，一般来说，项目体量越大，在并购乃至投资后的运营、管理、整改等环节所需的资金量也会更大、涉及的债权债务关系也会更加错综复杂、项目阻力也会更大，此时可能需要自身实力强大的企业作为收购方以达到盘活项目的目的。而对于整改难度不大、资金需求量中等、债权债务关系较为简单的项目来说，资金规模中等的房企可以积极参与，比如稳健运营的一些房企。这种多维度的考量与匹配，实质上是对各类风险规避、承受、解决能力的匹配，是企业并购前必须明确的必要因素。

第二章

房地产并购法律尽职调查实务

第一节　房地产并购法律尽职调查概述、基本流程与方法

一、房地产并购法律尽职调查概述

(一)房地产并购法律尽职调查的概念与意义

1.法律尽职调查的概念

尽职调查(due diligence)也被译为"审慎调查",是并购主体在房地产并购交易中自行或委托第三方中介机构对目标公司、其他相关主体以及拟并购的房地产项目的情况进行全面调查和核实的过程。在其他类型的投融资并购项目或重大资产交易的尽职调查中,根据被投资或并购的目标公司、标的资产所处的行业特殊性,通常需要医药行业、房地产行业、建设工程行业、评估行业、投资行业、科技行业、环境影响评价行业、税务行业、知识产权行业、资信评级行业、财务会计和法律等各行业的专业人士参与,并分别形成尽职调查报告或相应专业意见,以作为投资、并购主体综合全面评估目标公司和并购标的资产历史与未来的财务状况、运营状况、盈利能力、投资价值、法律风险的数据与信息来源,为后续的投资决策提供参考,其中由法律专业人士和财务会计专业人士参与和完成的尽职调查通常是所有类型项目都必须具备的。

顾名思义,法律尽职调查就是由法律专业人士实施的尽职调查,由于投融资并购项目和重大交易的类型不同,参与调查的专业人员身份和尽职调查的范围也不同。

就参与的专业人员的身份而言,资产市场项目由于对专业意见的独立性

要求较高，通常要求上市公司或者拟IPO[①]公司委托第三方中介机构即律师事务所完成尽职调查并出具尽调报告和法律意见（这些报告和意见将作为交易文件之一在资本市场公告和披露），而房地产并购项目的并购方可从自身的需求和项目实际情况出发，由己方法务、业务人员完成尽职调查，由律师事务所律师完成尽职调查或者由己方法务人员和律师事务所律师同时参与并完成尽职调查，对于合规要求较为严格的大型国有企业来说，企业法务人员和外部律师通常同时参加尽职调查并分别提供意见。本书集中于论述房地产并购律师实务，因此本书所述的法律尽职调查主要是指并购方委托的律师事务所律师参与、完成并以律师事务所名义独立地出具报告、提供专业意见的尽职调查。

就尽职调查的范围而言，房地产并购项目的法律尽职调查主要涉及对目标公司的基本工商情况、历史沿革、资产、重大债权债务、重大合同、业务合规经营、同业竞争、关联交易、劳动人事、政府补贴、税务、诉讼案件、行政处罚以及项目开发建设、项目销售等情况的调查核实，并根据调查核实的事实情况，结合法律规定发现、挖掘、总结目标公司、房地产项目存在的法律问题以及这些问题可能对并购方、并购交易所产生的风险。作为法律尽职调查的总结性和最重要的成果性文件，法律尽职调查报告所反映的事实情况以及律师专业意见是并购主体最终是否决定投资并购、如何防范交易风险以及如何划分并购方与交易对手权利义务和责任的重要参考。

2. 法律尽职调查的意义

通过以上对法律尽职调查概念的论述，我们可以得知，尽职调查是一个帮助并购方获取有用信息以辅助交易和决策的手段和过程，我们也可以反推出尽职调查产生的原因在于作为买方的并购方和作为卖方的股权或资产转让方对目标公司和房地产项目了解的信息不一致、不对称，而公司和房地产项目并购又无法仅仅通过双方沟通交流和告知相关情况所掌握的信息来决策是

---

① IPO是Initial Public Offerings的简称，即首次公开募股。

否进行交易,因此买卖双方为保证交易公平和顺利达成,就必须通过尽职调查来打破信息壁垒、解决这一问题。

具体来说,尽职调查具有如下意义:

首先,尽职调查是打破信息壁垒、减缓信息不对称的最有效工具。交易对手、目标公司出于对自身利益的考量,以及为了尽快促成并购交易,可能会对影响目标公司、标的资产估值的关键信息进行隐瞒或者处理,例如会对资产权属瑕疵、经营不合规情况和一些重大负债进行隐瞒。总之,信息不对称将会影响并购过程中诸多重大决策的正确作出。另外,除了对目标公司和资产相关负面信息的"排雷",尽职调查是并购企业在确定并了解企业整体经营战略与并购目的的基础上,判断目标公司是否符合企业整体经营战略和是否进行并购活动的工具。并购交易的达成本身不是目的,并购成功后目标公司和标的资产给买方企业带来的经济效应等利益才是并购方的目的,了解目标公司的经营、管理、财税情况和法律关系等是否能满足买方企业的要求是尽职调查的另一目的。从并购的结果来看,买方企业通常会承接目标公司的客户、技术、组织机构、员工、债权债务等,这些都是判断并购成本与利润的重要因素。也就是说,尽职调查的作用一方面在于查找可能会给并购方带来风险的"雷",另一方面在于判断此次并购能够给并购方带来多大收益。

其次,尽职调查还是并购交易的"润滑剂"。尽职调查可以让买卖双方就并购交易应当达成的事项,例如双方和目标公司在并购交易达成前应当解决的问题、应当排除的交易障碍以及双方在并购协议中应当达成的一致及承诺等事项及时地浮出水面、暴露出来,供双方在签约谈判时充分沟通和洽谈,避免双方在并购交易进行时和并购协议履行中出现未谈拢的事项、发生争议等,从而保证并购交易的顺利进行。

最后,尽职调查也是企业合规的重要要求以及使拟进行的项目符合监管规定的必备条件。企业在作出重大决策和开展重大项目时,需要按照相关合规和监管要求委托律师出具法律意见。例如在国有企业重大投融资项目中,法律意见书有时也会被要求随同项目文件一并报送国资委审批。[①]而出具意见的前提就是通过尽职调查掌握事实情况，因此只有完成尽职调查，项目才能顺利进行。在符合合规和监管要求的同时，律师的尽职调查、法律意见通常也是并购项目审批决策人员、负责人员和相关业务人员免责的依据，如果未依照要求委托律师开展尽职调查，而投资失败或者项目发生重大法律问题，项目决策人员和负责人将会担责。如果已按照要求开展尽职调查，即使投资失败或者项目发生重大法律问题，项目决策人员和负责人也可以通过证明自己已经履行了合规要求、进行了必要的尽职调查并适当地采纳了专业人士的建议而主张免责。

（二）房地产法律尽职调查应特别注意的事项

如前文所述，尽职调查又名审慎调查，是专业人员进行的一项专业性强、要求高且专门服务于重大商业交易的工作，专业人员在尽职调查中需要保持高度的注意义务、秉持职业操守和专业精神，严格按照执业规范，细致严谨、勤勉尽责，否则将承担相应的法律责任。尽职调查除了要坚持专业性、全面真实性、独立性等原则以外，笔者结合自身的经验，总结了以下尽职调查过程中应特别注意的事项，以供读者参考。

1.尽职调查具有严格的保密要求

第一，尽职调查服务于商业交易，而对投资人和商业主体来说，获取到的商业信息和把握到的商业交易机会都是宝贵的财富，金额大、利润高的房地产并购项目更是如此，尽职调查信息的泄露意味着商机和商业信息的泄露，将给投资人带来损失。

[①] 《广东省国资委关于实施法律意见书制度的指导意见》规定："第二章　法律意见书（八）企业向省国资委报送改制方案、产权处置或重大资产处置方案、重大投融资项目、规定的核销资产损失项目、制订或修改公司章程、需要协调的重大法律纠纷案件以及企业分立、合并、破产、解散、增减注册资本方案等，应当事前进行法律论证，按不同要求出具法律意见书（见附件）。法律意见书作为文件附件报省国资委，未报送法律意见书或报送的法律意见书不符合要求的，省国资委不予受理。"

第二，通过尽职调查了解的目标公司和房地产项目信息都是该公司和项目的关键经营信息，信息的泄露将给公司的经营造成影响。特别是负面、不良信息的泄露，将影响目标公司和项目在市场上的声誉、营销和业绩，严重的情况下还可能招致政府部门的行政处罚、对违法行为的立案调查或招致债权人突然要求清偿债权和申请法院采取强制执行措施等，如果是涉及上市公司及子公司的信息，还可能影响股票价格和公众投资者的权益等。因此，参与尽职调查的律师要注意严格遵守保密义务。

要尽到保密义务，在尽职调查过程中，律师应注意对收集到的资料和非公开的信息以及尽职调查的工作进展情况予以保密，除客户和尽职调查其他参与方外，不得向任何其他第三方，包括律师事务所其他无关人员提供、透露该等资料或信息。如果客户、目标公司、交易对手要求参与尽职调查的律师签署保密协议或承诺等文件的，律师应予以配合。[①]

2.尽职调查的协作性

高质量的尽职调查需要多方的配合和协助，律师应当善于与其他尽职调查参与方进行协作与配合并掌握与目标公司相关人员沟通的技巧。

首先，律师应当要学会与其他尽职调查参与方如会计师、评估师的沟通与协作。例如，在尽职调查资料获取的过程中，由于律师和会计师获取的资料的范围和重点有差异，提供资料的对接人也可能会不同，律师可能和目标公司法务、人力资源负责人员沟通得更多，在诉讼、行政处罚、劳动人事等方面的资料的获取上可能会更快，而会计师与目标公司财务人员沟通可能会更多，可能会更快获取审计报告、财务报表、验资凭证、税务等律师也同样需要的资料，因此律师和会计师就可以及时沟通共享资料，这样可以提高尽职调查的效率。再如，由于律师和会计师掌握的信息有差异，对某些事实不够清楚和了解时，除了向目标公司相关人员求证或者借助资料求证以外，双

[①] 参见广东省律师协会《律师办理并购重组法律尽职调查业务操作指引（征求意见稿）》第三条基本原则之3.5保密性原则。载广东省律师协会网，http://gdla.org.cn//?c=content&a=show&id=1173，访问日期2023年4月7日。

方也可以相互核实印证,增加己方了解到的信息的可信度。总之,律师应保持与会计师事务所、资产评估机构第三方中介机构的有效合作,就业务、财务、税务和法律等相关问题进行相互提示与信息补充,该合作不仅能有效降低遗漏主要风险点等尽职调查风险,同时有助于提高尽职调查的工作效率。[①]

其次,律师还应掌握向交易对手、目标公司相关人员了解事实、获取资料的方法以及沟通技巧。交易对手和目标公司相关人员是在与并购方达成初步的并购意向之后才接受和同意律师等第三方开展尽职调查的,因此通常情况下会非常配合,基本也会如实地告知其所掌握的信息,但有时候由于立场和利益有差异或按照上级领导指示,某些情况下也会刻意隐藏某些事实或者委婉地拒绝回答某些问题,这个时候,律师可以试图从侧面及其他角度询问或者调整问题的表述。要特别注意的是,为避免破坏良好的商业合作关系,对于受访人和对接人不愿回答的问题和拒绝提供的资料,律师不要过于强硬地要求对方回答或者提供,应当及时向客户即并购方反映,让并购方与对方洽谈,并购方最终也未了解到该事实或获取到律师所需的资料的,由于律师已尽到应尽的义务,最终的后果也将由并购方自行承担。另外,由于律师和对接人、受访人专业背景、从业经历存在差异,向受访人、对接人提出问题和资料需求的时候,应注意使用对方能够理解、通俗易懂的表达方式,对某些具有特定名称的资料,例如某份合同,应使用合同的全称,或者进行特别的解释或者指明。

总而言之,注意与其他参与方和交易对手、目标公司相关人员的配合、协助、沟通,尽职调查才能高效地、符合要求地完成。

3.尽职调查应树立底稿意识

任何意见的发表都必须建立在充分、全面地了解事实的基础之上,而证明事实最好的证据就是收集、整理和留存的客观的资料和记录等,律师在尽

[①] 参见广东省律师协会《律师办理并购重组法律尽职调查业务操作指引(征求意见稿)》第三十二条中介机构的协调。

职调查甚至在任何专业的工作中都应当注意制作、收集、整理并留存底稿，以作为自身论述事实、发表意见和主张免责的基础和支撑。

例如，对土地使用权权属状况的调查和判断，需要不动产权证书和不动产登记机构查询到的档案作为底稿支撑。再如，做网络核查时，就网络核查得到的信息需要注意留存网络核查的记录和结果资料作为支撑，如网络页面截图、网上下载的档案、案件判决书、处罚决定书、通知书等。又如，对目标公司管理层进行访谈时，要注意留存访谈录音、录像，保存受访谈人签字盖章的访谈记录、问卷，对交易对手或相关人员承诺或确认的特定事项，由其签署承诺函、确认函等文件。

律师除了收集具有客观性的资料以外，还应当就日常的工作安排、工作流程、已完成的事项和发现的事实和问题、进行的分析以及提出的意见等做好书面的工作记录、工作日志或工作情况汇报、尽职调查工作简报等。尽职调查工作日志、简报等不仅有助于律师和客户之间、律师与其他中介机构之间以及律师与内部成员之间的有效沟通、共享信息和相互提示风险，还能帮助律师在尽职调查结束后回顾尽职调查过程中发现的目标公司的问题，为起草、完善尽职调查报告奠定基础。[1]同时，尽职调查工作日志、简报作为律师自己制作的底稿和工作成果，也可以成为律师在尽职调查过程中勤勉尽责的依据。

树立底稿意识有几点好处和作用，首先就是能够提醒律师发表意见、撰写报告和汇报项目情况和法律问题时，注意全面、客观和真实准确，不发表无底稿支撑的情况或结论以及与底稿所反映的事实不相符合的情况或结论，并对某些底稿不够充分的情况，应持谨慎态度。其次底稿是证明律师工作过程和成果的记录，充足、规范的底稿资料是律师尽到勤勉尽责义务的证据之

---

[1] 参见广东省律师协会《律师办理并购重组法律尽职调查业务操作指引（征求意见稿）》第三十三条工作日志。

一①，即使出现投资失败、发生重大法律问题等导致客户损失的情形，律师也可以通过证明自己已经尽到勤勉尽责义务、对受损事实无过错而主张免责。②

4.律师尽量不要就自身专业范围以外的事项发表意见

首先，律师接受委托开展尽职调查，只是向客户提供事实陈述和法律建议，商业决策权利属于客户自己，商业决策的收益和风险也自然由客户自行承担，律师无法代替客户作出商业决定，尤其是外部律师和出具独立意见的律师事务所，应当更多地提示法律风险和解决、规避法律风险的建议，而不就最终客户是否应当进行交易发表意见，并且客户最终决定是否进行交易，法律只是其考量的一方面。也就是说，律师无法充当投资人的角色。

其次，对非法律专业领域的问题，律师应当谨慎发表意见，例如更多地应由会计师核验的财务数据的准确性、评估师核验的某项资产的估值以及行业专家、投资人对目标公司、某项资产的成长性、盈利能力的评估等。总而言之，律师只是并购项目的参与方之一，法律尽职调查也只能反映目标公司和标的资产情况的一部分，对于非法律专业的问题，还需要其他专业人士参与解决或者各方共同解决。律师就专业范围以外的事项发表意见的话，不仅对问题的解决无济于事，还会引起不必要的误解甚至涉嫌责任承担。

最后还要注意的是，一般而言取得中华人民共和国律师执业证的中国律师仅依据中华人民共和国内地（大陆）法律发表意见，不依照境外法律发表

---

① 参见中国证券监督管理委员会、司法部《律师事务所证券法律业务执业规则（试行）》第三十九条："律师事务所应当完整保存在出具法律意见书过程中形成的工作记录，以及在工作中获取的所有文件、资料，及时制作工作底稿。工作底稿是判断律师是否勤勉尽责的重要证据。中国证监会及其派出机构可根据监管工作需要调阅、检查工作底稿。"

② 《中华人民共和国证券法》第一百六十三条："证券服务机构为证券的发行、上市、交易等证券业务活动制作、出具审计报告及其他鉴证报告、资产评估报告、财务顾问报告、资信评级报告或者法律意见书等文件，应当勤勉尽责，对所依据的文件资料内容的真实性、准确性、完整性进行核查和验证。其制作、出具的文件有虚假记载、误导性陈述或者重大遗漏，给他人造成损失的，应当与委托人承担连带赔偿责任，但是能够证明自己没有过错的除外。"笔者认为，律师在资本市场类项目中出具法律意见书等文件时按照过错推定原则承担责任，在一般的并购项目中就其行为导致的损害承担过错责任。

意见或者对适用境外法律的事项发表法律意见。必要时，针对某一适用境外法律的事项或问题，律师可提醒客户聘请境外律师出具意见或咨询外国法专家。例如目标公司在境外拥有一部分不动产，该部分境外不动产也拟作为本次并购的标的资产的一部分，由于目标公司是依照境外法律享有该部分不动产的权利，境内律师不应就该部分资产的权属完整性、是否存在瑕疵或权利受限情形发表意见。再如目标公司在境外如美国、开曼群岛或维京群岛设立了子公司，如果目标公司将该部分对外投资也作为本次并购的标的资产的一部分，由于该等子公司是依照境外法律成立和存续的，境内律师不应就该等子公司的合法成立、存续和运营状况发表意见，而应当提示客户咨询境外律师。除境外资产和境外投资以外，目标公司签订的涉外合同也可能涉及境外法律的适用，这时候也需要专业的境外律师提供意见。[①]

二、房地产并购项目尽职调查的基本流程

尽职调查的基本流程大致可以分为进驻项目现场前的阶段和进驻项目现场后的阶段。进驻项目现场前，律师应当首先了解目标公司和房地产项目的基本情况、交易的背景和初步方案并及时制作和发送尽职调查资料清单，提前了解项目现场当地工商档案、不动产登记档案等档案资料的查询政策和方法，必要时参加尽调启动会、各尽调参与方沟通会并安排和协调好尽调日程，为进驻项目现场做准备。进驻项目现场后需要完成对交易对手、目标公司管理层及相关人员的访谈，充分、全面地了解目标公司和项目的情况并向客户反馈初步尽调结果，并在项目现场当地完成档案调取以及现场实地考察走访的工作。尽调需求资料如有欠缺的，也应及时要求现场人员提供。结束项目现场工作后，律师

[①] 《律师从事证券法律业务尽职调查操作指引》第七十七条："律师须披露发行人（包括发行人主体以及发行人控股子公司，下同）的重大合同是否合法有效，是否存在潜在风险；若存在潜在风险，是否对发行人生产经营以及本次发行上市有重大不利影响；合同主体是否变更为发行人；合同履行是否存在法律障碍……（8）律师在核查过程中如对发行人与境外机构签署的重大合同的真实性及有效性产生疑问的，可要求发行人聘请境外当地律师出具法律意见。"参见中华全国律师协会：《律师从事证券法律业务尽职调查操作指引》，北京大学出版社2016年版。

需要完成尽职调查的成果性和总结性文件——尽职调查报告，同时也可能需要向客户以会议等形式汇报工作成果、反馈需要重点关注和解决的法律问题。

为方便读者更加具体地了解尽职调查实务流程，笔者制作了流程图（见图2-1），供各位读者阅览和参考：

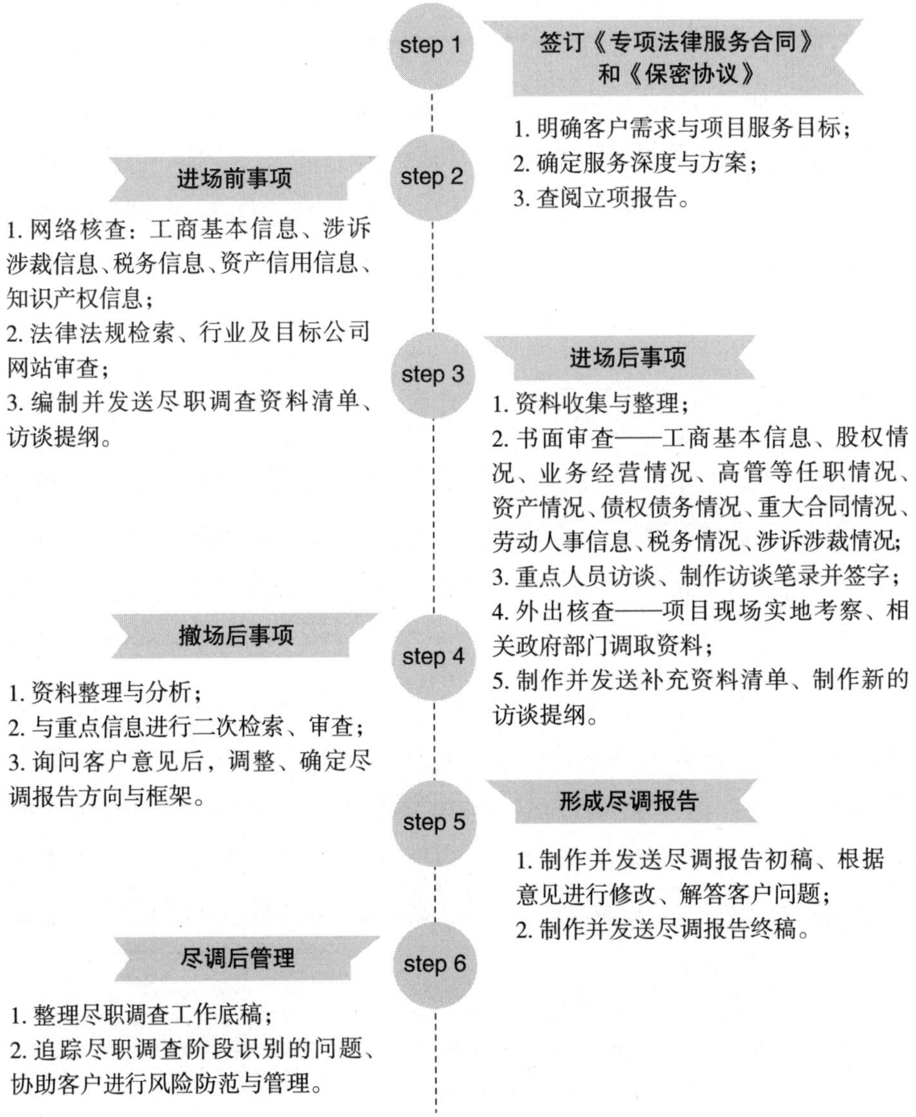

step 1　签订《专项法律服务合同》和《保密协议》
1. 明确客户需求与项目服务目标；
2. 确定服务深度与方案；
3. 查阅立项报告。

step 2　进场前事项
1. 网络核查：工商基本信息、涉诉涉裁信息、税务信息、资产信用信息、知识产权信息；
2. 法律法规检索、行业及目标公司网站审查；
3. 编制并发送尽职调查资料清单、访谈提纲。

step 3　进场后事项
1. 资料收集与整理；
2. 书面审查——工商基本信息、股权情况、业务经营情况、高管等任职情况、资产情况、债权债务情况、重大合同情况、劳动人事信息、税务情况、涉诉涉裁情况；
3. 重点人员访谈、制作访谈笔录并签字；
4. 外出核查——项目现场实地考察、相关政府部门调取资料；
5. 制作并发送补充资料清单、制作新的访谈提纲。

step 4　撤场后事项
1. 资料整理与分析；
2. 与重点信息进行二次检索、审查；
3. 询问客户意见后，调整、确定尽调报告方向与框架。

step 5　形成尽调报告
1. 制作并发送尽调报告初稿、根据意见进行修改、解答客户问题；
2. 制作并发送尽调报告终稿。

step 6　尽调后管理
1. 整理尽职调查工作底稿；
2. 追踪尽职调查阶段识别的问题、协助客户进行风险防范与管理。

图2-1　尽职调查基本流程图

以上就是尽职调查的基本流程，为了使读者能够更全面和详尽地了解房地产并购项目的尽职调查工作，笔者将就以下五个方面即阅读立项报告、了解尽调需求和尽调安排，制作并发送尽职调查资料清单，进驻项目现场开展尽职调查，撰写尽职调查报告，整理工作底稿进行详细论述。

（一）阅读立项报告、了解尽调需求和尽调安排

在委托律师及其他中介机构进行尽职调查之前，客户的业务部门、投资拓展部门，有时包括法务部门和财务部门已经对目标公司和标的资产进行了初步的尽职调查或者已经与交易对手进行了初步的沟通和了解，通常已经形成了立项报告、并购计划方案或投资建议书等项目启动类的报告或文件，立项报告中通常会载明目标公司和标的资产的基本情况、合作背景、政策背景、并购的计划和初步方案、可行性分析、风险因素和交易障碍、投资价值和盈利预测等内容，律师首先应当阅读此类立项报告，对并购方案和交易背景、并购标的的基本情况等有一个初步的了解，并以此了解客户委托律师进行尽职调查的需求、要重点关注和解决的法律风险、交易障碍等。

除了阅读立项报告，律师也可以积极与客户和其他中介机构参与方沟通，必要时参加由客户组织的项目尽调启动会，沟通了解客户的工作安排，充分地了解客户的尽调需求和法律服务需求，同时向客户收集部分客户已经掌握的目标公司和标的资产相关的尽调资料。只有充分和准确地了解了项目背景、客户初步的并购计划方案和并购标的的基本情况，律师才能够高效地开展后续的工作，例如及时准确地向目标公司和交易对手收集尽调资料、及时发现并充分了解法律风险和问题、在项目现场更加全面更有针对性地开展访谈和实地考察等。

（二）制作并发送尽职调查资料清单

目标公司提供的资料是律师全面了解拟被并购的目标公司和房地产项目相关情况的最重要的手段，律师完成尽职调查的前提之一就是向项目公司收

集尽可能全面和充足的底稿资料。为了高效地推进尽职调查程序，让目标公司、交易对手尽快提供尽可能全面的资料，律师就需要尽早向目标公司或交易对手提供一份较为全面的尽职调查资料清单，尤其是在对目标公司和标的资产还不够充分了解的情况下，为避免获取的资料有遗漏，律师更需要根据以往经验制作一份资料需求表达完整的、能够精准地使律师获得想要的资料的清单。

总的来说，房地产并购项目的尽职调查资料清单可以分为两部分，第一部分是目标公司（包括其下属的子公司、分公司）的相关资料，第二部分是目标房地产项目的相关资料。

笔者根据以往房地产并购项目的经验，整理了如下资料清单模板，供读者参考：

法律尽职调查资料清单模板

（主要适用于房地产并购项目）

致：××公司

由：××律师事务所

受××公司委托，本所现就××公司拟参与××项目事宜（下称"本项目"或"目标项目"）对本项目、××公司及××公司下属子公司×1公司、×2公司进行法律尽职调查。

为进行此次尽职调查，本所律师编制了本法律尽职调查资料清单。请贵司按本清单的要求收集整理并向本所律师提供清单所列资料。随着法律尽职调查工作的不断深入和具体情况的变化，本所律师也将继续对本清单进行相应调整和补充。

本所律师联系方式：

感谢贵司的支持与配合！

××律师事务所

××××年××月××日

第一部分：目标公司（包括其下属子公司、分公司）相关资料

文件名称	已提供	待提供	不适用	备注
公司基本情况				
公司经最近一次年检的营业执照（副本）				
公司及其子公司现行有效的组织性文件及经营证书（包括但不限于开户许可证、外汇登记证）				
公司及子公司全套工商内档登记资料（包括公司及其子公司设立及历次变更的工商变更登记资料）（自工商部门调取，注意加盖工商信息中心骑缝章）				
公司现行有效的章程				
提供公司现有的印章（包括但不限于公章、合同章、财务章、其他业务用章等）样式的盖章原件，并说明公司内部关于该等印章的管理规定（包括但不限于印章使用范围、审批流程、用印记录等）				
请提供各董事、监事、高级管理人员任职或持股的其他机构名单				
公司成立时及历次注册资本变更的验资证明或报告，如无验资报告，请提交注册资本实缴的支付凭证或其他权利转移凭证				
公司设立时的股东协议（如有）及随后的全部修改和补充文件				
与公司历次注册资本变更和/或股权转让有关的所有协议及相关交易已履行完毕、无纠纷、注资/转让价款已支付及资金来源合法的确认函、资金合法来源证明				
与项目公司设立、注册资本变更、股权转让等事宜有关的政府部门批准文件、行业主管部门批文、许可证、备案证等				
现有的公司股权和组织结构图（包括公司的股东及各股东的持股比例，公司投资的子公司及该等子公司的股权结构，公司分支机构，公司内设部门）				
请提供公司股东（穿透到最终自然人层）的营业执照、公司章程，如果为自然人的，请提供身份证复印件				

续表

文件名称	已提供	待提供	不适用	备注
请提供公司控股股东/实际控制人所投资的除目标公司以外的机构的名单以及营业执照、现行有效的公司章程				
公司股权是否已出质,如有,请提供所涉质押合同及质押登记资料				
公司股权是否涉及被查封/冻结,如有,请提供相关司法文书及债权文件等资料				
请说明公司股东持有的公司股份是否存在代持、委托持有等相关安排,若有请说明具体情况				
最近三个财政年度内,公司股东会、董事会的重大决议(包括但不限于:资本性支出决议、股权变动决议、利润分配决议、重大资产购置决议)				
请提供员工持股的情况说明(包括但不限于持股人数、比例、行使股东权利的方式)、委托/信托持股协议及其他相关文件(如适用)				
公司现有企业股东经最近一次年检的营业执照(副本)及最新章程				
请提供公司的对外投资情况一览表(包括但不限于控股、参股子公司、分公司及办事处),并提供该等企业最新营业执照及现行有效的公司章程				
业务和资质				
有关公司实际经营业务的书面说明				
公司及子公司取得的所有业务资质、业务许可或业务等级证书及该等文件的年检、续期、变更记录(房地产开发企业资质证书等)				
重大资产、在用物业(目标项目除外)				
土地和房产				
公司自有的或使用的土地和房产清单(请注明物业名称、地址、占地面积、建筑面积、实际用途)				

续表

文件名称	已提供	待提供	不适用	备注
土地使用权如以出让方式取得，请提供土地使用权出让合同、不动产权证、土地出让金和契税缴付凭证；土地使用权如以划拨方式取得，请提供土地划拨决定书、土地使用证				
土地使用权证/房地产权证/不动产权证				
房屋系购买的，请提供产权证和房屋购买合同、付款凭证				
房屋系自建的，请提供不动产权证、立项批复文件、房屋所占土地的《不动产权证》（如有）、《建设用地规划许可证》、《建设工程规划许可证》、《建筑工程施工许可证》、《建筑工程竣工验收备案表》等全部基建文件和验收文件				
房屋以租赁方式取得使用权的，请提供房屋租赁协议、出租方产权证明文件及租赁备案登记文件				
房屋以借用方式取得使用权的，请提供房屋借用协议、出借方产权证明文件				
土地和/或房屋抵押清单，该清单内容包括：抵押权人、债务金额、所对应的担保协议及主债务合同的编号、位置、土地面积或房屋建筑面积，账面原值、净值				
上述抵押土地和/或房屋他项权利证明，以及相关的合同（包括相关的抵押合同、借款合同）和评估报告				
政府部门对公司自有、租用、使用或占有的不动产进行冻结、查封，影响或可能影响不动产权利和使用的任何通知、命令、决定或其他文件				
其他固定资产（除房产以外）				
公司最新一期的资产清单（请以清单形式出具，包括资产名称、购置时间、历史成本、折旧、现值等）				
公司拥有的购置价格超过人民币10万元的固定资产购买合同及付款凭证				

续表

文件名称	已提供	待提供	不适用	备注
公司主要固定资产是否存在抵押等权利受限情形，若有请说明并提供抵押/质押合同、抵押登记文件、主债务合同等证明文件				
公司租入使用的固定资产租赁合同及租赁登记备案文件				
公司自有或使用车辆的行驶证				
知识产权				
公司拥有或使用的全部著作权、专利、商标、服务标识、域名、商号、注册设计、技术工艺、品牌和特许经营权的清单及其登记证、证明文件（如有）				
公司的专利、商标、著作权若存在质押或其他权利受限的情形，请提供相应的质押合同、质押登记或其他证明文件				
公司关于专利、商标、专有技术及其他知识产权的现有或潜在的争议或纠纷的说明及有关的证明文件				
在建工程（如有）				
在建工程的清单，清单内容包括建设单位、地址、承建单位、建筑面积、计划投资金额（万元）、已投资金额（万元）、目前进展状况、项目相关批文等				
公司拥有的在建项目的全部建筑许可性文件，包括但不限于立项批复、土地使用权证、建设用地规划许可证、建设工程规划许可证、施工许可证、建设承包合同、监理合同、勘查及设计合同、环评报告及批复、工程质量竣工验收文件（如有，包括但不限于规划验收、环保验收、工程质量验收、消防验收）、在建工程的最新评估报告（如有）等				
在建工程项目涉及的工程类合同（指勘察、设计、施工、材料或设备采购、监理、工程管理咨询、工程分包或转包等金额超过人民币50万元的尚未履行完毕的合同性法律文件）；以上合同根据法律法规规定需招投标的，提供招投标相关文件				

续表

文件名称	已提供	待提供	不适用	备注
财务				
由会计师事务所出具的，公司自成立以来的历年审计报告				
截至本清单出具之日的公司资产负债表、利润表、现金流量表				
截至本清单出具之日的公司资产、负债及损益的明细科目余额表				
说明"其他应付款""其他应收款"科目下具体项目的形成时间、原因并提供相关的协议、付款凭证等文件				
融资				
公司的借贷（或其他融资）情况清单，包括贷款人（含股东、银行或其他资金提供方）、借贷合同（或其他融资类合同）编号、借款（或其他融资）本金、期限、利率、担保及偿还情况等（请以清单形式出具）				
上述借贷相关的银行进账单、收款凭证、支付凭证				
公司签订的全部贷款合同（或其他融资合同）、《企业信用报告》（中国人民银行征信中心出具的征信报告）				
公司是否以公司信誉和/或资产为公司自身、关联方和/或任何独立第三方债务提供担保（包括但不限于保证担保、抵押担保和质押担保），如有，请提供借款合同、协议、有关担保协议和/或其他有关文件				
公司股东、关联方或独立第三方为公司债务提供担保的清单及相关担保协议、主债务合同、登记备案文件或政府批准文件				
公司与金融机构之间的所有非正式协议，包括授信框架协议、战略合作协议等有关融资的意向、承诺或合意				
公司内部融资/贷款				
融资租赁合同				
信托合同或资产管理合同				

续表

文件名称	已提供	待提供	不适用	备注
重大合同（融资类合同除外）				
截至本清单出具之日公司签订的所有合同的清单，包括合同名称、相对方、签订日期、合同编号、合同金额、已履行金额、应付未付金额等（请以清单形式出具）				
任何含有特别的或义务繁重的条款或将使公司权益受损的履行中、履行完毕或尚未开始履行的合同性法律文件				
有关长期投资或合作的履行中、履行完毕或尚未开始履行的合同性法律文件				
公司所签订的任何有关限制竞争或者专属/独家经营的业务协议				
与关联交易相关的尚未履行完毕的合同性法律文件				
除以上所列之外，其他金额超过人民币50万元的尚未履行完毕的合同性法律文件				
劳动、社会保险及住房公积金				
关于公司人员及组织架构图、员工人数、五险一金缴纳情况（说明缴纳人数、开始缴纳时间、未缴纳原因、缴纳种类、缴费基数和比例）、未决劳动争议、相关行政处罚的书面说明				
公司现任董事长（执行董事）、其他董事、监事、总经理、副总经理、财务负责人（高级管理人员、核心技术人员）名单及简历说明				
公司董事、监事、高级管理人员及核心技术人员与公司签订的协议［如借款协议、担保协议、聘用协议、顾问协议以及为稳定上述人员已采取及拟采取的措施（如有）］				
全体员工名册（含正式工、临时工等）				
劳动合同及/或劳务合同				
员工手册				
员工股权激励计划及有关协议				

续表

文件名称	已提供	待提供	不适用	备注
公司和其员工签订的保密、禁止披露信息和竞业禁止的合同（已签署样本三份）				
最近一期社会保险缴纳凭证				
最近一期住房公积金缴存凭证				
未决劳动争议涉及的律师函、仲裁申请书、答辩书、裁决书、起诉书、判决书、裁定书、协助执行通知书、公司律师意见等文书				
相关行政处罚的行政处罚告知书、行政处罚决定书、行政处理决定书、罚款缴纳凭证等文书				
税务				
公司应缴纳的税项、适用的税率及其依据的清单，包括（如适用）：企业所得税、资源税、营业税、增值税、房地产税、土地使用税/费、城市建设维护税/费、教育/卫生附加费等				
公司近三年度的所得税汇算清缴报告				
公司近三年度的纳税申报表				
有关公司纳税义务或享有税收优惠的税务机关批复				
税务行政处罚的行政处罚告知书、行政处罚决定书、行政处理决定书、罚款或滞纳金缴纳凭证等文书				
公司与税务部门之间关于解决税务争议的文件和往来信函，包括未决税务争议涉及的律师函、复印申请书、答辩书、复印决定书、起诉书、判决书、裁定书、公司律师意见等文书				
诉讼、仲裁、争议及潜在争议				
经诉讼/仲裁/行政程序（行政复议、行政裁决、听证或处罚），由公司提起或针对公司提起的任何请求或主张的全部文件，包括但不限于律师函、仲裁申请书、答辩书、裁决书、起诉书、判决书、裁定书、协助执行通知书、公司律师意见等文书				

续表

文件名称	已提供	待提供	不适用	备注
公司是否存在任何因违反立项、规划、施工建设、环评及验收、消防、交通影响评价等而受到处罚的情形				
任何公司所涉及的清算及破产程序的全部文件				
所有现有或潜在违约事件的详细资料。这些违约可能导致公司须在债务提前到期,或导致对公司业务有重大影响的协议被终止				
公司的律师就现有或潜在的诉讼或仲裁提供的法律意见和分析				
其他				
公司股东/公司是否曾与相关主体签订关于公司股权/公司重大资产的转让意向书、备忘录、转让协议或其他类似文件;如有,请提供并说明具体的履约情况				
公司近三年违反工商、税收、土地、环保、海关、财务以及其他法律、法规,受到行政处罚的相关一切文件及情况说明				
公司是否存在因环境保护、知识产权、经营活动、税务、劳动安全、人身权、施工保护等原因所产生的侵权行为,若存在,请说明具体情况				
公司是否曾进行或者拟进行重大资产的收购或兼并,如有,请说明				
其他可能影响委托方投资的事项情况说明及文件资料				

第二部分:目标房地产项目相关资料

文件名称	已提供	待提供	不适用	备注
项目用地(重要)				
项目用地取得				
改造范围内涉及土地征收、农转用、规划、用地情况(村域面积及涉及国有土地、集体土地的具体情况,有无历史遗留问题,征地留用地等)				

续表

文件名称	已提供	待提供	不适用	备注
公司、公司股东或投资人就目标项目与政府签署的投资协议、合作协议、建设开发协议及该等协议的补充协议（如有）				
公司股东之间或公司与其他主体签订的涉及项目用地权益分配、合作开发的协议、合同				
说明项目用地的取得方式（协议出让、招拍挂出让或划拨；如为招拍挂出让请提供招拍挂的招标文件/拍卖须知/挂牌文件，如为划拨请提供土地划拨决定书）				
《土地出让合同》及其任何补充、变更协议、备案表（如有）				
土地出让金、土地使用权转让费或土地有偿使用费及其契税缴付凭证（如有）				
其他土地成本费用（包括但不限于征地管理费、土地补偿费、安置补助费、青苗补偿费、拆迁补偿安置费、拆迁工程）的支付凭证				
《建设用地规划许可证》（及所有附件、附图，下同）				
用地批复、《建设用地批准书》或其他用地批准文件				
项目用地《集体土地使用权证》《国有土地使用权证》或《不动产权证》				
说明项目用地历史上是否存在土地置换、边线调整、分证、用途变更、容积率调整等情形，如有，请提供国土部门、规划部门出具的相关批复文件、出让合同补充协议或其他类似法律文件、变更前及变更后的《国有土地使用权证》/《不动产权证》、相关公示文件（如有）。如变更期间发生过土地出让金补缴/返还的，请提供相应的支付凭证及票据				
其他能够证明公司拥有项目用地的相关文件（包括但不限于诉讼文书、仲裁文书、行政复议文书、和解协议、成交确认书、公证书）及情况说明				

续表

文件名称	已提供	待提供	不适用	备注
其他需说明的情况（包括项目用地是否存在历史遗留问题，如有，该等历史遗留问题是否已解决）				
征地拆迁补偿情况（如有）				
征地批复、拆迁许可文件				
农用地转建设用地批复文件				
征收、拆迁公告文件				
土地征收协议、房屋拆迁安置补偿合同				
征地拆迁台账				
补偿款支付证明文件				
征地、拆迁情况				
项目用地的规划情况（如有）				
贵方了解或掌握的关于项目用地的总体规划情况				
贵方了解或掌握的关于项目用地的控制性详细规划情况				
项目用地权属争议				
有关项目用地土地使用权争议、用地批复争议、规划许可争议的文件（包括但不限于诉讼文书、仲裁文书、行政复议文书、和解协议、公证书）及情况说明				
项目用地上盖物业情况				
目标项目用地上盖物业（含所有建筑物与构筑物）清单及整体分布平面图				
目标项目用地上盖物业的房地产权属证明文件				
（截至本清单出具之日）目标项目用地上盖物业（含所有建筑物与构筑物）的使用情况说明，包括系"出租""自用"或"闲置"以及具体使用用途（如为"出租"或"自用"）				
与目标项目用地上盖物业相关的租赁合同（包括截至本清单出具之日仍在履行期间的租赁合同以及虽已超出履行期间但承租人仍实际占有该物业的相关租赁合同）、租赁备案登记文件以及物业管理相关文件（包括物业管理手册及物业管理协议）				

续表

文件名称	已提供	待提供	不适用	备注
对目标项目用地上盖物业现有租赁关系的解除、搬迁、补偿、赔偿等相关事宜的意向、协议等相关法律文件（包括但不限于村民与承租人签署，或贵公司或承租人签署）				
贵公司实际控制现有租赁关系的相关法律文件（如有）				
最近三个月的目标项目用地上盖物业所涉租金的支付情况统计				
与目标项目用地上盖物业相关的借贷合同、抵押合同、抵押登记资料、查封登记资料及/或相关情况说明				
有关目标项目用地上盖物业的工程争议、权属争议、租赁争议、规划许可争议、报建批复争议等争议的相关文件及情况说明（仲裁、诉讼、行政复议等，如有）				
目标项目用地上涉及私人住宅、集体物业、临时建筑物的情况说明（如有）				
目标项目用地上涉及违法、违章建筑物的情况说明（如有）				
目标项目用地上涉及军事设施、教堂、宗寺、文物古迹、自然保护区等情况说明（如有）				
土地闲置情形				
说明项目用地是否曾被认定闲置土地或存在被认定闲置土地的可能，如有，需提供有关闲置土地认定的通知、处罚决定、罚款缴纳凭证等文件				
项目用地开发建设或在建工程情况（如有）				
建设项目立项批文				
建设用地选址意见书				
建设项目总平面图或修建性详细规划图				
建设项目环境影响批复文件				
《建设工程规划许可证》				
项目地块规划设计条件				

续表

文件名称	已提供	待提供	不适用	备注
项目总平面、初步设计、施工图纸审查批复文件				
其他设计批复文件（包括但不限于消防、人防、电梯、绿化、防雷、节能等）				
《建筑工程施工许可证》				
重要工程类合同，包括但不限于施工合同、设计合同、监理合同、工程管理合同、项目管理合同及其补充协议				
工程款支付凭证				
竣工验收证明文件［包括但不限于工程主体验收文件，规划验收文件，建设工程竣工环境保护验收审核意见书，建设工程消防验收审核意见书，人/民防工程验收证书，电梯（如有）验收结果通知单/准用证，燃气、供暖工程竣工验收报告，环保工程验收文件，绿化工程验收文件，建设工程竣工档案专项验收意见书，建设工程竣工验收备案证明文件等］				
关于项目建设进度的书面说明，包括项目用地已开发建设的总体情况、分期开发的情况（包括各期用地与各国土证的对应关系）、已开发的面积与未开发的面积等（请以清单形式提供）				
请说明与项目有关的市政、公建配套［包括市政配套（如供水、供电、燃气、通信、邮政、排污、垃圾处理）、公建配套（如学校、社区医院、公厕）］的规划情况及提供相关的规划批复文件				
请提供市政、公建配套的相关合同（如有），且书面说明合同履行情况（如有）				
项目权属登记情况				
已建建筑物的初始登记文件，包括但不限于房地产权属证明书及其他权属证明文件				
购房业主的房屋权属登记情况，包括已办理房屋权属登记并取得房地产权证的户数、未办理房屋权属登记的户数及其原因				

续表

文件名称	已提供	待提供	不适用	备注
与在建工程、已建房产相关的借贷合同、抵押合同、抵押登记资料（包括已售物业解押的相关资料）及/或查封登记资料				
有关在建工程、已建房产的工程争议、规划许可、报建批复争议的文件及情况说明（如有）				
其他可能影响公司进行项目开发建设、拥有物业权属及对物业进行转移和使用的情况说明（如有）				
其他				
其他可能影响委托方投资的事项情况说明及文件资料				

广州金鹏律师事务所制作

需要提醒读者注意的是，由于每个项目的实际情况有所不同，资料清单也需要根据实际情况进行调整。同时由于法律的修改和改革开放的推进，某些资料本身也在发生变化，例如国务院2015年施行了"三证合一"改革，工商行政管理部门核发的工商营业执照、质量技术监督部门核发的组织机构代码证和税务部门核发的税务登记证合并成了由工商行政管理部门核发的加载统一社会信用代码的营业执照；2016年国务院又施行了"五证合一"改革，在全面实施工商营业执照、组织机构代码证、税务登记证"三证合一"登记制度改革的基础上，再整合社会保险登记证和统计登记证，实现了"五证合一"。因此，2015年之后进行的尽职调查资料清单就需要删掉组织机构代码证、税务登记证这两项不再存在的资料，[1]2016年之后尽职调查资料清单就不需要再包括社保登记证、统计登记证。[2]再如，2015年国务院颁布了《不动产登记暂行条例》，国家施行了不动产统一登记制度，[3]之前住建部门和国土部门颁布的《房屋登记办法》《土地登记办法》等规定

---

[1] 参见《国务院办公厅关于加快推进"三证合一"登记制度改革的意见》。
[2] 参见《国务院办公厅关于加快推进"五证合一、一照一码"登记制度改革的通知》。
[3] 参见《不动产登记暂行条例》第四条、第五条。

房屋、土地使用权登记的法律失效，房屋所有权证、国有土地使用权证、房地产权证、他项权证等证书的名称统一成了不动产权证或不动登记证明，为了使资料提供方对清单中的需求资料更加清晰明了、使律师能更有效地获得需求资料，相应的尽职调查资料清单中的资料的名称也应作出调整。笔者在某些律师事务所和团队制作的尽职调查清单中，也经常看见社保登记证等资料项以及将近几年新发的不动产权证写为房地产权证的情况，这样会显得不太专业，有时也会给资料提供方造成困惑。国家和社会正在迅速发展，导致资料的名称和种类也在迅速改变，这方面的例证非常之多，笔者不再一一列举，同时也提醒读者关注法律和政策的变化，及时更新尽职调查资料清单模板。

同时，笔者制作的以上清单模板主要用于初次向目标公司、交易对手发送时使用，律师可以根据资料提供情况、尽职调查过程中新发现的问题和情况等在初次发送的清单基础上更新、完善清单，制成补充资料清单向目标公司和交易对手发送，以便完善与加速资料获取。

（三）进驻项目现场开展尽职调查

在进驻项目现场后，通常情况下各方会进行项目现场尽调工作启动会，客户、中介方以及目标公司、交易对手方以及其他需要参加、配合的人员会进行自我介绍、相互认识。在熟悉各方和相关人员的身份、职务以后，律师就应当开始主动联系目标公司、交易对手方指定的资料对接人，沟通、催促尚未提供的资料，确认无法提供或者不存在的资料，并与相关负责人员沟通律师或客户想要了解的情况、问题，同时，对有疑惑的问题和欠缺的资料，也可以向会计师等其他尽职调查参与方了解和获取，并应当及时更新、完善尽职调查资料清单，向客户或目标公司、交易对手相关负责人发送补充资料清单。总之，除情况特殊外，律师应当在项目现场完成尽职调查所需资料的收集、了解到应当和想要了解的事实，避免项目现场工作日程结束仍存在尚未获取的资料或者有不清楚的情况，给后续工作带来不便。

除了向项目公司收集底稿资料之外，项目现场工作的重点还有对目标公司管理层、房地产项目操盘人员进行访谈，律师及其他中介机构人员需要通过正式的访谈全面地了解目标公司的情况。访谈之前，律师应就想要询问的问题和事项制作访谈问题清单或问卷，并在访谈时做好访谈记录。在访谈开始前，应了解受访人基本信息，例如职务和专业领域，对于不同的受访人，询问的问题的侧重点和类型应当不同，如此才能得到想要的和准确的答案。例如公司的历史沿革和项目开发背景、并购交易背景等方面的问题可以询问交易对手的负责人员或者目标公司董事长、总经理等高级管理人员，资产权属、诉讼和行政处罚方面的法律问题可以询问法务负责人员，注册资本缴纳情况、重大融资负债情况、税务、财政补贴等方面可以询问财务负责人员，项目开发建设情况可以询问工程部门负责人员，员工情况、劳动合规情况可以询问人事部门负责人员等。

项目现场工作的另一重点就是完成由当地政府部门等公共机构[①]保存的档案的调取并进行项目开发建设现场的实地走访。律师通常需要调取的档案包括目标公司及其子公司、分公司的工商档案、不动产登记档案、税务档案以及征信报告等，除非有法院开具的调查令或其他特殊的调档政策，律师无法独立完成调档，调档通常需要目标公司、交易对手授权并指派自己的员工负责完成，为保证调取的资料的真实性和完整性并符合律师的需求，律师应陪同指派员工一同前往调档机构调取。实地走访也是了解项目开发建设情况及调查目标公司、交易对手所提供的资料和陈述是否真实的重要方法，除非另有安排，实地走访通常也需要律师在项目现场尽调期间完成。

---

① 公共机构一词来源于中国证券监督管理委员会、司法部《律师事务所从事证券法律业务管理办法》第十五条关于"律师从国家机关、具有管理公共事务职能的组织、会计师事务所、资产评估机构、资信评级机构、公证机构（以下统称公共机构）直接取得的文书，可以作为出具法律意见的依据……"的规定。

（四）撰写尽职调查报告

1.撰写尽职调查报告概述

尽职调查报告是律师尽职调查结束后向委托人提交的书面劳动成果。尽职调查报告可以通过列举事实、法律分析、告知风险、提出策略等方式，为客户决定是否就该项目继续并购、采取何种并购方式、并购价款的确定、存在哪些并购风险以及如何进行风险的防范提供参考依据。

目前法律没有对尽职调查报告的内容和格式作硬性要求，尽职调查报告的格式和内容应根据项目实际情况，同行业的标准的经验，客户的要求，勤勉尽责、严谨细致的精神和原则撰写，同时要注意格式、行文规范和语言专业、简练。一般来讲，尽职调查报告通常包括序言（或称导言、前言、声明、工作情况简介等）、法律问题摘要（或称重大风险提示、主要风险提示等）、正文和附件部分。

序言部分通常包括以下几个方面：报告调查的公司和项目名称、客户委托律师的相关情况和出具报告的目的；尽职调查的方法、过程及范围；出具本报告的事实依据假设和所适用的法律依据；本报告所依据的文件；本报告所反映情况的截止日期或尽职调查基准日；出具尽职调查报告的免责声明、本报告的适用范围、使用方法等。法律问题或法律风险摘要部分主要对正文部分提出和分析的目标公司、项目的法律问题以及可能会影响本次交易的主要法律风险进行归纳和概述。正文部分：在撰写报告正文各部分内容前，应将报告中使用的简称与定义项列举出来。在撰写报告正文各部分内容时，应逐一说明在尽职调查过程中获得的信息，使用适当准确的法律规范进行分析和论证，提示其中可能存在的法律风险及对拟从事本次交易的影响，并提出相应的解决方案或改进建议。至于附件部分，尽职调查报告的附件通常包括：不方便直接在报告正文中体现的各类表格，如土地使用权、房屋所有权、租赁物业、各类知识产权及其他固定资产等资产的统计表格、重大合同清单等；出具报告所依据的资料清单；委托方重点关注的原始文档复印件、扫描件；律师认为对所论述结论具有重大意义的证据资料。[1]

2.尽职调查报告撰写的具体要求[2]

（1）关于委托情况及调查目的部分

该部分写入尽职调查报告的序言中。该部分主要简述律师根据有关法律、法规、规章和规范性政策文件，根据委托方的授权，按照律师行业公认的业务标准、道德规范和勤勉尽责精神出具工作报告。

对于"本次调查目的"的撰写，是律师在开展尽职调查工作后，对委托方已经陈述的调查目的，根据尽职调查结论而进行的修正和完善，以保障委托方拟进行的本次交易的顺利进行。

（2）关于工作过程概述

该部分写入尽职调查报告的序言中。该部分是对律师在开展尽职调查过程中的主要工作方式、工作时间、工作流程及其开展尽职调查工作范围的描述。律师应当简述其如何依据不同的查验事项及核查对象去选择对应的查验方法，并对其采取的查验方法及其对应的调查范围作出进一步细化说明。

（3）关于撰写之假设前提

该部分写入尽职调查报告序言中。该部分写明本报告假设调取材料和被调查对象的陈述真实、准确、完整、有效。目标公司、交易对手向律师提供的文件和资料，无论有无"原件"核对，由于律师无法完全追踪至文件出处或核实真伪，尽职调查报告将所收集到的全部资料框定在假设前提下，不仅能减小律师的风险，也能让律师的工作成果显得更加严谨。

（4）关于基准日确定

由于目标公司和房地产项目的情况是不断变动的，因此有必要给尽调工作确定一个基准日，将律师调查的事实节点及尽职调查报告呈现的法律状况

---

[1] 参见广东省律师协会《律师办理并购重组法律尽职调查业务操作指引（征求意见稿）》第三十六条的主要内容。

[2] 该部分内容参见广东省律师协会《律师办理并购重组法律尽职调查业务操作指引（征求意见稿）》第五节尽职调查报告的撰写。

限定在该基准日之前。尽职调查基准日一般由委托方根据本次交易需要和律师根据尽调工作完成情况协商确定，在实务中，法律尽职调查基准日一般确定为调查工作结束之日，以避免目标公司和房地产项目的有关法律状态在结束调查之日至报告出具之日期间发生变动，致使尽职调查报告中反映的目标公司、房地产项目最新法律状态与实际不符。由于尽职调查工作往往会持续一段时间，在具体某项调查工作结束日至尽职调查工作结束日（尽职调查基准日）之间，被调查的事实可能会发生变化，因此，尽职调查工作持续时间不宜过长，且报告撰写应在基准日后尽快完成，以免因此等变化导致尽职调查报告描述事实与客观情况不一致。

（5）关于重大法律问题摘要

为了方便委托方迅速把握项目中存在的重大法律风险，报告正文之前往往需要独立列出尽职调查发现的重大法律问题，对尽职调查中发现的重大法律风险进行描述、分析和总结。这些法律风险的解决方法可能会最终体现在有关本次交易文件的相应条款中，或者作为陈述或保证条款的一部分，或者列入本次交易的先决条件，或者列入交割后应继续完成的法律事项。

（6）关于报告正文

报告正文部分应对尽职调查过程中所核查事项的事实、其法律状态及有关证据资料分别进行描述，一般包括下列内容，律师可以分章节撰写：

目标公司的基本工商信息、存续情况，包括但不限于名称、住所地、法定代表人、经营范围、经营期限、注册资本、企业类型、营业执照核发情况等；目标公司的历史沿革，包括但不限于设立与历次变更情况、出资情况、政府审批、备案情况等；目标公司的股东及股权，包括但不限于自然人股东的身份信息、法人股东的企业基本信息、各股东持股比例情况、各股东之间的代持情况、股权限制情况、股权激励情况、股权权能瑕疵情况等；目标公司的治理规则与组织机构，包括但不限于董事会、监事会、股东会的组成，董事、监事、高级管理人员的任职情况，企业内部部门机构设置等；目标公司的主营业务，包括但不限于业务合同、财务数据、企业客户名单、经营资质等；目标公司的主要资产，包括但不限于各类权证，土地使用权出让合同，房屋、车辆、机器设备的买卖、租赁合同及发票，对外投资情况，抵押、质押情况，其他权益或无形资产情况等；目标公司的债权债务，包括但不限于审计报告、财务报表、债权债务类合同、经营类合同、会计凭证、涉诉或涉仲裁的法律性文件等反映出的目标公司债权、债务的类别、金额、期限、违约情况、或有债权、或有债务的金额等；目标公司的关联交易及同业竞争，包括关联方、关联交易及同业竞争相关的合同、审计报告、财务报表、情况说明等；目标公司的税务及财政补贴，包括但不限于完税证明、纳税证明、税收优惠、财政补贴及税务处罚情况；目标公司的环保，包括但不限于环保审批及验收、项目运行过程中的环保处罚等情况；目标公司的劳动和社会保险，包括但不限于在职员工人数、劳动合同签署情况、社保及公积金缴纳情况、员工福利制度、竞业禁止情况、劳动争议和投诉情况等；目标公司的诉讼、仲裁或行政处罚情况；目标公司的对外投资情况；房地产项目的开发建设现状，各类权利证书、报批报建手续取得情况，项目土地规划要求和规划指标，项目涉及的工程、采购、销售等合同履行情况，项目涉及的土地款、税费、工程款支付情况，项目涉及的行政处罚和纠纷情况。

3. 关于尽职调查报告的提交[①]

（1）初稿的提交

尽职调查报告是尽职调查工作的成果性文件，原则上应由参与尽职调查的律师根据各自负责调查的部分分工起草，在此基础上由其中一名主办律师汇总形成报告初稿。该报告初稿形成后，应由尽职调查小组成员交叉审核，并提交给项目负责合伙人或资深律师、律师事务所内核律师审核，确认没有内部修改意见后方可提交委托方审阅。

[①] 该部分内容参见广东省律师协会《律师办理并购重组法律尽职调查业务操作指引（征求意见稿）》第六节尽职调查报告的提交。

（2）修改及内部审核

委托方审阅过后，律师应根据委托方提供的反馈意见（若有）对尽职调查报告初稿进行修订、完善，必要时对相关事实进行补充尽职调查。鼓励承办律所内部建立审核机构或指派内核律师对尽职调查报告进行审阅、复核，确保尽职调查报告的质量达到最佳、尽职调查工作符合要求。

（3）定稿提交

律所内部的质量控制流程审核后，律师可以向委托方提交正式的尽职调查报告定稿。最终尽职调查报告应由具有中国律师执业资格的律师签名并加盖所在律所公章。提交方式可按照委托方的要求以电子邮件及/或邮递方式送达尽职调查报告正本及附件。若是以电子邮件的方式提交，建议将最终定稿的报告文本格式转为PDF版并加密之后再发出或者直接发送盖章版的扫描件。在提交尽职调查报告时，应当及时与委托方做好交接，书面明确委托方已收到尽职调查报告定稿。

（五）整理工作底稿

底稿的收集和整理应与尽职调查同步进行，工作结束后，律师还应当对全部底稿进行一次统一整理和归档，分别建立电子档案和实物纸质档案。律师应当根据尽职调查报告的内容按顺序整理所有尽调过程中收集到的底稿资料，为了使纷繁复杂的底稿资料能够显得清晰明了和便于查找，律师最好制作底稿的目录、索引和页码，并由律师签字和律师事务所盖章。[1] 律师应当将整理好的底稿归档，交给律师事务所保管。律师事务所应当保存好底稿，保存年限最好不少于十年。[2]

---

[1] 参见中国证券监督管理委员会、司法部《律师事务所证券法律业务执业规则（试行）》第四十一条："工作底稿内容应当真实、完整，记录清晰，标明目录索引和页码，由律师事务所指派的律师签名，并加盖律师事务所公章。"

[2] 参见《律师事务所从事证券法律业务管理办法》第十九条："工作底稿由出具法律意见的律师事务所保存，保存期限不得少于7年；中国证监会对保存期限另有规定的，从其规定。"广东省律师协会《律师办理并购重组法律尽职调查业务操作指引（征求意见稿）》第五十三条："工作底稿应由承办律所负责保管，保管期限不低于十年。"

三、房地产并购项目尽职调查的方法

房地产并购项目尽职调查的方法就是律师可以通过哪些手段了解和核实目标公司和目标房地产项目的事实情况。根据相关法律的规定[1]和行业相关操作指引[2],尽职调查的方法通常来讲有面谈、书面审查、实地调查、查询和函证、计算、复核等。笔者结合自身房地产并购项目的经验,总结了以下六种常用尽职调查方法,供读者参考:

(一)按照尽调资料清单收集资料

向目标公司、交易对手收集资料即书面凭证是尽职调查最基本的方法,[3]大多数客观的事实情况都需要书面凭证来反映。至于如何全面、高效地向目标公司、交易对手及其他相关方收集资料,主要涉及尽职调查资料清单的制作和发送工作以及项目现场尽职调查工作。笔者在本节二、房地产并购项目尽职调查的基本流程的(二)制作并发送尽职调查资料清单和(三)进驻项目现场开展尽职调查部分已有详细论述,请读者参考,此处不再赘述。同时,书面凭证不能完全或不能单独反映待调查事实或者对真实性存疑的,律师还需要通过其他方法加以印证和查验。

---

[1] 参见《律师事务所从事证券法律业务管理办法》第十二条"律师事务所及其指派的律师从事证券法律业务,应当按照依法制定的业务规则,勤勉尽责,审慎履行核查和验证义务。律师进行核查和验证,可以采用面谈、书面审查、实地调查、查询和函证、计算、复核等方法"的规定以及《律师事务所证券法律业务执业规则(试行)》第二章查验规则的相关条文。

[2] 《律师从事证券法律业务尽职调查操作指引》第八条:"律师应当依据不同的查验事项及核查对象选择合理的查验方法,包括但不限于面谈、书面审查、实地调查、查询和函证、计算、复核等方法,并根据存疑则追加核查方法的原则,确保所披露文件真实、准确、完整。"

[3] 《律师从事证券法律业务尽职调查操作指引》第九条:"要求委托人及委托人控制或有关联的主体提供书面凭证,是尽职调查最基本的方法。委托人及提供书面凭证的主体,应以书面方式说明其提供的资料真实、准确、完整。但需证明的事实需其他资料作为支持或者印证的,不能以委托人及委托人控制的或有关联的主体提供的书面凭证作为认定事实的唯一依据。"同理,在房地产并购项目中,由目标公司、交易对手或相关主体提供书面凭证是尽职调查最基本的方法。

（二）查询或调取由当地公共机构保存的档案

反映目标公司和房地产项目信息和情况的资料或书面凭证除了由目标公司、交易对手或相关方制作和保存以外，对于一些需要政府部门等公共机构审批、登记或者备案的事项，例如工商信息的登记和备案、不动产权属登记等，公共机构也会制作和保存相应的档案，目标公司对于与自己相关的档案，有权向公共机构申请调取。由于公共机构保存的企业档案通常不向社会公开，除非具备完善的手续材料（包括律所介绍信和执业证原件）或法院调查令，律师无法单独向政府部门申请调取，通常需要目标公司指派专员携带目标公司的授权材料前往调取。为履行勤勉尽责的义务、保证调取的档案的真实性和完整性，律师应陪同目标公司指派的专员一同前往调取。[①] 线下调取时，要注意提前咨询公共机构调档所需携带的资料、调档的地点并预约好调档时间。

笔者根据自身的项目经验，总结了以下可以向公共机构查询和调取的档案，并制成清单（见表2-1），供读者参考：

表2-1 房地产并购项目通常需要调取的档案清单

档案名称	查询机构	查询方式	档案用途
不动产登记信息查询	不动产登记中心	线下（部分地区可线上查询）	反映项目土地使用权、房屋等不动产权属状况、自然状况以及抵押、查封等权利受限状况
目标公司全套工商档案	市场监督管理局或当地政务服务中心	线下（部分地区可线上查询）	获取公司设立、历次变更信息登记备案信息、公司章程、营业执照信息、公司注册资本实缴情况、股权质押情况等

[①] 《律师从事证券法律业务尽职调查操作指引》第十一条："就确认公司、企业的主体信息以及历史沿革资料而言，律师应向相关工商行政管理部门调取全套工商登记资料，并加盖工商登记资料查询证明章。工商登记资料与委托人自行提供的资料有冲突的，以工商登记资料为准。因特殊情况无法亲自调阅工商登记资料的，应寻求其他替代方式，但不得仅依靠委托人提供的工商登记资料作为认定事实的唯一依据。"

续表

档案名称	查询机构	查询方式	档案用途
企业信用报告（征信报告）	中国人民银行征信中心或部分商业银行	线下、线上均可	获取公司金融借款、对外担保情况以及征信记录等
社会保险缴纳凭证和明细	人力资源和社会保障局或当地政务服务中心	线下、线上均可	获取公司社保缴存记录和凭证（包括社保缴存人数、基数、比例、金额、时间等）
住房公积金缴存凭证和明细	住房公积金管理中心或当地政务服务中心	线下、线上均可	获取公司公积金缴存记录和凭证（包括缴存人数、基数、比例、金额、时间等）
税务档案	当地税务局、政务服务中心办税窗口	线下、线上均可	获取纳税申报表、汇算清缴报告、完税证明、税收优惠和税收违法信息记录等
用地规划档案	规划和自然资源局	线下	核实项目用地控制性详细规划情况、规划用地手续取得情况等
土地出让手续材料	规划和自然资源局	线下	获取国有建设用地使用权出让合同、土地使用权招拍挂等出让手续材料
项目报批报建手续材料	住房和城乡建设局	线下或线上	核实建设许可、竣工验收、预售许可办理情况等

广州金鹏律师事务所制作

公共机构保存的档案具有公信力，一般来说，从公共机构调取的档案所证明的内容和事实律师可以直接采信，不需要再进一步核查[1]，可以作为律师

---

[1] 参见《律师事务所从事证券法律业务管理办法》第十五条第一款："律师从国家机关、具有管理公共事务职能的组织、会计师事务所、资产评估机构、资信评级机构、公证机构（以下统称公共机构）直接取得的文书，可以作为出具法律意见的依据，但律师应当履行本办法第十四条规定的注意义务并加以说明；对于不是从公共机构直接取得的文书，经核查和验证后方可作为出具法律意见的依据。"

调查到的事实情况的证明和依据。从保证资料真实性、尽到勤勉尽责的义务的角度来讲，律师应当与目标公司指派的调档人员一同去公共机构调取上表中所列的档案，但如果能从其他方面印证资料的真实性，例如项目建设许可证照取得情况可以通过网络核查得到印证的、社保和公积金缴存情况可以通过银行转账扣款凭证和员工访谈等得到间接证实的、目标公司提供了加盖公共机构印章的资料原件以供核对并且伪造印章的可能性较低的，律师可以不用专门去线下调查与核实，让目标公司、交易对手自行调取档案并提供给律师即可。

（三）对管理层及负责人员进行访谈

想要了解目标公司和房地产项目的相关情况，除了书面凭证以外，口头访谈和询问也是重要的方式。通过访谈知情人员，特别是目标公司或交易对手的管理层、业务负责人员以及房地产项目的操盘人员，可以全面地、快速地了解目标公司和项目的情况，是律师通过书面资料了解情况的重要补充。除了帮助律师向目标公司、交易对手了解书面资料无法了解到的事实以外，访谈还可以帮助律师确认核实书面资料及目标公司、交易对手陈述的真实性。例如核实审计报告、资产评估报告原件真实性时，可以通过访谈出具报告的会计师、评估师予以确认。再如核实重大合同的履行情况、是否存在纠纷时，可以通过访谈合同相对方予以确认；核实行政处罚后的整改情况，可以通过访谈政府部门工作人员予以确认等。[①]

为达到良好的访谈效果，访谈人员应做好以下几个方面的准备：

第一，访谈前应当先熟悉书面资料，对目标公司和项目有一定、最好是较为细致的了解，总结出访谈想要询问的问题，制作好访谈问卷。

第二，访谈开始前先了解访谈对象的职位、工作年限等情况以及专业背

---

① 《律师从事证券法律业务尽职调查操作指引》第二十四条、第三十六条、第三十九条等相关条文的规定。

景、对目标公司和项目的了解程度等，不同方面的问题需要向不同的访谈对象询问，例如目标公司和项目开发建设总体情况可以询问目标公司董事长和总经理，财务和税务相关的问题可以询问财务总监，项目具体情况可以询问投资拓展部和工程部负责人等，如此才能确保回答的准确性。

第三，访谈过程中做好访谈记录，访谈记录制作完成以后应当由访谈人员、访谈对象签字确认，如访谈对象拒绝签字或由于其他情形未取得访谈对象签字确认的，应当由访谈人员注明。[①]访谈记录应作为律师工作底稿留存。

笔者结合项目经验，制作了以下简易版的访谈记录模板，供读者参考：

访谈记录

项目名称：××项目法律尽职调查

时间：××××年××月××日上/下午××：××

地点：××

访谈人员：××、××

受访对象：××

访谈问题及内容：

××律师事务所接受××公司的委托，就××项目（以下简称"本项目"）及××公司、其子公司××公司（以下统称"项目公司"）进行法律尽职调查。

现就项目公司及××项目有关事宜，向贵方了解及核实如下问题：

（一）项目公司相关问题

1.请您分别简单介绍项目公司的基本情况，以及项目公司人员架构情况，如董监高（总经理、副总经理、财务负责人、业务负责人）等情况。

答：

[①] 参见中国证券监督管理委员会、司法部《律师事务所证券法律业务执业规则（试行）》第十三条："律师采用面谈方式进行查验的，应当制作面谈笔录。谈话对象和律师应当在笔录上签名。谈话对象拒绝签名的，应当在笔录中注明。"

2.请说明项目公司目前的债权债务情况……

答：

3.请说明项目公司的主要资产情况（包括不动产、租赁物业、在建物业、设备、知识产权等）……

答：

4.……

答：

5.……

答：

6.项目公司目前的人员及劳动合同签订、社保和住房公积金缴纳情况……

答：

7.请说明项目公司税费缴纳及税务处罚的情况……

答：

8.项目公司的涉诉、涉仲裁或涉行政处罚、行政调查情况……

答：

（二）本项目相关问题

9.……

答：

10.……

答：

11.……

答：

（以下无正文，为签署页）

访谈人员（签字）：　　　　　　　　受访对象（签字）：

日期：　　　　　　　　　　　　　　日期：

广州金鹏律师事务所制作

（四）网络及公开渠道核查

以网络为主的公开渠道核查是律师能够独立完成的对目标公司、房地产项目相关信息调查的方法，网络上相关权威信息的提供者通常是以政府部门为主的公共机构，有时也包括一些信息服务企业，但信息服务企业提供的信息的最终来源渠道通常也是政府部门等公共机构，因此网络核查所得到的信息通常是相对专业和准确的，网络核查从而也就成了律师尽职调查的重要手段，网络公开信息也就成了律师核实某些重要信息的重要补充。[①]

为了使读者能全面和详尽地了解网络核查的方法，笔者制作了主要适用于房地产并购项目的网络核查清单（见表2-2），供读者参考：

表2-2　房地产并购项目法律尽职调查网络核查清单

类别	核查内容	名称	网址
企业工商信息	目标公司基本工商信息，存续情况，股东及出资信息，变更、注销和清算信息，股权出质情况，对外投资、企业年报信息以及外商投资企业基本信息	国家企业信用信息公示系统	https://www.gsxt.gov.cn/index.html
		商务部外商投资信息报告公示网站	https://wzxxbg.mofcom.gov.cn/gspt/
		信用中国	https://www.creditchina.gov.cn/
		地方信用网站（例如信用广东和信用广州）	根据企业注册地址确定
		天眼查等其他商业性企业信息查询网站	—

---

① 《律师从事证券法律业务尽职调查操作指引》第十四条："网络检索、公开媒体的查询、政府部门、行业协会官方网站的查询是其他核查方式的有效佐证和补充，律师在对委托人整体背景资料、无独立第三方证据证明的事实以及存疑事项进行核查时，应利用该等方式进行核查。"

续表

类别	核查内容	名称	网址
诉讼案件、执行信息	诉讼案件裁判文书、被执行人信息、失信被执行人信息、案件庭审视频、司法拍卖信息、开庭公告、裁判公告、执行公告等	中国裁判文书网	https://wenshu.court.gov.cn/
		中国执行信息公开网被执行人查询	http://zxgk.court.gov.cn/zhzxgk/
		中国执行信息公开网失信被执行人查询	http://zxgk.court.gov.cn/shixin/
		人民法院公告网	https://rmfygg.court.gov.cn/
		人民法院诉讼资产网	https://www.rmfysszc.gov.cn/
		中国庭审公开网	http://tingshen.court.gov.cn/
行政处罚信息	行政处罚信息综合查询	国家企业信用信息公示系统	https://www.gsxt.gov.cn/index.html
		企查查	www.qcc.com
		信用中国	https://www.creditchina.gov.cn/
		地方信用网站（例如信用广东和信用广州）	根据企业注册地址确定
		政府统一执法信息公示平台	http://210.76.74.232/ApprLawPublicity/index.html#/home（广东省）
	税务违法和处罚	省级税务局行政执法信息公示平台	根据企业注册地址确定、https://guangdong.chinatax.gov.cn/gdzfgs/zfpt_index.shtml（广东省）
	房地产企业不良信息和处罚信息查询	各省、市级住房和城乡建设部门官网	根据企业注册地址确定、http://zfcj.gz.gov.cn/zfcj/jcgs/administrativeSanction（广州市）
	建设项目和建筑企业信用信息查询	全国建筑市场监管公共服务平台	http://jzsc.mohurd.gov.cn/home
	海关和进出口违法和失信信息	中国海关企业进出口信用信息公示平台	http://credit.customs.gov.cn/
	外汇行政处罚信息查询	国家外汇管理局官方网站	https://www.safe.gov.cn/safe/whxzcfxxcx/index.html

续表

类别	核查内容	名称	网址
资质信息	目标公司房地产开发企业资质信息核查	各省、市住房和城乡建设部门官网	根据企业注册地址确定
	管理体系认证查询	全国认证认可信息公共服务平台	http://cx.cnca.cn/CertECloud/index/index/page
	商品房预售许可证查询	各省市住建部门官方网站	http://zfcj.gz.gov.cn/zfcj/sjcx/yszcx（广州市）、http://fgj.sh.gov.cn/ysxkz/index.html（上海市）
知识产权信息	专利权	中国及多国专利审查信息查询网站	http://cpquery.cnipa.gov.cn/（旧版）https://tysf.cponline.cnipa.gov.cn/am/#/user/login（新版）
	商标权	国家知识产权局商标局 中国商标网检索系统	https://tysf.cponline.cnipa.gov.cn/am/#/user/login
	著作权	中国版权保护中心官网	https://www.ccopyright.com.cn/
	网络域名	ICP/IP地址/域名信息备案管理系统	https://beian.miit.gov.cn/#/Integrated/index
项目地块相关信息、房地产项目开发建设相关信息	招投标情况、项目施工方信息、施工许可取得情况、竣工验收情况	全国建筑市场监管公共服务平台	http://jzsc.mohurd.gov.cn/home
	土地招拍挂出让公示情况	中国土地市场网	www.landchina.com
	土地出让公示、成交公示、结果公示、土地抵押、转让、出租公示	自然资源部	http://landchina.mnr.gov.cn/
	农村集体厂房、建设用地使用权出租挂牌、招标、中标情况公示	各地农村集体产权流转管理服务平台	各地农村集体产权流转管理服务平台 http://www.jtcqlz.gov.cn（广州市）

续表

类别	核查内容	名称	网址
项目地块相关信息、房地产项目开发建设相关信息	项目地块控制性详细规划公示情况、调整修正以及批复情况	各市县级规划和自然资源局官方网站	根据项目地块所在地确定
	用地预审、选址意见书、规划条件、用地规划许可证、工程规划许可证公示查询	各市县级规划和自然资源局官方网站	http://ghzyj.gz.gov.cn/ywpd/cxgh/（广州市）
	施工许可证查询	各省市住建部门官方网站	http://zfcj.gz.gov.cn/zfcj/gczlaq/constructionPermitInformation（广州市）
	查询项目建设开发、环保要求等是否达到国家标准	国家标准信息查询	http://www.gov.cn/fuwu/bzxxcx/bzh.htm
	房屋鉴定报告、已备案的房屋安全鉴定单位查询	各省市住建部门官方网站	http://zfcj.gz.gov.cn/zfcj/fwgl/fwjdbg（广州市）
	工程竣工验收备案信息、消防竣工验收备案信息查询	各省市住建部门官方网站	http://zfcj.gz.gov.cn/zfcj/gczlaq/completionAcceptance（广州市）
	人防报建公示信息查询	各省市住建部门官方网站	http://rfxt.gzcc.gov.cn:8082/view/permitDrawRecord/creList（广州市）
	房地产预售项目和购房人信息查询	各省市住建部门官方网站	http://zfcj.gz.gov.cn/zfcj/ygjy（广州市）
	房屋租赁备案信息查询	各省市住建部门官方网站	http://zfcj.gz.gov.cn/ygzf/web/caidan/bacx.jsp（广州市）
上市公司信息	目标公司或交易对手重大投融资、业务交易、对外担保、诉讼案件、公司章程、股东大会、	中国证券监督管理委员会官网	http://www.csrc.gov.cn/
		上海证券交易所官网	http://www.sse.com.cn/
		深圳证券交易所官网	http://www.szse.cn/index/index.html
		北京证券交易所官网	http://www.bse.cn/index.html

续表

类别	核查内容	名称	网址
上市公司信息	董事会、监事会决议情况、违法失信、行政处罚信息查询	巨潮资讯网	http://www.cninfo.com.cn/new/index
		全国中小企业股份转让系统	http://www.neeq.com.cn/index.html
		中国证券监督管理委员会证券期货市场失信记录查询平台	https://neris.csrc.gov.cn/shixinchaxun/
动产和权利担保	目标公司动产抵押和应收账款质押登记及融资情况查询	中国人民银行征信中心动产融资统一登记公示系统	https://www.zhongdengwang.org.cn/
私募基金登记、备案情况	交易对手或其他目标公司股东为私募基金管理人或私募基金的，查询登记和备案情况	中国证券投资基金业协会	https://www.amac.org.cn/
企业境外投资	查询目标公司境外投资备案情况	商务部境外投资企业（机构）备案结果公开名录网站	http://femhzs.mofcom.gov.cn/fecpmvc_zj/pages/fem/CorpJWList.html
舆论信息	目标公司、房地产项目和交易对手相关的重大交易、业务业绩、诉讼处罚等方面的新闻报道	权威媒体发布	

广州金鹏律师事务所制作

网络核查应当注意以下几点事项：

第一，在进行目标公司近几年诉讼、行政处罚、舆论信息网络核查的时候，要注意目标公司近几年是否存在名称变更，如存在，为防止遗漏，除了以现用名进行核查以外，还应当以曾用名进行一次核查。

第二，网络核查应树立底稿意识，在进行核查时，应注意留存核查结果和核查痕迹作为底稿，例如对网络查询页面截图或打印成PDF并下载查询报告、案件文书等结果文件。

第三，权威、第一手的信息、资料是由法律授权的公共机构制作和保存，而非公共机构（如企查查等商业性信息服务公司）收集、保存、发布的信息和资料来源于公共机构。因此，从谨慎性、最大限度保证网络核查成果的真实性的角度上来讲，律师应当首先从公共机构（政府部门官方网站等）获取信息和资料，借助非公共机构获取信息和资料的时候，应当同步从公共机构获取相同的信息和资料予以核实。例如查询目标公司工商信息时，可以从企查查（非公共机构）上获取，但是为了确保获取的工商信息的准确性，还应当同步在国家企业信用信息公示系统中查询核实。再如查询某一案件判决书时，可以借助北大法宝等智能检索系统快速查询，但为了确保查询到的判决书的来源真实、准确，还应当在最高人民法院发布裁判文书的权威网站中国裁判文书网等渠道进行核实。总而言之，能够直接加以采信的、作为底稿使用的网络核查得到的信息和资料，必须是公共机构发布和出具的。[1]

（五）项目现场实地走访

律师亲临项目现场、进行实地走访是尽职调查的方法之一，同时也是律师勤勉尽职的要求之一和重要体现。项目现场实地走访主要调查核实以下几

---

[1] 参见《律师事务所从事证券法律业务管理办法》第十五条第一款："律师从国家机关、具有管理公共事务职能的组织、会计师事务所、资产评估机构、资信评级机构、公证机构（以下统称公共机构）直接取得的文书，可以作为出具法律意见的依据，但律师应当履行本办法第十四条规定的注意义务并加以说明；对于不是从公共机构直接取得的文书，经核查和验证后方可作为出具法律意见的依据。"

方面的内容：

第一，主要调查核实项目开发所占用的土地的地理位置、四至、面积、是否平整等基础情况，对调查到的项目土地的基础情况、律师实地走访的位置等，可以用拍照、录像、书面走访记录、GPS[①]定位等方式记录下来作为底稿，同时将实地走访的情况与律师获得的不动产权证等书面资料、访谈结果等比对核实。调查土地基础情况的目的有三个，一是核实项目土地的真实性，即目标公司、交易对手是否如实取得项目土地，地理位置和面积是否准确；二是核实项目实际用地是否超出目标公司取得使用权的土地范围，即目标公司是否存在使用未取得的土地、非法侵占国有或集体土地的情形；[②] 三是核实土地是否已交付、未交付的是否达到交付条件、是否"三通一平""五通一平""七通一平"，以及其他土地出让合同的履行情况。

第二，主要调查核实土地利用现状是否符合总体规划、控制性详细规划。主要调查土地利用现状和土地利用总体规划以及土地出让合同、不动产权证批准的规划用途是否一致，例如是否将住宅用地实际作为商业用地、工业用地开发建设等，改变土地用途的，须经主管部门批准并须补缴土地使用权出让金。[③]

第三，主要调查核实是否存在土地闲置情况、项目开发进度情况。核实项目土地是否按照土地出让合同和法律规定的动工开发期限、是否存在超过

---

① GPS 即 Global Positioning System，全球定位系统。

② 《中华人民共和国土地管理法》（2019年修正）第七十七条："未经批准或者采取欺骗手段骗取批准，非法占用土地的，由县级以上人民政府自然资源主管部门责令退还非法占用的土地，对违反土地利用总体规划擅自将农用地改为建设用地的，限期拆除在非法占用的土地上新建的建筑物和其他设施，恢复土地原状，对符合土地利用总体规划的，没收在非法占用的土地上新建的建筑物和其他设施，可以并处罚款；对非法占用土地单位的直接负责的主管人员和其他直接责任人员，依法给予处分；构成犯罪的，依法追究刑事责任。超过批准的数量占用土地，多占的土地以非法占用土地论处。"

③ 《中华人民共和国城市房地产管理法》（2019年修正）第十八条："土地使用者需要改变土地使用权出让合同约定的土地用途的，必须取得出让方和市、县人民政府城市规划行政主管部门的同意，签订土地使用权出让合同变更协议或者重新签订土地使用权出让合同，相应调整土地使用权出让金。"

出让合同约定的动工开发日期的情形以及是否存在中止开发建设或其他按照法律规定可能被认定为土地闲置的情况,并核实是否存在延迟竣工等违反土地出让合同的违约可能导致承担违约责任、被出让部门收回土地的风险。此外,应一同核实现场开发进度情况与目标公司、交易对手描述的是否一致,是否存在投资总额、比例未达到目标公司、交易对手承诺的条件的情形以及项目无法如期竣工、如期预售销售的情形。

第四,核实是否存在违法建设情况。核实已开发建设的建筑中是否存在未办理报建手续的情况,例如是否存在未取得施工许可证就已进行基坑、土石方、地表施工以及实际施工方与施工许可证载明的施工方是否一致等情形。[1]此外,还需要核实是否发生安全生产事故,是否存在违法转包、分包,是否存在责令整改、行政处罚以及违法建设、施工的情况。

第五,核实项目土地和在建工程、已竣工房屋是否存在纠纷。通过项目现场走访,可以调查核实项目土地是否存在合作建设、土地使用权租赁给第三方占有使用等情况,还可以调查项目是否存在拖欠施工方工程款从而拖欠建筑工人工资的情况,是否有施工方就项目土地和在建工程主张权利,是否有其他的债权人就项目土地和在建工程主张权利,以及是否与施工方、购房人及其他债权就项目开发建设、项目房地产存在纠纷的情况。如存在纠纷,核实纠纷解决情况以及纠纷是否给项目带来停滞的风险。

第六,核实后续开发建设成本情况。例如调查项目应建设的学校、医院等公共配套设施及安置房建设情况如何,后续建设进度和建设计划如何,项目土地是否还存在其他额外的开发建设成本。再如是否需要做河道改迁、是否还需要承担拆迁安置补偿费以及项目土地上是否还存在需要迁移和拆除的高压线路等电力设施等。

第七,核实项目开发建设的操盘方、管理方。现场走访还可以从侧面观

---

[1] 《中华人民共和国建筑法》(2019年修正)第六十四条:"违反本法规定,未取得施工许可证或者开工报告未经批准擅自施工的,责令改正,对不符合开工条件的责令停止施工,可以处以罚款。"

察项目开发建设的实际操盘方、经营管理者是目标公司、交易对手还是其他的股东方、合作开发方等，核实后续并购交易达成后，项目操盘方、经营管理权的转移、交接是否存在障碍。

（六）向相关方函证

函证是在尽职调查过程中就某一事项需要目标公司、交易对手以外的第三方确认时所用的尽职调查方法。[1]对于律师来说，在以下情形中通常需要向相关方函证：

第一，核查目标公司重大采购和销售合同真实性、履行情况以及是否存在纠纷时，需要向合同相对方函证。[2]

第二，核查目标公司和房地产项目的资产完整性时，如果土地价款缴付情况或重大设备、货物和原材料的采购合同、发票、付款凭证等有异常的，需要向合同相对方函证。[3]

第三，核查目标公司及其子公司签订的借款合同，担保合同，资产（股权）买卖、转让合同，资产租赁合同，人财物保险合同，业务技术合作（开发）协议，劳动合同及保密协议，职务发明及专利归属、使用协议，与目标

---

[1] 《律师从事证券法律业务尽职调查操作指引》第十二条："就需要其他第三方进行确认的事项，律师应通过访谈、函证的方式进行。访谈、函证可与其他中介机构的尽职调查共同进行，但必须作独立调查及判断。第三方接受访谈但不愿出具书面确认文件的，或第三方不接受访谈的，律师应制作笔录并可通过摄影等方式进行佐证。"

[2] 《律师从事证券法律业务尽职调查操作指引》第二十条："……（5）重大购销合同原件，必要时走访包括但不限于主要的供应商、经销商、广告商、仓储方、运输商等并制作访谈笔录，或发出函证证实各类合同的真实履行情况及是否存在纠纷、潜在纠纷等……"第六十一条："……律师应当尽职查验以下文件或事项：……（7）就涉及发行人业务经营的主要采购、销售合同及作为其他重要协议一方的函证及访谈笔录，采用函证方式查验的，应说明函证的主要内容、发函（及回函）时间、送达方式（信件邮寄送达的应保留付款凭证及回执单、当面送达的需发件人及收件人签名确认）、接受函证方回函的主要形式及内容等及书面材料原件……"

[3] 《律师从事证券法律业务尽职调查操作指引》第二十四条："……（3）发行人主要生产经营设备、大宗存货、重要原材料的购买合同、发票、价款支付凭证、交接确认文件等；如在核查过程中发现异常情况，应对合同相对方进行访谈并制作访谈笔录，或向合同相对方发出函证并取得其回执……"

公司参与经营投资相关的合同或协议，涉及目标公司及其子公司合资、联营、挂靠、合伙、投资及参与利润共享等协议，避免同业竞争、减少规范关联交易的有关协议（如有），建设施工类合同等重大债权债务类合同原件时发现存在异常的，应对这类重大合同的真实性、有效性、履行情况以及是否存在纠纷的情况向与目标公司签订合同的相对方函证。①

第四，核查目标公司应付、应收款项明细时发现有金额较大的异常的款项时，应当向对方当事人函证款项的真实性、合同签订和履行情况。②

第五，核实目标公司享受的税收优惠政策的真实性、是否存在税收违法情形以及政府补贴真实性时，如目标公司提供的相关文件不足以完全证实相关事项的，律师应当向税务局等有关部门函证。③

第六，为全面核实目标公司涉诉、纠纷以及行政处罚情况，就异常的诉讼案件、纠纷和行政处罚情况，除了核查目标公司提供的资料并进行网络核查以外，律师还应当向目标公司住所地、主要经营地、主要客户所在地法

---

① 《律师从事证券法律业务尽职调查操作指引》第七十七条："律师须披露发行人（包括发行人主体以及发行人控股子公司，下同）的重大合同是否合法有效，是否存在潜在风险；若存在潜在风险，是否对发行人生产经营以及本次发行上市有重大不利影响；合同主体是否变更为发行人；合同履行是否存在法律障碍……（7）律师应对以上合同的真实性、有效性及实际履行情况进行核查，如发现协议的签订、履行存在异常的，应走访合同相对方并制作访谈笔录，或向合同相对方发出函证并取得其回执……"

② 《律师从事证券法律业务尽职调查操作指引》第八十条："律师须论证发行人目前金额较大的其他应收、应付款系因正常的生产经营活动发生，合法有效……（2）发行人截至申报基准日的其他应收、应付款明细清单；律师应对清单中的款项进行核查（如数量过多，可实行抽查），包括对方当事人、合同签订、履行情况等，如发现异常，应走访发行人的财务主管人员、对方当事人，并制作访谈笔录，或向对方当事人发出函证并取得其回执。"

③ 《律师从事证券法律业务尽职调查操作指引》第九十二条："……律师应尽职查验以下文件及事项：……（3）税务部门依法出具的《减免税通知书》或其他确认该项税收优惠合法有效的证明文件原件，必要时向相关税务部门发出函证或走访相关人员，并制作访谈笔录。"第九十三条："……律师应当尽职查验以下文件或事项：……（2）税务部门出具的证明发行人法定申报期间依法纳税，未发现因违反税务法律、法规被有关税务部门处罚的证明文件原件，必要时向有关税务部门进行函证或走访相关人员，并制作访谈笔录。"第九十四条："……律师应当尽职查验以下文件或事项：……（3）相关政府补贴批准文件或依据原件，必要时向有关政府部门进行函证或走访，并制作访谈笔录。"

院、仲裁委员会、行政主管机关、消费者协会等发出函证。[①]

　　函证是求证人和函证对象确认某件事项的较为严谨的书面文件,经双方签字盖章后具有法律效力,具有准确性和说服力,但是,结合笔者自身的项目经验,函证被回函或律师能够取得回执的概率比较小,特别是由于法律目前尚未规定收到函证的人负有出具回执的义务,政府部门通常不会向律师回函。即使目标公司、交易对手、律师或者律师的客户已经和函证对象沟通好函证一事,函证对象也承诺出具回执,律师收到回执也通常需要一定的时间,自然也就无法尽快确认相关事项、及时完成尽职调查。因此,相比其他类型的尽职调查方法,由于效率无法保证、效果不够理想,函证被使用的概率较小。不过,需要函证核实的事项,通常可以通过向函证对象访谈、走访来核实确认,也就是说访谈可以作为函证的替代手段。

第二节　房地产并购项目中法律风险的发现

　　如上节所述,尽职调查的原因主要是买卖双方信息不对称、尽职调查的目的是解决信息不对称问题,让买方获得最有价值至少是对本次并购交易有用的信息,作为买方的律师,主要是为买方发现目标公司和房地产项目的风险,解决那些可能会对本次交易产生影响的法律问题。笔者根据法律规定和以往尽职调查经验,总结了以下房地产并购项目常见法律问题以及应重点关注的法律问题,供读者参考。

[①] 《律师从事证券法律业务尽职调查操作指引》第一百零八条:"律师须论证目前发行人及其控股子公司、持有发行人5%以上股份的主要股东、实际控制人、发行人的董事长、总经理存在的案件对本次发行及上市不存在法律障碍。律师应当尽职查验以下文件或事项:……(6)核查过程中如发现异常情况,应向发行人及其子公司住所地、主要经营地、主要客户所在地法院、仲裁委员会、行政主管机关、消费者协会发出函证并取得其回执,或直接走访并制作访谈笔录或查验记录。"

一、常见法律问题的梳理和分析

表2-3 房地产并购项目尽职调查常见问题

一、公司存续情况与历史沿革			
序号	常见问题	法律规定	存在的问题和风险	核查指引
1	公司法定代表人变更未办理相关登记	《中华人民共和国公司法》（2018年修正）第十三条	责令限期更正、罚款、撤销企业登记，吊销企业法人营业执照。	通过审阅公司工商档案、营业执照、管理层访谈等获悉。
2	公司的法定代表人不具备任职资格	《中华人民共和国公司法》（2018年修正）第十三条	责令限期更正、罚款、撤销企业登记，吊销企业法人营业执照。	通过审阅公司工商档案、营业执照、管理层访谈等获悉。
3	公司的董事、监事、高级管理人员不具备任职资格	《中华人民共和国公司法》（2018年修正）第一百四十六条	公司违反前款规定选举、委派董事、监事或者聘任高级管理人员的，该选举、委派或者聘任无效，公司应当解除其职务。	通过审阅公司工商档案、公司章程、管理层访谈等获悉。
4	公司未按年度在规定的期限内向工商行政管理机关报送年度报告	《注册资本登记制度改革方案》第二条第（二）项改革年度检验验照制度的规定	对未按规定期限公示年度报告的企业，工商行政管理机关在市场主体信用信息公示系统上将其载入经营异常名录，载入异常名录超过三年未履行的，工商行政管理机关将其永久载入经营异常名录，不得恢复正常记载状态，并列入严重违法企业名单（"黑名单"）。	通过审阅工商档案和网络核查等获悉。
5	公司未签发出资证明书	《中华人民共和国公司法》（2018年修正）第三十一条	可能面临公司股东和目标公司之间的潜在纠纷。	通过审阅现有注册股东的出资证明书、公司章程、股东访谈等获悉。
6	对公司的投资超过了母公司章程规定的限额	《中华人民共和国公司法》（2018年修正）第十六条、第二十二条	被要求撤销该股东决议。拟议交易因此面临无法实现的风险。	通过审阅公司章程、投资文件等获悉。

续表

一、公司存续情况与历史沿革			
序号	常见问题	法律规定	存在的问题和风险	核查指引
7	公司在合并、分立、减少注册资本时未按规定通知或者公告债权人	《中华人民共和国公司法》（2018年修正）第二百零四条	由公司登记机关责令改正，对公司处以1万元以上10万元以下的罚款。	通过审阅工商档案、验资报告、发起人协议等相关文件获悉。
8	公司类型变更过程中未召开职工代表大会听取职工意见	《中华人民共和国公司法》（2018年修正）第十八条	目标公司因未能履行上述义务，其变更企业类型的过程可能被有关公司登记机关认定为存在瑕疵，并因此拒绝目标公司办理类型变更的申请。	通过审阅公司职工代表大会决议等相关文件获悉。
9	合并、分立、解散不符合法定程序	《中华人民共和国公司法》（2018年修正）第四十三条	目标公司因未能履行上述法定义务，将面临被公司登记机关责令改正，同时将面临被处以1万元以上10万元以下的罚款。	通过审阅公司合并分立的相关文件获悉。
10	公司合并将导致财务负担	《中华人民共和国公司法》（2018年修正）第一百七十三条	目标公司的债权人有权在法定时限内要求目标公司清偿债务或者提供相应的担保。目标公司在短期内面临大额现金支出或者担保品不足的风险。	通过审阅公司合并的相关文件获悉。
11	合并/分立导致或有负债	《中华人民共和国公司法》（2018年修正）第一百七十四条、第一百七十六条	如合并/分立前的公司存在未被清偿的负债的，目标公司将因此负有承担该等债务的责任。	通过审阅公司合并/分立的相关文件获悉。

续表

一、公司存续情况与历史沿革				
序号	常见问题	法律规定	存在的问题和风险	核查指引
12	公司未领取排污许可证	《中华人民共和国水污染防治法》（2017年修正）第十条；《中华人民共和国大气污染防治法》（2018年修正）第十八条	被责令停止排放污染物、限期办理排污许可证或者临时排污许可证、罚款，由同级人民政府决定关闭或者停产。	通过审阅排污许可证等相关文件获悉。
13	公司未取得适当的经营资质	《中华人民共和国刑法》（2020年修正）第二百二十五条、第二百三十一条及对应的其他法律法规	直接负责的主管人员和其他直接责任人员被处以有期徒刑、拘役，并处或者单处罚金；没收违法所得、用于违法生产经营的工具、设备、原材料等物品。	通过审阅营业执照、行业杂志、研读相关法律法规、查阅项目申报文件与相关证书等获悉。
14	公司取得的经营资质过期	《中华人民共和国刑法》（2020年修正）第二百二十五条、第二百三十一条及其他规定对应资质期限的法律法规	直接负责的主管人员和其他直接责任人员被处以有期徒刑、拘役，并处或者单处罚金；没收违法所得、用于违法生产经营的工具、设备、原材料物品；已获得的资质被撤销等。	通过审阅营业执照、行业杂志、研读相关法律法规、查阅项目申报文件与相关证书等获悉。
15	公司未取得《房地产开发企业资质》或超越资质等级开发项目	《房地产开发企业资质管理规定》（2022年修订）第三条、第十六条、第十七条	被房地产开发主管部门责令限期改正、罚款、被工商行政管理机关吊销其营业执照。	通过审阅税务登记证等相关文件获悉。
二、公司出资情况				
序号	常见问题	法律规定	存在的问题和风险	核查指引
16	注册资本未实缴	《最高人民法院关于适用〈中华人民共和国公司法〉若干问题的规定（二）》（2020年修正）	影响公司估值、在目标公司资不抵债时股东就未缴付的部分对目标公司的债务承担连带责任。	查阅公司的工商档案、公司章程，管理层访谈，向会计师核实等。

续表

二、公司出资情况					
序号	常见问题	法律规定	存在的问题和风险	核查指引
17	非货币出资未能办理过户手续	《中华人民共和国公司法》（2018年修正）第二十八条	被责令改正、罚款。应当向公司足额缴纳外，还应当向已按期足额缴纳出资的股东承担违约责任。	通过审阅公司章程、验资报告等相关文件获悉。
18	关于股东虚假出资	《中华人民共和国公司法》（2018年修正）第一百九十九条	被责令改正、罚款。	通过审阅公司章程、验资报告、审计报告等相关文件获悉。
19	股东以未评估的部分资产出资	《中华人民共和国公司法》（2018年修正）第二十七条	被责令改正、罚款。	通过审阅公司章程、验资报告等相关文件获悉。
20	公司注册资本、人员不符合法律对房地产开发企业注册资本、人员条件的要求	《城市房地产开发经营管理条例》（2020年修订）第五条、第三十四条以及地方政府的规定	无法取得房地产开发企业资质证书，未取得资质证书擅自开发的存在被责令改正和罚款的风险。	通过审阅公司章程、验资报告、审计报告等相关文件获悉。
21	股东抽逃注册资本	《最高人民法院关于适用〈中华人民共和国公司法〉若干问题的规定（三）》（2020年修正）	向公司返还出资本息、协助抽逃出资的其他股东、董事、高级管理人员或者实际控制人对此承担连带责任的。	通过审阅公司的验资报告、公司与股东之间的关联交易文件等相关文件获悉。
22	以实物出资使用假发票	《中华人民共和国公司法》（2018年修正）第一百九十八条	罚款；如被认定为情节严重的，目标公司可能被撤销公司登记或者吊销营业执照。	审阅公司章程、验资报告、评估报告等相关文件获悉。
23	以法定公积金/资本公积/盈余公积转增资本后，所存留比例不足	《中华人民共和国公司法》（2018年修正）第一百六十八条	无法办理工商变更登记。	通过审阅公司章程、验资报告、评估报告等相关文件获悉。

续表

二、公司出资情况					
序号	常见问题	法律规定	存在的问题和风险	核查指引
24	公司的出资形式不符合当时有关法规的规定	《中华人民共和国公司法》（2013年修正）第二十七条	罚款、可能被撤销公司登记或者吊销营业执照、除股东A以外，目标公司的其他股东应对被认定为虚报注册资本的金额承担连带责任。	通过审阅公司章程、营业执照、验资报告等相关文件获悉。
25	对公司出资中个人股东的巨额出资来源无法合理合法说明	《中华人民共和国公司法》（2018年修正）第一百四十六条	如果股东A面临巨额到期债务未能清偿，其担任目标公司董事和法定代表人的资格可能因此丧失。	通过审阅公司章程、验资报告、资产评估报告等相关文件获悉。
26	增资中某方股东未放弃对增资的优先认购权	《中华人民共和国公司法》（2018年修正）第三十四条	股东优先购买权纠纷。	通过审阅公司章程、股东会决议、股东出具的关于放弃优先权利的函等相关文件获悉。
27	公司未按照增资结果变更股东名册	《中华人民共和国公司法》（2018年修正）第三十二条	公司股东和目标公司之间的潜在纠纷。	通过审阅股东名册获悉。
28	公司注册资本需要提前缴纳	《中华人民共和国公司法》（2018年修正）第二十六条、第八十条、第一百九十三条	公司登记管理机关可能因此要求公司A在办理转股工商变更登记前，一次全额缴纳目标公司的注册资本，否则，可能拒绝就股权转让办理变更登记。	通过审阅公司章程、营业执照、验资报告等相关文件获悉。
29	拟议交易后的公司注册资本低于法定最低限额	《中华人民共和国公司法》（2018年修正）第二十六条	公司登记管理机关可能以目标公司的注册资本不足法定最低限额为由，拒绝办理目标公司股权变更的工商登记。拟议交易因此存在失败的可能性。	通过审阅公司营业执照、章程、股东名册等获悉。

续表

二、公司出资情况				
序号	常见问题	法律规定	存在的问题和风险	核查指引
30	公司未按照法定程序减资	《中华人民共和国公司法》（2018年修正）第一百七十七条	被责令改正、罚款。	通过审阅减资公告、公司章程、验资报告等相关法律文件获悉。

三、股权转让情况				
序号	常见问题	法律规定	存在的问题和风险	核查指引
31	股东未放弃优先权	《中华人民共和国公司法》（2018年修正）第七十一条	股东纠纷、目标公司现有股东的持股情况因此可能存在潜在争议。	通过审阅股东会决议、转股协议、放弃优先受让权的声明等文件获悉。
32	转股价款未支付	《中华人民共和国民法典》第五百七十九条	转让方有权要求受让方付清股权转让价款，或者要求解除股权转让协议，收回其持有的目标公司股权。	通过审阅转股协议、股权转让价款收款凭证等文件获悉。
33	转股未履行适当的法律程序	《中华人民共和国企业国有资产法》、《企业国有资产监督管理暂行条例》（2019年修订）、《企业国有资产交易监督管理办法》	转让方股东可能以此为由主张转让行为无效。	通过审阅目标公司的营业执照、转股协议、转让方的国有资产登记文件、转股批复等文件获悉。
34	外商投资企业股权转让按照审计值作价	《商务部关于外国投资者并购境内企业的规定》（2009年修改）第十四条	可能构成上述股权转让取得有关审批机关批准的实质障碍。	通过审阅转股协议、评估报告、董事会决议、审计报告等文件获悉。
35	转股不符合公司章程的限制性规定	《中华人民共和国公司法》（2018年修正）第七十一条	目标公司的其他股东可能以此为由，主张股权转让行为无效。目标公司的股权结构因此存在潜在争议。	通过审阅公司章程、转股协议、股东会决议等相关法律文件获悉。

续表

三、股权转让情况					
序号	常见问题	法律规定	存在的问题和风险	核查指引
36	支付给个人的转股价款溢价部分未予代扣代缴所得税	《中华人民共和国个人所得税法》（2018年修正）第九条	被责令限期改正、罚款。	通过审阅转股协议、转股价款支付凭证及代扣代收税款凭证等文件获悉。
37	转股未办理工商变更登记	《中华人民共和国公司法》（2018年修正）第三十二条	被责令限期登记、罚款；股权转让无法对抗善意第三人。	通过审阅转股协议、股东会决议、公司章程及其他工商登记文件获悉。
38	股权转让协议约定的转股生效条件未能满足	《中华人民共和国民法典》第一百五十八条	能否取得目标公司股权尚处于不确定的状态。目标公司的股权结构仍存在潜在纠纷。	通过审阅转股协议、股东会决议等相关文件获悉。
39	股权转让未签发出资证明书	《中华人民共和国公司法》（2018年修正）第七十三条	公司股东和目标公司之间的潜在纠纷。	通过审阅转股协议、出资证明书等相关文件获悉。
40	有限责任公司未按照转股结果修改公司章程/股东名册	《中华人民共和国公司法》（2018年修正）第七十三条	公司股东和目标公司之间的潜在纠纷。	通过审阅股东名册、转股协议和公司章程等文件获悉。
41	股份公司的记名股票转让未办理股东名册登记手续	《中华人民共和国公司法》（2018年修正）第一百三十九条	公司股东和目标公司之间的潜在纠纷。	通过审阅股东名册、转股协议等法律文件获悉。
42	发起人持有的股份转让不符合《中华人民共和国公司法》（2018年修正）的有关规定	《中华人民共和国公司法》（2018年修正）第一百四十一条	转股行为被主张无效、目标公司的股权状况因此处于不能确定的状态，存在潜在纠纷。	通过审阅转股协议、发起人协议、公司章程等相关文件获悉。

续表

三、股权转让情况				
序号	常见问题	法律规定	存在的问题和风险	核查指引
43	董事/监事/高级管理人员转让股份不符合《中华人民共和国公司法》（2018年修正）的有关规定	《中华人民共和国公司法》（2018年修正）第一百四十一条	转股行为被主张无效、目标公司的股权状况因此处于不能确定的状态，存在潜在纠纷。	如发现公司章程中对董事/监事/高级管理人员所持股份转让存在其他限制性规定的，承办律师应当逐一列明该等限制性规定并核对公司历史沿革中的转股是否符合该等限制性规定。

四、股东资格与股权稳定性				
序号	常见问题	法律规定	存在的问题和风险	核查指引
44	公司的登记股东与实际股东不一致（股权代持等）	《中华人民共和国公司法》（2018年修正）第三十二条	目标公司的股权因此存在潜在纠纷。实际股东与登记股东之间可能就上述事项存在潜在纠纷。	通过审阅股东名册及公司提供的说明获悉。
45	公司的外方股东资格不符合法律规定	《外国投资者对上市公司战略投资管理办法》（2015年修正）第六条	股东的实有资产和所管理的资产总额不满足上述法规规定的条件，目标公司引入战略投资者的交易可能因此无法取得商务部的批准。	通过审阅各方股东的相关文件获悉。
46	股权被人民法院冻结	《最高人民法院、国家工商总局关于加强信息合作规范执行与协助执行的通知》第十二条	未经人民法院许可，股权不得转让、质押或作其他处分，股权并购模式下无法办理股权转让变更登记，无法履行并购协议，若推进收购需要偿还债务、替换担保等。	通过审阅目标公司的工商档案、法院裁判文书、网络核查等获悉。

续表

四、股东资格与股权稳定性			
序号	常见问题	法律规定	存在的问题和风险	核查指引
47	自然人设立的一人有限责任公司拥有多家一人有限责任公司	《中华人民共和国公司法》（2018年修正）第五十八条	有关公司登记管理机关可能以拟议交易违反法律的强制性规定为由，拒绝办理股权变更登记；或者即使办理了该等登记，在日后以拟议交易违反法律的强制性规定为由，撤销该等登记。	通过审阅股东名册、自然人股东的声明等相关文件获悉。
48	国有企业收购国有股权未履行评估手续	《国有资产评估管理办法》（2020年修订）第三条	该等转让行为可能因此被主张无效。	通过审阅国有资产转让有关的评估报告、评估立项文件、评估结果确认文件、评估结果核准文件和备案文件等获悉。
49	公司接受子公司以未分配利润转增资本，作为内资法人股东未缴纳企业所得税	《中华人民共和国税收征收管理法》（2015年修正）第六十五条	被有关税务主管机关处以追缴其不缴或者少缴的税款、滞纳金，并处相应处罚。	通过审阅公司章程、验资报告、股东所得税的纳税凭证等获悉。
50	股权质押存在法律瑕疵	《中华人民共和国民法典》第四百一十八条、第四百四十条、第四百四十三条；《工商行政管理机关股权出质登记办法》（2020年修订）第五条	股东与公司之间产生质权纠纷、无法办理出质登记、质权设立失败。	通过审阅被质押公司的公司章程、质押合同等相关文件获悉。
51	目标公司股权存在出质情形	《中华人民共和国民法典》第四百四十三条	股权并购模式下无法办理股权转让变更登记，并购协议无法履行，需要取得质权人同意并注销出质登记。	目标公司工商档案、工商行政部门网络核查等。

续表

五、房产、土地等重大资产与债权债务					
序号	常见问题	法律规定	存在的问题和风险	核查指引
52	土地用途与国有土地使用证载明的内容不一致	《中华人民共和国土地管理法》（2019年修正）第四条、第五十六条	如被有关土地行政管理机关认定为未能按照批准的用途使用国有土地的，根据上述法规，目标公司可能会被有关土地行政主管部门责令交还土地，并可能被处以罚款。	通过审阅土地出让合同、不动产权证书或者其他相关文件获悉。
53	公司购买破产企业的资产，其中涉及划拨土地	《中华人民共和国土地管理法》（2019年修正）第三十八条、第五十六条	破产公司所使用的土地使用权为通过划拨方式取得，在破产公司破产的情况下，该等土地使用权存在被当地有关政府部门无偿收回的风险。	通过审阅不动产权证书、土地出让合同等相关文件获悉。
54	公司自建的房产未办理房屋权属登记并领取房屋权属证书	《不动产登记暂行条例》（2019年修订）第六条、第七条	目标公司对该等房产的权利尚未取得有关政府部门的确认，目标公司在将该等房产处置、质押或者行使其他权利主张时，将面临法律障碍。	通过审阅房屋权属证书等相关文件获悉。
55	公司的建设项目超容	《中华人民共和国城乡规划法》（2019年修正）第四十三条	罚款、被责令停止建设、被责令限期改正、被责令限期拆除、除上述行政处罚以外，因建设项目未按照规划许可的面积建造，目标公司就该等在建工程办理房屋权属登记时将缺乏法定条件，目标公司就该等在建工程（或房屋）行使处置、抵押权利或者主张其他合法权益时将存在法律障碍。	通过审阅建设工程规划许可证、施工许可证及竣工验收证明等相关文件获悉。

续表

| \multicolumn{5}{c|}{五、房产、土地等重大资产与债权债务} |
序号	常见问题	法律规定	存在的问题和风险	核查指引
56	公司使用的房屋属于违反规划的建筑	《中华人民共和国城乡规划法》（2019年修正）第四十条、第四十三条	罚款、被责令停止建设、被责令限期改正、被责令限期拆除、因建设项目未按照规划许可的面积建造，目标公司就该等在建工程办理房屋权属登记时缺乏法定条件，目标公司就该等在建工程（或房屋）行使处置、抵押权利或者主张其他合法权益时存在法律障碍。	通过审阅房产的建设工程规划许可证等相关文件获悉。
57	公司使用的房屋未适当办理建设项目竣工验收手续	《建设工程质量管理条例》（2019年修订）第十六条、第五十八条	罚款、如被认定造成损失的，目标公司还应当依法承担赔偿责任；因建设项目未按照规划许可的面积建造，目标公司就该等在建工程办理房屋权属登记时缺乏法定条件，目标公司就该等在建工程（或房屋）行使处置、抵押权利或者主张其他合法权益时存在法律障碍。	通过审阅建设项目竣工验收报告、竣工验收备案表等相关文件获悉。
58	公司使用的房屋（在建工程）未办理《施工许可证》	《中华人民共和国建筑法》（2019年修正）第七条、第六十四条；《建设工程质量管理条例》（2019年修订）第五十七条；《建筑工程施工许可管理办法》（2021年修订）第三条	被责令停止施工、限期改正、罚款、就该等在建工程（或房屋）行使处置、抵押权利或者主张其他合法权益时存在法律障碍。	通过审阅施工许可证或者开工报告及其批准等相关文件获悉。

续表

五、房产、土地等重大资产与债权债务				
序号	常见问题	法律规定	存在的问题和风险	核查指引
59	公司土地存在闲置情况	《闲置土地处置办法》（2012年修订）第二条、第四条	政府部门拟订并实施该宗闲置土地处置方案、要求缴纳相当于土地使用权出让金20%以下土地闲置费或无偿收回土地、征缴增值地价的法律风险。	通过审阅土地出让合同、施工许可证等相关文件获悉。
60	用地项目不符合产业政策	《国土资源部、国家发展和改革委员会关于发布实施〈限制用地项目目录（2012年本）〉和〈禁止用地项目目录（2012年本）〉的通知》第一条、第二条；《中华人民共和国土地管理法》（2019年修正）第七十七条	办理用地审批手续时存在法律障碍、被责令退还非法占用的土地、限期拆除在非法占用的土地上新建的建筑物和其他设施、恢复土地、目标公司的直接负责的主管人员和其他直接责任人员可能被给予行政处分。	通过审阅土地清单、建设项目清单等相关文件获悉。
61	公司使用的土地尚未办理用地审批手续	《中华人民共和国土地管理法》（2019年修正）第五十四条、第七十七条；《中华人民共和国刑法》（2020年修正）第三百四十二条	被责令退还非法占用的土地、限期拆除在非法占用的土地上新建的建筑物和其他设施、恢复土地、目标公司的直接负责的主管人员和其他直接责任人员可能被给予行政处分。	通过审阅土地清单、国有土地出让合同等相关文件获悉。
62	公司使用农村集体土地未办理登记手续	《土地登记规则》（1995）第三条、第二十二条	无法办理产权变更登记或者他项权利登记手续、使用该宗土地过程中，存在潜在纠纷的可能性。	通过审阅土地租赁合同、招拍挂文件、国土管理部门的登记文件等相关文件获悉。

续表

五、房产、土地等重大资产与债权债务			
序号	常见问题	法律规定	存在的问题和风险	核查指引
63	公司使用的是农村集体所有的农用地	《中华人民共和国土地管理法》（2019年修正）第十三条、第五十三条、第七十七条；《国务院关于加强土地调控有关问题的通知》第六条；《国务院关于促进节约集约用地的通知》第十六条	被责令退还非法占用的土地、限期拆除在非法占用的土地上新建的建筑物和其他设施、恢复土地、目标公司的直接负责的主管人员和其他直接责任人员可能被给予行政处分；被判处罚金、有期徒刑、拘役；无法从金融机构取得贷款；丧失上市资格。	通过审阅公司使用的土地清单、不动产权证、土地租赁合同等相关文件获悉。
64	公司取得出让土地的手续不符合有关招拍挂制度	《招标拍卖挂牌出让国有建设用地使用权规定》（2007年修订）第四条；《国务院关于促进节约集约用地的通知》第十三条、第二十二条	无法取得有关金融机构提供的贷款、丧失上市融资的资格。	通过审阅土地出让合同、招拍挂的证明文件等相关文件获悉。
65	公司签订的土地出让合同存在被宣告无效的风险	《最高人民法院关于审理涉及国有土地使用权合同纠纷案件适用法律问题的解释》（2020年修正）第二条	合同存在被认定为无效的法律风险。	通过审阅土地出让合同、招拍挂的证明文件等相关文件获悉。

续表

五、房产、土地等重大资产与债权债务				
序号	常见问题	法律规定	存在的问题和风险	核查指引
66	公司使用的土地价款尚未全部缴清	《中华人民共和国城镇国有土地使用权出让和转让暂行条例》（2020年修订）第十四条、第十六条；《土地登记规则》（1995）第二十六条	取得的土地权属证书可能被依法撤销、已经取得的土地存在被依法收回的风险。	通过审阅土地出让合同、土地出让金缴纳凭证等相关文件获悉。
67	土地出让合同载明的出让金低于基准地价	《协议出让国有土地使用权规定》第三条、第五条	有关国有土地出让合同中的价格条款，存在被认定为无效的可能性；被要求补缴土地出让金、被有关国有土地管理部门收回；目标公司可能需要承担相应的损失。	通过审阅国有土地出让合同、当地政府有关土地基准价格的公告等事项获悉。
68	公司使用的土地的情况与土地出让合同约定的情况不一致	《中华人民共和国城镇国有土地使用权出让和转让暂行条例》（2020年修订）第十七条	被追缴土地出让金、警告、罚款甚至无偿收回土地。	通过审阅国有土地出让合同、建设工程规划许可证、施工许可证、竣工验收报告等相关文件获悉。
69	土地未依法办理登记并领有权属证书	《土地登记规则》（1995）第四十八条、第四十九条、第五十条、第六十九条；《中华人民共和国土地管理法》（2019年修正）第七十七条	被责令退还非法占用的土地、没收在非法占用的土地上新建的建筑物和其他设施、罚款、公司的直接负责的主管人员和其他直接责任人员可能被依法处以行政处分。	通过审阅营业执照及权属证书获悉。

续表

五、房产、土地等重大资产与债权债务			
序号	常见问题	法律规定	存在的问题和风险	核查指引
70	公司取得的项目用地系分割取得不动产权证书	《招标拍卖挂牌出让国有建设用地使用权规定》(2007年修订)第二十三条;《国务院关于促进节约集约用地的通知》第十二条、第二十二条	无法取得有关金融机构提供的贷款、丧失上市融资的资格。	通过审阅不动产权证书、土地出让合同等相关文件获悉。
71	公司取得的产权权属证书过期	《中华人民共和国土地管理法》(2019年修正)第五十八条;《中华人民共和国民法典》第三百五十九条	被国有土地管理部门无偿收回。	通过审阅不动产权证书、土地出让合同等相关文件获悉。
72	公司使用的土地为通过划拨方式取得,存在依法变更为出让土地的风险	《中华人民共和国土地管理法》(2019年修正)第二条、第七十七条;《中华人民共和国城市房地产管理法》(2019年修正)第二十四条、第四十条、第四十三条	被责令退还非法占用的土地、没收在非法占用的土地上新建的建筑物和其他设施、罚款、目标公司的直接负责的主管人员和其他直接责任人员被处以行政处分。	通过审阅不动产权证书、土地出让合同等相关文件获悉。
73	目标公司租赁划拨用地	《中华人民共和国城镇国有土地使用权出让和转让暂行条例》(2020年修订)第四十四条、第四十五条	租赁合同可能被宣布无效、无法履行。	通过审阅不动产权证书、土地租赁合同等相关文件获悉。

续表

	五、房产、土地等重大资产与债权债务
序号	常见问题	法律规定	存在的问题和风险	核查指引
74	公司重大资产存在产权负担	《中华人民共和国民法典》第三百九十五条、第四百四十条、第四百四十三条、第四百四十四条、第四百四十五条	目标公司的主要资产已用于抵押或者质押，其转让受到限制，应当取得银行等主体的事先同意，转让价款可能被用于向银行等主体提前清偿债务或者提存。	通过审阅主债权合同，有关抵押、质押书面合同，有关抵押、质押的登记文件获悉。
75	担保财产存在法律瑕疵	《中华人民共和国民法典》第三百八十一条、第三百九十八条、第三百九十九条	抵押担保合同存在被认定为无效的风险。目标公司的借款存在不能获得抵押担保保证的风险。	通过审阅担保合同等相关文件获悉。
76	公司存在超过诉讼时效的债权	《中华人民共和国民法典》第一百八十八条、第一百九十二条	目标公司可能面临无法收回债权的风险。	通过审阅债权债务清单及其有关的合同等文件获悉。
77	公司存在超过诉讼时效的负债	《中华人民共和国民法典》第一百八十八条、第一百九十二条、第一百九十六条	基本债权债务关系仍未消灭，对方可能依法拒绝履行该等债务或者主张债务的抵销，目标公司可能面临无法收回债权的风险。	通过审阅债权债务清单及其有关的合同等文件获悉。
78	公司的债务人可能丧失偿债能力	《中华人民共和国民法典》第六十八条、第七十二条	该笔债权存在无法收回的风险。	通过审阅债权债务合同及其履行情况的说明等文件获悉。
79	公司重大资产处于行政措施下	《中华人民共和国税收征收管理法》（2015年修正）第四十条	被查封的财产存在被行政机关依法拍卖、变卖并以价款抵缴税款的行为。	通过审阅公司资产的所有权登记文件及公司提供的有关资产占有情况的说明获悉。

续表

	五、房产、土地等重大资产与债权债务			
序号	常见问题	法律规定	存在的问题和风险	核查指引
80	公司重大资产登记在第三方名下	《中华人民共和国民法典》第二百零八条;《机动车登记规定》（2021年修订）第三十七条、第七十八条	以出租、抵押、转让等方式处置该等机动车辆时，需取得登记员工的配合，目标公司行使权益的能力存在一定的不确定性。	通过审阅公司资产的所有权登记文件及公司提供的有关资产占有情况的说明获悉。
81	公司存在向银行等金融机构、股东或其他第三方的大额借款	《中华人民共和国民法典》关于借款合同的规定以及金融借款合同、民间借贷合同的约定	进行并购交易时需要可能经过债权人同意，未经同意的可能要承担违约责任、被要求提前还款；股权并购完成后目标公司仍须承担该等负债。	通过审阅目标公司重大合同清单、合同原件、征信报告、访谈获悉。
82	公司与第三方共有财产	《中华人民共和国民法典》第二百九十七条、第三百零一条、第三百零三条、第三百零四条	目标公司在对共有财产进行处分时，需要得到其他共有人的同意，处分权受到限制。	通过审阅合作开发协议、共有协议、不动产权证等文件获悉。
83	公司的应收款项难以收回	《中华人民共和国民法典》第四百四十五条	已计提的坏账准备不能覆盖发生的坏账损失而导致公司利润减少的风险。	通过审阅重大合同获悉。
	六、重大合同			
序号	常见问题	法律规定	存在的问题和风险	核查指引
84	重大合同签订过程违反法定程序	《中华人民共和国招标投标法》（2017年修正）第三条、第四十九条	被责令限期改正、罚款、暂停项目执行或者暂停资金拨付；对单位直接负责的主管人员和其他直接责任人员依法给予处分。	通过审阅重大合同获悉。

续表

六、重大合同					
序号	常见问题	法律规定	存在的问题和风险	核查指引
85	公司签订的重大合同存在无法履行的法律风险	《中华人民共和国建筑法》(2019年修订)第十三条、第二十二条、第二十六条、第六十五条	被责令改正、罚款;被责令停止违法行为、停业整顿,降低资质等级;情节严重的,吊销资质证书;有违法所得的,予以没收。未取得资质证书承揽工程的,予以取缔,并处罚款;有违法所得的,予以没收。以欺骗手段取得资质证书的,吊销资质证书,处以罚款;构成犯罪的,依法追究刑事责任。	通过审阅公司对外签订的重大合同获悉。
86	重大合同发生履约纠纷	《最高人民法院关于审理建设工程施工合同纠纷案件适用法律问题的解释(一)》第一条、第三条、第四条、第六条、第七条	合同被认定无效、承担赔偿责任。	通过审阅重大合同及公司关于重大合同的履约说明获悉。

七、境外并购					
序号	常见问题	法律规定	存在的问题和风险	核查指引
87	境外并购事项尚未履行前期报告程序	《企业境外并购事项前期报告制度》第三条	目标公司因未能履行上述前期报告义务,在日后向商务主管部门办理境外投资核准手续时可能面临法律障碍。	通过审阅《境外并购事项前期报告表》等相关文件获悉。
88	公司设立海外机构未取得商务部的批准(2004年后)	《境外投资管理办法》(2014)第二条、第六条	办理外汇、银行、海关、外事等相关手续时,可能面临法律障碍;自境外公司设立之日起三年内,无法享受国家有关境外投资政策支持。	通过审阅《企业境外投资证书》等相关文件获悉。

续表

七、境外并购			
序号	常见问题	法律规定	存在的问题和风险	核查指引
89	设立境外机构的商务部门核准已经过期	《境外投资管理办法》(2014)第十六条、第三十二条	办理外汇、银行、海关、外事等相关手续时,可能面临法律障碍;目标公司自境外公司设立之日起三年内,无法享受国家有关境外投资政策支持。	通过审阅《企业境外投资证书》等相关文件获悉。
90	间接设立的境外企业尚未办理备案手续	《境外投资管理办法》(2014)第十四条、第三十二条	办理外汇、银行、海关、外事等相关手续时,可能面临法律障碍;目标公司自境外公司设立之日起三年内,无法享受国家有关境外投资政策支持。	通过审阅备案登记文件等相关文件获悉。
91	境外竞标/收购项目尚未取得国家发展改革部门的确认函	《企业境外投资管理办法》第四条、第七条、第四十二条	被批评或通报批评,并责令纠正,目标公司及其有关领导和责任人可能被国家发展改革委会同有关部门依法处罚并追究责任;目标公司的境外投资行为如需境内融资的,国内金融机构可能以目标公司违规为由,拒绝发放贷款。	通过审阅确认函等相关文件获悉。
92	境外收购/竞标项目的确认函已经过期	《企业境外投资管理办法》第三十五条、第三十八条	境外收购项目应在国家发改委的确认函载明的期限内实施。	通过审阅确认函等相关文件获悉。
93	公司的境外投资项目未取得国家发展改革部门的批准	《企业境外投资管理办法》第二十八条	目标公司因未能履行上述法定义务,在办理外汇、海关、税务等相关手续时可能面临法律障碍。	通过审阅境外投资项目核准文件等获悉。
94	境外投资项目核准文件已经过期	《企业境外投资管理办法》第十三条、第五十三条	目标公司因未能在有效期内实施境外投资项目,在办理外汇、海关、税务等相关手续时可能面临法律障碍。	通过审阅境外投资项目核准文件等获悉。

续表

七、境外并购			
序号	常见问题	法律规定	存在的问题和风险	核查指引
95	境外投资未办理外汇登记/备案/注销手续	《境内机构境外直接投资外汇管理规定》第七条、第九条、第二十四条	被责令改正、给予警告、罚款；在办理和境外公司外汇往来，资本汇出、利润调回等事项时，可能面临法律障碍。	通过审阅境外直接投资外汇登记证及境外投资的其他有关文件获悉。

八、建设项目			
序号	常见问题	法律规定	存在的问题和风险	核查指引
96	建设项目注册资本金不满足法定最低比例要求	《国务院关于固定资产投资项目试行资本金制度的通知》第九条	目标公司的建设项目因此可能无法获得有关建设投资主管部门的核准或者备案。此外，目标公司可能因此无法获得商业银行提供的融资。	通过审阅营业执照、建设项目可行性研究报告、投资核准备案文件等相关文件获悉。
97	建设项目尚未办理投资核准手续	《企业投资项目核准和备案管理条例》第十八条	目标公司因未能履行上述法定义务，其建设项目在办理国土资源、环境保护、城市规划、质量监督、证券监管、外汇管理、安全生产监管、水资源管理、海关等相关行政许可手续时可能面临法律障碍；如目标公司不办理相关行政许可手续的，可能面临相关行政主管机关的行政处罚。目标公司已经取得的相关行政许可，可能面临被撤销的风险；目标公司就建设项目向金融机构融资时可能面临法律障碍。	通过审阅营业执照、投资有关的法律文件等获悉。

续表

| 八、建设项目 ||||
序号	常见问题	法律规定	存在的问题和风险	核查指引
98	建设项目投资核准手续已经过期	《企业投资项目核准和备案管理条例》第十二条	目标公司在办理国土资源、环境保护、城市规划、质量监督、证券监管、外汇管理、安全生产监管、水资源管理、海关等相关行政许可手续时可能面临法律障碍；如目标公司不办理相关行政许可手续的，可能面临相关行政主管机关的行政处罚；目标公司已经取得的相关行政许可，可能面临被撤销的风险；建设项目，可能被责令停止建设；有关责任人可能被依法追究法律责任；向金融机构融资时可能面临法律障碍。	通过投资项目核准等相关文件获悉。
99	建设项目尚未办理投资备案手续	《政府核准的投资项目目录》（2016年本）第一条、第二条；《企业境外投资管理办法》第四条	因未能履行上述义务，目标公司的建设项目可能被投资主管部门责令停止建设。目标公司及其责任人，可能因此被追究法律责任。	通过审阅营业执照、投资项目相关文件等获悉。
100	建设项目投资备案手续已经过期	《企业投资项目核准和备案管理条例》第十二条	目标公司的建设项目可能被投资主管部门责令停止建设。目标公司及其责任人，可能因此被追究法律责任。	通过审阅营业执照、投资项目相关文件等获悉。
101	建设项目尚未取得建设工程规划许可证	《中华人民共和国城乡规划法》（2019年修订）第四十条、第六十四条	被责令停止建设、限期改正、限期拆除、罚款、没收。	通过审阅房产的建设工程规划许可证等相关文件获悉。

续表

		八、建设项目		
序号	常见问题	法律规定	存在的问题和风险	核查指引
102	公司的建设项目尚未办理环保评价手续	《建设项目环境保护管理条例》（2017年修订）第七条、第二十三条	可能被有关环境保护行政主管部门责令限期补办手续；如目标公司逾期不补办手续，擅自开工建设的，可能被有关环境保护行政主管机关责令停止建设，可以处10万元以下的罚款。	审阅环境影响报告书、环境影响报告表或者环境影响登记表及其批复获悉。
103	公司的建设项目尚未取得环保批复	《建设项目环境保护管理条例》（2017年修订）第九条	因目标公司未能办理该等手续即开工建设，可能因此被有关环境保护行政主管部门责令停止建设，限期恢复原状，并可能面临10万元以下的罚款。	通过审阅对环评报告的批复等相关文件获悉。
104	公司的建设项目环境状况发生重大变更，未能重新办理环评审批手续	《建设项目环境保护管理条例》（2017年修订）第十二条、第二十一条	目标公司可能因此被有关环境保护行政主管部门责令限期补办手续；如目标公司逾期不补办手续，擅自开工建设的，可能被有关环境保护行政主管机关责令停止建设，可以处10万元以下的罚款。	通过审阅环境评价文件、项目建设文件等相关文件获悉。
105	公司的建设项目环评通过后超过五年未施工，后未重新办理环评报批手续	《建设项目环境保护管理条例》（2017年修订）第十二条、第二十一条	目标公司可能被有关环境保护行政主管部门责令限期补办手续；如目标公司逾期不补办手续，擅自开工建设的，可能被有关环境保护行政主管机关责令停止建设，可以处10万元以下的罚款。	通过审阅环境影响报告书等相关文件获悉。

续表

八、建设项目			
序号	常见问题	法律规定	存在的问题和风险	核查指引
106	公司的建设项目越级取得环保批复	《建设项目环境影响评价文件分级审批规定》第二条、第七条；《建设项目环境保护管理条例》（2017年修订）第二十三条	环境保护行政主管部门、生态环境部可能撤销《同意批复》；如上述《同意批复》被撤销的，目标公司的建设项目可能因此被责令停止建设，限期恢复原状、罚款。	通过审阅环境影响评价文件及其批复等相关文件获悉。
107	公司就建设项目配套的环保设施不符合有关规定	《建设项目环境保护管理条例》（2017年修订）第十六条、第二十三条	被责令停止利用该等建设工程生产或者使用该等建设工程、罚款。	通过审阅建设项目环保评价文件及其批复等相关文件获悉。
108	公司就建设项目配套的环保设施未投入使用	《建设项目环境保护管理条例》（2017年修订）第十五条、第二十二条	被责令限期改正；如逾期不改正、停止试生产、罚款。	通过审阅公司就环保设施的说明等相关文件获悉。
109	建设项目试生产未经过环保部门批准	《建设项目环境保护管理条例》（2017年修订）第十七条、第十九条	环保行政部门可能以此为由，拒绝目标公司的建设工程环保验收申请，拖延建设项目正式投产的时间。	通过审阅环保部门出具的试生产批复等相关文件获悉。
110	建设项目投入试生产满三个月尚未办理环保验收手续	《建设项目环境保护管理条例》（2017年修订）第十七条、第十八条、第十九条	目标公司因未能及时办理环境保护设施竣工验收手续，可能被有关环境保护行政主管部门责令限期办理；如逾期仍未能办理的，目标公司可能被有关环境保护行政主管部门责令停止试生产，并可能被处以5万元以下的罚款。	通过审阅有关环境保护设施竣工验收批复等相关文件获悉。

续表

八、建设项目			
序号	常见问题	法律规定	存在的问题和风险	核查指引
111	租赁物业内建设项目未履行环保手续	《建设项目环境保护管理条例》（2017年修订）第二条、第三条	被责令限期办理、停止生产、罚款。	通过审阅租赁合同、环评文件及其批复等相关文件获悉。

九、劳动人事			
序号	常见问题	法律规定	存在的问题和风险	核查指引
112	公司未办理社会保险登记证	《社会保险费征缴暂行条例》（2019年修订）第二条、第七条、第十条、第十三条	被责令限期改正、直接负责的主管人员和其他直接责任人员被罚款。	通过审阅社保登记证等相关文件获悉。
113	公司尚未与员工订立书面劳动合同	《中华人民共和国劳动合同法》（2012年修正）第十条、第九十七条	可能导致劳动纠纷。目标公司并可能因此向未签订书面劳动合同的员工每月支付二倍的工资。	通过审阅员工花名册并抽查劳动合同获悉。
114	公司未依法与劳动者签订无固定期限劳动合同	《中华人民共和国劳动合同法》（2012年修正）第十四条、第三十九条、第四十条	可能导致劳动纠纷。目标公司并可能因此向未签订书面劳动合同的员工每月支付二倍的工资。	通过审阅员工花名册、劳动合同等相关文件获悉。
115	公司签订的劳动合同缺乏法定必备条款	《中华人民共和国劳动合同法》（2012年修正）第十七条、第八十一条	面临劳动纠纷、被责令改正。如因缺乏该等社会保险条款给劳动者造成损害的，目标公司需承担损害赔偿责任。	通过审阅劳动合同等相关文件获悉。
116	公司未将劳动合同交付劳动者本人	《中华人民共和国劳动合同法》（2012年修正）第十六条、第八十一条	面临劳动纠纷、被责令改正。如因缺乏该等社会保险条款给劳动者造成损害的，目标公司需承担损害赔偿责任。	通过审阅员工花名册并抽查劳动合同等相关文件获悉。

续表

九、劳动人事				
序号	常见问题	法律规定	存在的问题和风险	核查指引
117	公司签订的劳动合同试用期超过法定时限	《中华人民共和国劳动合同法》（2012年修正）第十九条、第八十三条	目标公司可能因此面临劳动纠纷，此外，还可能被劳动行政部门责令改正。如因试用期已经履行的，目标公司需以劳动者试用期满月工资为标准，按已经履行的超过法定试用期的期间向劳动者支付赔偿金。	通过审阅目标公司的劳动合同等相关文件获悉。
118	公司签订的劳动合同文本不符合《中华人民共和国劳动合同法》（2012年修正）关于竞业禁止的规定	《中华人民共和国劳动合同法》（2012年修正）第二十三条、第二十四条	劳动者可能以此为由，主张劳动合同中的相关条款无效。目标公司和劳动者之间，存在潜在劳动纠纷。	通过审阅目标公司的劳动合同等相关文件获悉。
119	公司未能为所有员工及时足额缴纳社会保险费	《中华人民共和国劳动合同法》（2012年修正）第二十三条、第二十四条；《工伤保险条例》（2010年修订）第二条、第三条	被责令限期缴纳、补缴滞纳金，被有关劳动保障行政部门处以警告、罚款。	通过审阅目标公司的社会保险费缴费凭证等相关文件获悉。
120	公司缴纳的社保险种少于法定险种	《社会保险费征缴暂行条例》（2019年修订）第三条	被责令限期缴纳、补缴滞纳金。	通过审阅目标公司的社保险种说明等相关文件获悉。
121	公司未办理住房公积金缴存登记	《住房公积金管理条例》（2019年修订）第十四条、第三十七条	被责令限期办理、罚款。	通过审阅住房公积金缴存登记文件获悉。

续表

九、劳动人事

序号	常见问题	法律规定	存在的问题和风险	核查指引
122	公司未能为本单位职工办理住房公积金账户设立手续	《住房公积金管理条例》（2019年修订）第十四条、第十五条、第三十七条	被住房公积金管理中心责令限期办理、罚款。	通过审阅员工花名册并抽查员工住房公积金账户设立情况获悉。
123	公司未及时足额缴存员工住房公积金	《住房公积金管理条例》（2019年修订）第十六条、第十七条、第十九条、第三十八条	职工可能以此为由对目标公司提起劳动争议仲裁或者诉讼、被住房公积金管理中心催缴；被责令限期缴存、逾期仍不缴存的，住房公积金管理中心可以申请人民法院强制执行，还可能就上述催缴的金额承担利息、滞纳金和强制执行费用。	通过审阅员工花名册并抽查员工住房公积金账户设立情况获悉。

十、诉讼、仲裁及其他法律程序常见问题

序号	常见问题	法律规定	存在的问题和风险	核查指引
124	公司涉及诉讼、仲裁情况	《中华人民共和国刑法》（2020年修正）第三条及其他法律法规	法律法规规定的结果。	通过审阅公司出具的关于诉讼、仲裁、行政程序情况的说明及各官网的信息获悉，如中国裁判文书网。
125	公司涉及行政处罚情况	房地产企业运营过程中涉及的各类法律法规	法律法规规定的结果。	通过审阅公司出具的关于诉讼、仲裁、行政程序情况的说明及各官网的信息获悉。
126	公司面临重大诉讼风险	房地产企业运营过程中涉及的各类法律法规	法律法规规定的结果。	通过审阅债权债务清单及其有关合同履行情况说明等文件获悉。

续表

十、诉讼、仲裁及其他法律程序常见问题			
序号	常见问题	法律规定	存在的问题和风险	核查指引
127	公司接到中止执行裁定	《中华人民共和国民事诉讼法》（2021年修正）第二百六十三条	根据拟议交易向目标公司增资后，法院可能恢复执行有关民事判决，增资款项存在被用于赔偿债务的风险。	通过审阅民事判决及执行文件获悉。

十一、房地产项目常见问题			
序号	常见问题	法律规定	存在的问题和风险	核查指引
128	项目土地闲置	《闲置土地处置办法》（2012年修订）第二条、第四条	政府部门拟订并实施该宗闲置土地处置方案、要求缴纳相当于土地使用权出让金20%以下土地闲置费或无偿收回土地、征缴增值地价的法律风险。	通过审阅土地出让合同、施工许可证等相关文件获悉。
129	擅自改变土地用途	《中华人民共和国土地管理法》（2019年修正）第四条、第五十六条	如被有关土地行政管理机关认定为未能按照批准的用途使用国有土地的，根据上述法规，目标公司可能会被有关土地行政主管部门责令交还土地，并可能被处以罚款。	通过审阅土地出让合同、不动产权证书或者其他相关文件获悉。
130	未取得工程规划许可擅自施工	《中华人民共和国城乡规划法》（2019年修正）第六十四条	被责令停止建设、消除影响、限期改正，处建设工程造价5%以上10%以下的罚款；无法采取改正措施消除影响的，限期拆除，不能拆除的，没收实物或者违法收入，可以并处建设工程造价10%以下的罚款。	通过审阅建设工程规划许可证等文件、现场走访、访谈等获悉。

续表

| 十一、房地产项目常见问题 ||||
序号	常见问题	法律规定	存在的问题和风险	核查指引
131	未取得施工许可擅自施工	《中华人民共和国建筑法》（2019年修订）第七条、第六十四条；《建设工程质量管理条例》（2019年修订）第五十七条；《建筑工程施工许可管理办法》（2021年修订）第三条	被责令停止施工、限期改正、罚款，就该等在建工程（或房屋）行使处置、抵押权利或者主张其他合法权益时存在法律障碍。	通过审阅施工许可证或者开工报告及其批准等相关文件、现场走访等获悉。
132	取得施工许可但未按期开工、中止施工	《中华人民共和国建筑法》（2019年修订）第九条、第十条	既不开工又不申请延期或者超过延期时限的，施工许可证自行废止。	通过审阅施工许可证或者开工报告及其批准、施工进程及现场走访等获悉。
133	项目未验收合格即交付使用	《建设工程质量管理条例》（2019年修订）第十六条、第五十八条	罚款、如被认定造成损失的，目标公司还应当依法承担赔偿责任；因建设项目未按照规划许可的面积建造，目标公司就该等在建工程办理房屋权属登记时将缺乏法定条件，目标公司就该等在建工程（或房屋）行使处置、抵押权利或者主张其他合法权益时将存在法律障碍。	通过审阅建设项目竣工验收报告、竣工验收备案表等相关文件获悉。
134	项目土地存在抵押、查封等权利受限情形	《中华人民共和国民法典》第三百九十三条、第三百九十五条、第四百四十条、第四百四十三条、第四百四十四条、第四百四十五条、第五百五十九条	目标公司的主要资产已用于抵押或者质押，其转让受到限制，应当取得银行等主体的事先同意，转让价款可能被用于向银行等主体提前清偿债务或者提存。土地查封影响办理预售许可证，无法进行预售、按揭手续及房产证。	通过审阅主债权合同，有关抵押、质押书面合同，有关抵押、质押的登记文件获悉。

续表

十一、房地产项目常见问题			
序号	常见问题	法律规定	存在的问题和风险	核查指引
135	应当以招拍挂方式出让土地而未经过招拍挂程序或相关手续不合法	《招标拍卖挂牌出让国有建设用地使用权规定》(2007年修订)第四条;《国务院关于促进节约集约用地的通知》第十三条、第二十二条	无法取得有关金融机构提供的贷款、丧失上市融资的资格。	通过审阅土地出让合同、招拍挂的证明文件等相关文件获悉。
136	转让项目土地和在建工程已完成开发比例未达到投资总额的25%	《中华人民共和国城市房地产管理法》(2019年修正)第三十九条	土地无法交易过户、转让登记受限。	通过审阅银行预留文件、工程款支付明细等文件获悉。
137	项目土地存在租赁关系	《中华人民共和国民法典》第七百零五条、第七百零七条、第七百二十五条	租赁合同可能被宣布无效、无法履行。	通过审阅不动产权证书、土地租赁合同等相关文件获悉。
138	未取得商品房预售许可即预售房屋	《中华人民共和国城市房地产管理法》(2019年修正)第四十五条、第六十八条;《城市房地产开发经营管理条例》(2020年修订)第二十二条、第三十六条	被责令停止预售活动、没收违法所得、罚款;签订的商品房预售合同可能被认定为无效、向买受人赔偿损失。	通过审阅预售许可证等获悉。

续表

十一、房地产项目常见问题			
序号	常见问题	法律规定	存在的问题和风险	核查指引
139	未通过招标投标方式选聘前期物业服务企业或未经批准以协议方式选聘物业服务企业	《物业管理条例》（2018年修正）第二十四条、第五十六条	被责令限期改正、警告、罚款。	通过审阅前期招投标文件、政府部门批准以协议方式选聘物业服务企业的文件获悉。
140	未取得预售许可证发布广告、房地产广告存在虚构地铁站名等违法情形	《中华人民共和国广告法》（2021年修正）第二十六条、第五十八条；《房地产广告发布规定》（2021年修正）第五条、第二十一条	被责令消除影响、罚款、吊销营业执照、撤销广告审查批准文件、一年内不受理其广告审查申请的风险；影响楼盘销售。	通过审阅项目广告、现场走访等获悉。
141	目标公司存在为购房人提供购房首付融资的情形	《关于规范购房融资和加强反洗钱工作的通知》第一条第（一）项、第三条第（七）项	被列入严重违法失信企业名单，银行业金融机构不得增加新的授信；影响开发资质审查；对上述房地产中介机构和从业人员，要依法给予罚款、取消网上签约资格等处罚。	通过审阅公司审查购房人首付来源、借款人收入证明等文件获悉。
142	项目的建筑高度不符合高度限定	《城市居住区规划设计标准》4.0.2	直接影响项目测算、项目开发利润、项目开发方案；项目建设将面临长期停工或者改变规划的风险、对于已建超高部分，面临拆除风险。	通过审阅相关规定、相关复函、批复文件、项目测算报告、规划文件等获悉。

二、应重点关注的法律问题的梳理和分析

（一）项目土地出让未经过"招拍挂"程序的问题

土地使用权作为目标公司最重要的资产，其权属完整性和来源合法性是房地产并购律师核查的重点，在房地产并购项目中，目标公司通常以出让方式获得项目土地使用权，因此土地出让手续的完整性和合法性就是尽职调查的重点。

根据《中华人民共和国民法典》第三百四十七条第二款的规定，工业、商业、旅游、娱乐和商品住宅等经营性用地，应当采取招标、拍卖等公开竞价的方式出让。根据《中华人民共和国土地管理法实施条例》（2021年修订）第十八条的规定，国有土地使用权出让应当依照国家有关规定通过公开的交易平台进行交易，并纳入统一的公共资源交易平台体系。除依法可以采取协议方式外，应当采取招标、拍卖、挂牌等竞争性方式确定土地使用者。再根据《招标拍卖挂牌出让国有建设用地使用权规定》（2007年修订）第四条和第二十四条的规定，工业、商业、旅游、娱乐和商品住宅等经营性用地应当以招标、拍卖或者挂牌方式出让，应当以招标拍卖挂牌方式出让国有建设用地使用权而擅自采用协议方式出让的，对直接负责的主管人员和其他直接责任人员依法给予处分，构成犯罪的，依法追究刑事责任。因此，经营性用地的出让必须经过招标、拍卖或者挂牌程序。

根据《招标拍卖挂牌出让国有建设用地使用权规定》第二条的规定，招标出让国有建设用地使用权，是指市、县人民政府国土资源行政主管部门（以下简称出让人）发布招标公告，邀请特定或者不特定的自然人、法人和其他组织参加国有建设用地使用权投标，根据投标结果确定国有建设用地使用权人的行为。拍卖出让国有建设用地使用权，是指出让人发布拍卖公告，由竞买人在指定时间、地点进行公开竞价，根据出价结果确定国有建设用地使用权人的行为。挂牌出让国有建设用地使用权，是指出让人发布挂牌公告，按公告规定的期限将拟出让宗地的交易条件在指定的土地交易场所挂牌公布，接受竞买人的报价

申请并更新挂牌价格，根据挂牌期限截止时的出价结果或者现场竞价结果确定国有建设用地使用权人的行为。律师核实项目土地使用权出让是否经过"招拍挂"程序，首先要核查的是目标公司获取项目土地使用权的一系列手续文件，包括项目土地的招标拍卖挂牌出让文件[①]、出让人在指定场所发布的项目土地出让公告[②]、目标公司作为中标人的中标通知书或作为竞得人的成交确认书[③]以及出让人在指定场所、媒介上公布的目标公司作为受让人的出让结果等[④]。若目标公司不具备上述手续文件并且公开渠道也无法查询到上述情况，那么项目土地使用权取得程序可能存在问题，权属来源存在风险。

如果项目土地是经营性用地且土地使用权出让未经过"招拍挂"程序，那么由于违反《中华人民共和国民法典》等法律的强制性规定，土地出让合同或其他目标公司取得项目土地使用权的转让类合同将被认定为无效，目标公司将无法取得项目土地使用权、必须依法予以返还。例如黄某雄、佛山市某区某镇人民政府建设用地使用权出让合同纠纷民事二审民事判决书[⑤]的论述："佛山市某区某镇建设房产管理所与黄某雄签订的《补充协议》、《某镇国有土地使用权转让合同书》及《补充协议》还违反了《招标拍卖挂牌出让国有建设用地使用权规定》第四条关于工业用地应当以招标、拍卖或者挂牌

---

① 《招标拍卖挂牌出让国有建设用地使用权规定》第七条："出让人应当根据招标拍卖挂牌出让地块的情况，编制招标拍卖挂牌出让文件。招标拍卖挂牌出让文件应当包括出让公告、投标或者竞买须知、土地使用条件、标书或者竞买申请书、报价单、中标通知书或者成交确认书、国有建设用地使用权出让合同文本。"

② 《招标拍卖挂牌出让国有建设用地使用权规定》第八条："出让人应当至少在投标、拍卖或者挂牌开始日前20日，在土地有形市场或者指定的场所、媒介发布招标、拍卖或者挂牌公告，公布招标拍卖挂牌出让宗地的基本情况和招标拍卖挂牌的时间、地点。"

③ 《招标拍卖挂牌出让国有建设用地使用权规定》第二十条第一款："以招标、拍卖或者挂牌方式确定中标人、竞得人后，中标人、竞得人支付的投标、竞买保证金，转作受让地块的定金。出让人应当向中标人发出中标通知书或者与竞得人签订成交确认书。"

④ 《招标拍卖挂牌出让国有建设用地使用权规定》第二十二条："招标拍卖挂牌活动结束后，出让人应在10个工作日内将招标拍卖挂牌出让结果在土地有形市场或者指定的场所、媒介公布。出让人公布出让结果，不得向受让人收取费用。"

⑤ 广东省佛山市中级人民法院（2021）粤06民终9271号案件，载中国裁判文书网。如无特别说明，本书所选案例均来自中国裁判文书网。

方式出让的规定。属于《中华人民共和国合同法》[①]第五十二条第（五）项规定的合同无效的情形。因此，某镇政府与黄某雄签订的《某镇国有土地使用权出让合同》，佛山市某区某镇建设房产管理所与黄某雄签订的《补充协议》《某镇国有土地使用权转让合同书》及《补充协议》均属无效合同。"

因此，律师在尽职调查时，务必调查项目土地是否具备完整的土地使用权出让手续，如果土地手续不完整、不合法，需要目标公司采取补正措施或与土地出让部门沟通解决办法。

除此之外，由于法律规定有权出让土地使用权的人是市、县人民政府土地管理部门，即土地使用权出让合同必须由市、县人民政府土地管理部门（自然资源局）与土地使用者签订。如果出让人和土地使用权出让合同的签订主体不是市、县人民政府土地管理部门，那么土地使用权出让合同将被认定为无效，目标公司也无法获取项目土地使用权。例如四川某投资有限公司、成都某高新技术产业园区管理委员会确认合同无效纠纷二审民事判决书[②]的论述："从土地使用权出让合同的缔约主体来看，根据《中华人民共和国城市房地产管理法》（2019年修正）第十五条第二款规定'土地使用权出让合同由市、县人民政府土地管理部门与土地使用者签订'，即国有土地使用权出让的主体为市、县人民政府土地管理部门，本案某高新管委会作为开发区管理委员会并非土地管理部门，不具备签订土地使用权出让合同的主体资格……应属无效。"因此，律师还应当核实出让主体和合同签订主体是否合法，如果存在不合法的情形，需要目标公司解决这一问题。

（二）关于项目土地闲置的问题

1.国家层面对于土地闲置的一般规定

根据法律规定，目标公司应当按照土地出让合同约定的期限动工开发，

[①] 已失效，下文不再提示。
[②] 四川省成都市中级人民法院（2021）川01民终25038号案件。

如果超过一年未动工开发的，将有可能被认定为土地闲置，从而被征收土地闲置费，超过两年的，可能会被土地出让部门无偿收回土地使用权。[①]国土资源部（现自然资源部）颁布的《闲置土地处置办法》（2012年修订）是土地闲置认定和处理的具体规定，根据该办法，土地闲置的情形除了包括动工开发日期满一年未动工的情况以外，还包括虽然已动工建设但是已建设面积占总面积比例不足三分之一或者已投资额占总投资额比例不足四分之一并且中止开发建设满一年的情形。[②]因此，根据现行法律规定，以下三种情况会被认定为土地闲置：

第一种情形是，国有建设用地使用权出让合同（如果项目土地是划拨的，为国有建设用地划拨决定书）约定的动工开发日期满一年目标公司仍未动工开发项目土地。

要注意的是，根据自然资源部和国家市场监督管理总局制定的国有建设用地使用权出让合同范本的相关约定，合同虽然约定了明确的开工日期[③]，但是也约定了受让人可以向土地出让部门申请延建，如果土地出让部门同意的，开工和竣工时间将相应顺延，也即认定土地闲置的开始计算一年期限的日期可能因为土地部门同意延建而推迟，但是动工开发日期推迟不得超过一

[①] 《中华人民共和国城市房地产管理法》（2019年修正）第二十六条："以出让方式取得土地使用权进行房地产开发的，必须按照土地使用权出让合同约定的土地用途、动工开发期限开发土地。超过出让合同约定的动工开发日期满一年未动工开发的，可以征收相当于土地使用权出让金百分之二十以下的土地闲置费；满二年未动工开发的，可以无偿收回土地使用权；但是，因不可抗力或者政府、政府有关部门的行为或者动工开发必需的前期工作造成动工开发迟延的除外。"

[②] 《闲置土地处置办法》（2012年修订）第二条："本办法所称闲置土地，是指国有建设用地使用权人超过国有建设用地使用权有偿使用合同或者划拨决定书约定、规定的动工开发日期满一年未动工开发的国有建设用地。已动工开发但开发建设用地面积占应动工开发建设用地总面积不足三分之一或者已投资额占总投资额不足百分之二十五，中止开发建设满一年的国有建设用地，也可以认定为闲置土地。"

[③] 《闲置土地处置办法》（2012年修订）第二十二条第二款："因特殊情况，未约定、规定动工开发日期，或者约定、规定不明确的，以实际交付土地之日起一年为动工开发日期。实际交付土地日期以交地确认书确定的时间为准。"

年。①自然资源部监制的《国有建设用地划拨决定书》范本也有类似的规定。②也就是说，目标公司可以通过向土地出让部门申请延期动工或者与土地出让部门签订补充协议而争取一定的宽限期，从而避免被认定为土地闲置。

第二种情形是，已动工开发但开发建设用地面积占应动工开发建设用地总面积不足三分之一，中止开发建设已满一年（已建面积未达三分之一而停工一年）。

第三种情形是，已动工开发但已投资额占总投资额不足百分之二十五，中止开发建设已满一年（投资额未达四分之一而停工一年）。

要注意，根据《闲置土地处置办法》（2012年修订）第三十条的规定，上述已投资额和总投资额均不含国有建设用地使用权出让价款、划拨价款和向国家缴纳的相关税费。

另外，根据《闲置土地处置办法》（2012年修订）第三十条规定，以上三种情形中的动工开发，均指依法取得施工许可证后，需挖深基坑的项目，基坑开挖完毕；使用桩基的项目，打入所有基础桩；其他项目，地基施工完成三分之一。也就是说取得施工许可证是动工开发的重要标志，未取得施工许可证而擅自施工，属于违法施工，难以被认定为已动工开发。

关于土地闲置的法律后果。

目标公司未动工开发的时长不同，法律后果也不相同。根据《闲置土地处置办法》（2012年修订）第十四条，未动工开发满一年的，由市、县国土资源主管部门报经本级人民政府批准后，向国有建设用地使用权人即目标公司下达《征缴土地闲置费决定书》，按照土地出让或者划拨价款的百分之二十征缴土地闲置费。土地闲置费不得列入生产成本。未动工开发满两年的，

---

① 《国有建设用地使用权出让合同》范本第十六条："受让人同意本合同项下宗地建设项目在　　年　　月　　日之前开工，在　　年　　月　　日之前竣工。受让人不能按期开工，应提前30日向出让人提出延建申请，经出让人同意延建的，其项目竣工时间相应顺延，但延建期限不得超过一年。"

② 《国有建设用地划拨决定书》范本："十八、本建设项目应于　　年　　月　　日之前开工建设，并于　　年　　月　　日之前竣工。不能按期开工建设的，应向市、县国土资源行政主管部门申请延期，但延期期限不得超过一年。"

由市、县国土资源主管部门报经有批准权的人民政府批准后，向国有建设用地使用权人即目标公司下达《收回国有建设用地使用权决定书》，无偿收回国有建设用地使用权。合同范本也有类似的约定。[①]

虽然自合同约定的动工开发日期起未动工开发尚不满一年不会被认定为土地闲置，但是根据合同示范文本的第三十三条第一款，每延期一日，目标公司需要向土地出让部门支付土地价款总额千分之一的违约金。同时，根据合同示范文本的第三十三条第二款，虽然目标公司中止建设不满一年，但如果因为中止建设而导致延期竣工，每延期一日，也需要向土地出让部门支付土地价款总额千分之一的违约金。

关于土地闲置的认定程序。

首先，市、县国土资源主管部门发现有涉嫌构成闲置土地的，将向目标公司发出《闲置土地调查通知书》。其次，目标公司应当在接到《闲置土地调查通知书》后，提供土地开发利用情况、闲置原因以及相关说明等材料。如经调查核实，发现构成闲置土地的，市、县国土资源主管部门应当向目标公司下达《闲置土地认定书》。《闲置土地认定书》下达后，市、县国土资源主管部门应当向社会公开闲置土地的位置、目标公司的名称、闲置时间等信息。因此，在尽职调查中，律师可以通过审阅目标公司提供的《闲置土地调查通知书》《闲置土地认定书》等材料或者通过网络核查，查询市、县国土资源主管部门公布的相关公告和文件来核实项目土地闲置相关信息。

不过需要注意的是，上文所述土地闲置是目标公司自身原因而导致的闲置，如果是政府有关部门的行为造成动工开发延迟的，例如未按照国有建设用地使用权出让合同约定的期限、条件将土地交付给目标公司，土地利用总体规划、城乡规划依法修改，因国家出台相关政策需要对约定、规定的规划和建设条件进行修改或其他政府有关部门的其他行为，或者因自然灾害等不

[①] 《国有建设用地使用权出让合同》范本第三十二条："受让人造成土地闲置，闲置满一年不满两年的，应依法缴纳土地闲置费；土地闲置满两年且未开工建设的，出让人有权无偿收回国有建设用地使用权。"

可抗力导致土地闲置的,将通过签订补充协议延期、调整土地用途和规划、协议有偿收回或者置换土地等方式解决,也可能将上述原因造成的闲置期不计入目标公司的违约期。

2. 广州市对于土地闲置的特殊规定

广州市人民政府颁布的《广州市闲置土地处理办法》与《闲置土地处置办法》(2012年修订)的规定稍有不同,其将闲置土地分为已完善建设用地手续的闲置土地(已取得建设用地规划许可证)和未完善建设用地手续的闲置土地(未取得建设用地规划许可证)。

已完善建设用地手续的闲置土地的认定与《闲置土地处置办法》(2012年修订)的规定相差无几,唯独不同的是土地出让合同对动工开发日期没有约定或者约定不明时动工开发日期的确定方式。《闲置土地处置办法》(2012年修订)规定未约定动工开发日期或者约定不明确的,以实际交付土地之日起一年为动工开发日期,实际交付土地日期以交地确认书确定的时间为准。而《广州市闲置土地处理办法》第五条第二款第(二)项规定合同未约定动工开发期限的,土地出让合同生效之日即为动工开发日期,从该日起满一年未动工的,视为土地闲置。另外,除了《闲置土地处置办法》(2012年修订)规定的征缴土地闲置费和无偿收回土地以外,《广州市闲置土地处理办法》针对已完善建设用地手续的闲置土地还规定了另外一种处置方式,即已领取国有土地使用证的闲置土地,用地单位提出申请的,可以作为由用地单位负责建设、养护的临时绿地、广场等或者临时用作停车场。经批准临时用作停车场的,用地单位应当按照《广州市停车场条例》的规定办理相关手续。闲置土地临时使用期限一般不得超过2年。临时使用期限届满,用地单位应当在30日内清理场地、完善开工相关手续并动工开发建设。

未完善建设用地手续的闲置土地是指超过土地行政主管部门核发的通知用地单位办理建设用地手续各类文件的有效期或者规定期限,用地单位未取得建设用地批准书(建设用地规划许可证)的土地。针对该类闲置土地,《广州市闲置土地处理办法》规定土地出让部门应当要求用地单位限期完善用地手续，闲置期间累计满两年用地单位仍未办理相关手续的，政府可以注销建设用地批准文件，前期投入费用不予补偿。[①]

（三）土地使用权出让合同相关法律风险分析

土地使用权是房地产并购项目中目标公司最重要的资产，也是并购方要并购的最主要的资产，而《国有建设用地使用权出让合同》或其他用地批准手续是目标公司取得土地使用权的合法来源和依据，《国有建设用地使用权出让合同》存在风险因素就意味着土地使用权存在风险因素，因此《国有建设用地使用权出让合同》的约定和履行情况是房地产并购律师尽职调查的重点。

国土资源部（现自然资源部）、国家工商行政管理总局（现国家市场监督管理总局）于2008年4月29日发布了《国有建设用地使用权出让合同》示范文本（GF-2008-2601），该示范文本共九章四十六条，实践中各地方的国有建设用地使用权出让合同都具备该示范文本的条款。笔者根据该示范文本的相关约定，总结了以下实践中土地出让合同可能存在的风险及合同履行中容易出现的问题，供参与尽职调查的律师参考和注意：

1.关于土地使用权剩余出让年限的问题

房地产并购项目尽职调查中，律师要注意项目土地使用权出让年限的问题，特别是并购后并购方能够享有的土地使用权剩余年限还有多少，因为这

[①] 《广州市闲置土地处理办法》（2020年修正）第十九条："处置未完善建设用地手续的闲置土地包括下列方式：（一）限期完善建设用地手续，领取建设用地批准书后继续开发建设；（二）注销建设用地批准文件。"第二十条："按照本办法第十九条第（一）项规定，以限期完善建设用地手续方式处置闲置土地的，用地单位应当分别按照以下规定办理相关手续：（一）按照有关规定可以采取协议出让或者划拨方式取得土地的，用地单位应当自闲置土地处置决定书送达之日起6个月内，与土地行政主管部门签订国有土地有偿使用合同或者取得国有土地划拨决定书，缴纳相关税费，领取建设用地批准书；（二）按照有关规定应当采取公开出让方式取得土地的，用地单位应当按照闲置土地处置决定书要求在限期内完善出让必备条件，并提出公开出让申请。闲置土地涉及征收农民集体土地的，用地单位在办理前款规定的相关手续之前，应当办结征地补偿安置手续。"第二十一条："未完善建设用地手续的闲置土地，用地单位未按照本办法第二十条的规定办理相关手续，且闲置期间累计满2年的，政府可以注销建设用地批准文件，前期投入费用不予补偿。"

可能影响后续项目的开发以及增加并购方后续的土地成本。根据现行法律，土地使用权年限届满，如果需要续期，可能需要缴纳续期费用或者土地使用权出让金，非住宅建设用地续期的，还需要在届满前一年申请续期，未申请续期或者申请续期未被批准的，土地使用权将被收回。①根据《中华人民共和国城镇国有土地使用权出让和转让暂行条例》第十二条的规定，通常来讲，居住用地使用权七十年，工业用地使用权五十年，教育、科技、文化、卫生、体育用地使用权五十年，商业、旅游、娱乐用地使用权四十年，综合或者其他用地使用权五十年。各地方可能会对具体不同类型的用地年限作出具体规定。②

由于土地使用权存在明确的出让年限，并购前卖方和目标公司前期开发可能已经占用了一定年限，所以律师要特别注意剩余出让年限是否过短从而影响项目后续开发和过多增加并购方成本的问题。对于住宅建设用地使用权，法律虽然规定可自动续期，但是目前尚未出台政策明确使用权人是否需要缴纳续期费用及缴纳费用的标准。如果剩余使用权年限过短，一方面是在项目尚未开发建设完毕的情况下，并购方可能需要根据届时的续期政策缴纳

---

① 《中华人民共和国民法典》第三百五十九条："住宅建设用地使用权期限届满的，自动续期。续期费用的缴纳或者减免，依照法律、行政法规的规定办理。非住宅建设用地使用权期限届满后的续期，依照法律规定办理。该土地上的房屋以及其他不动产的归属，有约定的，按照约定；没有约定或者约定不明确的，依照法律、行政法规的规定办理。"《中华人民共和国城市房地产管理法》（2019年修正）第二十二条："土地使用权出让合同约定的使用年限届满，土地使用者需要继续使用土地的，应当至迟于届满前一年申请续期，除根据社会公共利益需要收回该幅土地的，应当予以批准。经批准予续期的，应当重新签订土地使用权出让合同，依照规定支付土地使用权出让金。土地使用权出让合同约定的使用年限届满，土地使用者未申请续期或者虽申请续期但依照前款规定未获批准的，土地使用权由国家无偿收回。"

② 例如《珠海市国有建设用地使用权出让年限管理规定》（2016年修订）第二条："本市行政区域范围内国有建设用地使用权出让最高年限按下列用途（具体用途分类见附表）确定：（一）住宅用地七十年；（二）工矿仓储物流用地五十年；（三）新型产业用地五十年；（四）写字楼、酒店、金融、加油站等商服用地四十年；（五）旅游、娱乐用地四十年；（六）科教、医卫慈善、文化体育用地五十年；（七）机关团体、新闻出版、公共设施用地四十年；（八）交通运输用地五十年；（九）农、林、牧、渔、苗圃、种养用地三十年；（十）其他用地三十年；同一宗土地上有两种或者两种以上土地用途的，国有建设用地使用权出让年限依据前款规定的出让年限分别予以确定。"

续期费用；另一方面是在已经开发建设完毕、楼盘销售时或者销售完成后，项目楼盘可能会因为剩余使用权年限过短而被影响销售或者与购房人发生纠纷。对于非住宅建设用地使用权，现行法律以及示范合同均规定如果需要续期使用权人须支付土地出让价款[1]，这有可能成为并购方的很大一笔开发成本。因此，如果尽职调查中发现存在剩余土地出让年限较短的问题，并购交易双方需要在交易合同中约定相应的处理办法。

还有一个问题就是，受让人申请非住宅建设用地使用权续期并自愿缴纳相应的土地出让金，土地出让部门是否一定会批准呢？《中华人民共和国城市房地产管理法》（2019年修正）和《国有建设用地使用权出让合同》范本都规定除非基于社会公共利益需要而收回土地，土地出让部门应当批准续期。对于什么情况下土地出让部门可以依据社会公共利益需要而收回土地，目前国家还未出台具体的实施办法，《深圳经济特区土地使用权出让条例》第五十三条规定："土地使用权年期届满，土地使用者需继续使用该宗土地的，应当提前六个月向市规划和自然资源部门提出申请。市规划和自然资源部门应当自接到申请之日起一个月内按照下列原则作出是否准予继续使用的答复：（一）土地使用者申请的土地用途符合当时城市规划要求的，准予继续使用；（二）土地使用者申请的土地用途不符合当时城市规划要求的，土地使用者的申请不予批准。"也即深圳市将"社会公共利益"主要解释为城市规划要求，申请使用的土地用途不符合城市规划要求的，土地出让部门应当不予批准续期并收回土地。根据土地出让合同范本的约定[2]，土地出让

---

[1] 《国有建设用地使用权出让合同》范本第二十五条："本合同约定的使用年限届满，土地使用者需要继续使用本合同项下宗地的，应当至迟于届满前一年向出让人提交续期申请书，除根据社会公共利益需要收回本合同项下宗地的，出让人应当予以批准。住宅建设用地使用权期限届满的，自动续期。出让人同意续期的，土地使用者应当依法办理出让、租赁等有偿用地手续，重新签订出让、租赁等土地有偿使用合同，支付土地出让价款、租金等土地有偿使用费。"

[2] 《国有建设用地使用权出让合同》范本第十九条："本合同项下宗地在使用期限内，政府保留对本合同项下宗地的规划调整权，原规划如有修改，该宗地已有的建筑物不受影响，但在使用期限内该宗地建筑物、构筑物及其附属设施改建、翻建、重建，或者期限届满申请续期时，必须按届时有效的规划执行。"

部门也倾向于以年限届满时土地利用现状是否符合规划作为是否批准续期的标准。

但是，由于国家层面没有对"社会公共利益"作出具体的界定，实践中其他地区的法院也可能有不同的理解，例如在淄博市临淄区人民法院（2020）鲁0305行初557号一案中，原告因其土地使用年限即将终止，遂向被告淄博市临淄区自然资源局申请续期，但被告作出了《不予续期决定书》，认为原告申请续期的涉案宗地已规划为城市道路、绿地及住宅用地，涉及社会公共利益需要收回该宗国有土地使用权，并且提出了《某某市城市总体规划》（2011—2020年）和《某某城区某某片区控制性详细规划》作为证据，但法院认为被告提出的证据不足以证明涉案宗地涉及公共利益从而需要收回，因此判决撤销《不予续期决定书》并责令被告对原告的续期申请重新作出处理。

孙某莘、孙某燕等与淄博市某某区自然资源局资源行政管理：其他（资源）一审行政判决书[1]原文："本院认为，根据《中华人民共和国城镇国有土地使用权出让和转让暂行条例》第四十一条规定的'土地使用权期满，土地使用者可以申请续期。需要续期的，应当依照本条例第二章的规定重新签订合同，支付土地使用权出让金，并办理登记'。结合《中华人民共和国城市房地产管理法》（2019年修正）第二十二条第一款规定的'土地使用权出让合同约定的使用年限届满，土地使用者需要继续使用土地的，应当至迟于届满前一年申请续期，除根据社会公共利益需要收回该幅土地的，应当予以批准。……'本案中，二原告为其即将到期的涉案土地使用权向被告申请续期，被告应依法进行调查后作出是否准予续期的答复。被告所作涉案《不予续期决定书》的主要依据是《某某市城市总体规划》（2011—2020年）及某某字〔2017〕74号《文件》所包含的《某某城区某某片区控制性详细规划》，但从被告提供的证据看，被告以'续期的宗地已规划为

---

[1] 淄博市临淄区人民法院（2020）鲁0305行初557号案件。

道路绿地及住宅用地，涉及社会公共利益……'为由所作涉案《不予续期决定书》主要证据不足。"

除了上述案例以外，《中华人民共和国土地管理法》第五十八条规定："有下列情形之一的，由有关人民政府自然资源主管部门报经原批准用地的人民政府或者有批准权的人民政府批准，可以收回国有土地使用权：（一）为实施城市规划进行旧城区改建以及其他公共利益需要，确需使用土地的……依照前款第（一）项的规定收回国有土地使用权的，对土地使用权人应当给予适当补偿。"从该条规定可以看出，政府部门为实施城市规划进行旧城区改建的，才能收回土地使用权，并且还需要给予土地使用权人适当补偿，因此土地出让部门无法仅仅以规划调整而收回土地使用权。同理，笔者认为，在进行续期审批时，也应考虑是否因为规划调整而将实施旧城改造的问题，不能单纯以规划调整不予批准续期。

因此，如果土地出让部门仅以宗地规划调整为由要求收回土地，可能不会得到法院的支持。也即除非土地出让部门提出充足的证据和理由认为项目土地因涉及社会公共利益而需要被收回，否则应当批准受让人的续期申请。

2.关于未按期开工、竣工的违约责任的问题

根据《国有建设用地使用权出让合同》范本的规定，[①]如果目标公司未按合同约定的开工、竣工日期开工建设或者竣工的，每延期一日，应向土地出让部门支付按土地出让价款的一定比例计算的违约金。合同范本所附的使用说明对该比例没有明确规定，实践中，土地出让部门经常将该比例确定为千分之一，当然有时也会作其他约定。同时也要注意，上述违约责任是受让人因自身原因而未按期开工、竣工时应承担的责任，如果是土地出让部门延期

---

① 《国有建设用地使用权出让合同》范本第三十三条："受让人未能按照本合同约定日期或同意延建所另行约定日期开工建设的，每延期一日，应向出让人支付相当于国有建设用地使用权出让价款总额　‰的违约金，出让人有权要求受让人继续履约。受让人未能按照本合同约定日期或同意延建所另行约定日期竣工的，每延期一日，应向出让人支付相当于国有建设用地使用权出让价款总额　‰的违约金。"

交付土地导致受让人未按期开工和竣工的，受让人可主张不承担违约责任。[1]

关于受让人逾期竣工而被判决承担违约责任的案例，北京某成业房地产开发有限责任公司与某市规划和自然资源委员会建设用地使用权出让合同纠纷二审一案[2]可供参考，该案民事判决书原文："……三、对于某成业公司是否应当承担逾期竣工违约责任以及违约金责任的确定问题。《补充协议》（附件4）约定，受让人应在2012年12月31日前竣工。《补充协议》（附件6）将竣工日期延后至2013年6月30日。某成业公司建设的11#楼、12#楼、3#地下车库、车库出入口、锅炉房和体育综合楼均不同程度地超出了约定的竣工日期……某成业公司仍应承担逾期竣工的违约责任。"并且在上海市某区规划和自然资源局与某智能科技（上海）有限公司建设用地使用权出让合同纠纷一审一案[3]中，被告表示"同意承担逾期竣工的违约责任，但由于案涉土地出让合同系格式文本，原、被告签约地位不平等，对违约金标准未有协商，限制了被告的权利，且违约金系补偿性质，目的是补偿原告的损失，而案涉项目逾期竣工对原告造成的损失远低于合同约定的违约金标准，故原告主张的违约金标准过高，请求法院予以调整至中国人民银行同期贷款利率的双倍"。但审理法院认为案涉违约金条款系双方当事人协商一致的结果，且被告未就其违约金过高的主张提供依据予以证明，因此对被告的主张未予支持，从而判决被告按照合同约定、以出让价款为基数按照日千分之一的标准向土地出让部门支付逾期竣工违约金。

---

[1] 例如四川省高级人民法院（2018）川民终51号广元市国土资源局某区分局、广元市某建设有限公司建设用地使用权出让合同纠纷二审民事判决书载明："某公司未按双方签订的《国有建设用地使用权出让合同》约定的时间进行开工建设并按期竣工，是否构成违约，应否支付违约金，应支付的违约金金额。根据本案查明事实，双方签订的《国有建设用地使用权出让合同》虽约定案涉土地上的建设项目应于2010年6月22日前开工建设，2012年6月22日前竣工完成，但某区国土局实际于2013年7月10日移交土地，晚于合同约定的竣工完成时间一年有余，在此之前因多家单位、企业未拆迁完毕，案涉土地实际不具备开工、动工条件，某区国土局要求某公司按原合同约定的开工、竣工时间承担合同义务，并承担因违反该义务的违约责任不合情理，不予支持。"

[2] 北京市第二中级人民法院（2021）京02民终12603号案件。

[3] 上海市青浦区人民法院（2019）沪0118民初12643号案件。

除了承担违约责任以外，如果超过土地出让合同约定的期限一年未动工开发的，将有可能被认定为土地闲置、征收土地闲置费，超过两年的，可能会被土地出让部门无偿收回土地使用权。

3.关于未按期足额支付土地价款的违约责任问题

根据《国有建设用地使用权出让合同》范本的规定，[1]如果目标公司未按合同约定的日期支付土地出让价款，每延期一日，应向土地出让部门支付按迟延支付款项的一定比例计算的违约金。根据自然资源部和国家市场监督管理总局对合同范本所附的使用说明十四"本合同第三十条和第三十七条中，受让人不能按合同约定及时支付国有建设用地使用权出让价款，出让人不能按合同约定及时提供出让土地的，应当根据《国务院办公厅关于规范国有土地使用权出让收支管理的通知》（国办发〔2006〕100号）的有关规定和双方当事人权利义务对等原则，违约金比例按1‰填写。国家新出台的法律政策对受让人不能按时支付国有建设用地使用权出让价款的违约金比例有规定的，签订出让合同时，应当按照最新规定填写"的规定，该比例为千分之一[2]。延期付款超过60日，土地出让部门有权解除合同、要求收回土地使用权，并且不予退还受让人已交的定金。

因此，按照合同约定，目标公司如果存在未按期足额支付土地价款的情形，将承担高额的违约金并且拖欠时间较长的话会被收回土地使用权。在尽职调查中，律师应当核实目标公司是否按期足额缴纳土地价款，核实目标公司是否存在承担违约责任的风险，如果存在这种情况，需要提示并

---

[1] 《国有建设用地使用权出让合同》范本第三十条："受让人应当按照本合同约定，按时支付国有建设用地使用权出让价款。受让人不能按时支付国有建设用地使用权出让价款的，自滞纳之日起，每日按迟延支付款项的　　‰向出让人缴纳违约金，延期付款超过60日，经出让人催交后仍不能支付国有建设用地使用权出让价款的，出让人有权解除合同，受让人无权要求返还定金，出让人并可请求受让人赔偿损失。"

[2] 少数地区也会有例外规定，例如《深圳经济特区土地使用权出让条例》（2021年修正）第二十条第一款："土地使用者未按照出让合同规定的期限付清土地使用权出让金的，从滞纳之日起每日加收土地使用权出让金应当缴交部分万分之五的滞纳金。滞纳六十日后仍未付清的，市规划和自然资源部门可以解除出让合同，收回土地使用权。"

购方与交易对手在交易合同中约定处理方式或者督促目标公司、交易对手解决这一问题。但要注意的是，如果按照合同约定土地出让部门应当先交付土地，目标公司才有义务交付剩余土地价款，即土地出让部门履行义务在前，那么目标公司可以主张先履行抗辩权从而主张不承担逾期付款的违约责任。[1]

还有一个问题就是，违约金按每日土地出让价款的千分之一（年化利率约为36.5%）计算是否过高？土地使用权受让人可否请求调低违约金？针对这一问题，我们来看两个案例。

案例一：宜昌某房地产开发有限公司、某市自然资源和规划局建设用地使用权出让合同纠纷二审一案[2]，该案民事判决书载明："本案二审的争议焦点为：案涉《国有建设用地使用权出让合同》约定的日1‰违约金标准是否予以调整。首先，《中华人民共和国合同法》第一百一十四条规定，违约金过分高于损失的，当事人可以请求调整。但这并非意味着只要过分高于损失就必须调整。依据最高人民法院《关于适用〈中华人民共和国合同法〉若干问题的解释（二）》[3]第二十九条规定，当事人主张违约金过高时，人民法院应以实际损失为基础，兼顾合同履行情况、当事人过错程度以及预期利益等综合因素，根据公平原则和诚信原则予以衡量。其次，国有建设用地使用权出让事关土地资源的充分保护和合理利用，其方式、程

---

[1] 例如湖南省高级人民法院（2019）湘民终191号某市自然资源和规划局、株洲某房地产开发有限公司建设用地使用权出让合同纠纷二审民事判决书载明："本案争议焦点为：被告是否应向原告支付违约金。根据原、被告双方签订的《国有建设用地使用权出让合同》第六条约定，出让人同意在2014年1月3日前将出让宗地交付给受让人，但本案土地出让范围内有一栋宿舍楼40户居民未补偿拆迁，因该40户为产权调换，居民要求产权调换的房屋建成才肯搬迁，导致房屋未拆除，庭审中原告认可房屋拆迁工作由某区政府负责，故原告未在约定时间将出让宗地完整交付给受让人。根据《中华人民共和国合同法》第六十七条'当事人互负债务，有先后履行顺序，先履行一方未履行的，后履行一方有权拒绝其履行要求。先履行一方履行债务不符合约定的，后履行一方有权拒绝其相应的履行要求'之规定，因原告未完全履行交付土地义务，故被告可以未完全交地为由拒付土地出让金。"

[2] 湖北省高级人民法院（2019）鄂民终1194号案件。

[3] 已失效，下文不再提示。

序、权利、义务由《中华人民共和国物权法》[①]、《中华人民共和国土地管理法》、《中华人民共和国城市房地产管理法》（2019年修正）等法律、行政法规明确规定，受到严格限制，并通常由国家根据具体情况予以严格的政策调控。这些规定和政策通过国有建设用地使用权出让合同最终转化成当事人的民事权利和民事义务。因此，合同中的诸多重要条款必须符合法律和政策规定，除经特殊程序合同主体一般无权变更和另行协商。经查，国务院办公厅《关于规范国有土地使用权出让收支管理的通知》第七条，及财政部、国土资源部、中国人民银行《关于印发〈国有土地使用权出让收支管理办法〉的通知》第三十四条都明确规定，对国有土地使用权人不按土地出让合同、划拨用地批准文件等规定及时足额缴纳土地出让收入的，应当按日加收违约金额1‰的违约金。其目的不仅在于弥补损失，更在于通过惩罚性加强土地市场调控，提高土地利用效率，保证国家及时取得土地收益并投入国家建设。作为一项宏观政策，全国各地土地管理部门都据此执行。《国有建设用地使用权出让合同》亦不存在超出当事人预期或显失公平之情形，对该违约金条款的约定，除非有充足理由和其他因素，不应予以调整。某自然资源局和某公司签订的《国有建设用地使用权出让合同》合法有效，该合同约定某公司应于2017年12月24日前支付48700万元，于2018年2月22日前支付48700万元。某自然资源局于2018年8月22日前将土地交付某公司。某公司有在先的支付土地出让金的合同义务，某公司无权以某自然资源局在后的交付宗地的合同义务作为其在先义务履行的抗辩。而且某公司一审诉讼请求并不涉及要求某自然资源局承担迟延交付土地的违约责任，如果某公司要求某自然资源局承担迟延交付土地的违约金，应另案主张权利。有关某自然资源局是否依约交付土地的事实，不在本案中审查。综上所述，某公司关于按照中国人民银行同期贷款利率支付违约金的上诉理由不能成立，其上诉请求本院不予支持。"

[①] 已失效，下文不再提示。

在该案中，法院认为《国有建设用地使用权出让合同》约定的违约金不仅在于弥补损失，而且有一定的宏观调控政策作用，因此认为合同约定合法有效，对受让人要求按照中国人民银行同期贷款利率支付违约金的请求不予支持。

案例二：四川某石化装备有限公司、某县自然资源和规划局建设用地使用权出让合同纠纷二审一案[①]，该案民事判决书载明："出让人某自规局与受让人某容器公司和某石化公司签订《国有建设用地使用权出让合同》，合同约定：受让人应当按照本合同约定，按时支付国有建设用地使用权出让价款，受让人不能按时支付国有建设用地使用权出让价款的，自滞纳之日起，每日按迟延支付款项的1‰向出让人缴纳违约金……依法成立的合同，对当事人具有法律约束力。当事人应当按照约定全面履行自己的义务。某自规局与某容器公司和某石化公司签订的《国有建设用地使用权出让合同》、《国有土地使用权出让合同变更补充协议》属双方当事人的真实意思表示，合法有效，对双方当事人具有法律约束力。就本案而言，双方对受让人拖欠土地出让金235.8336万元的事实无异议，予以确认，某容器公司和某石化公司对拖欠的土地出让金235.8336万元应当承担给付责任及相应违约责任。某容器公司提出违约金过高，要求依法调整，该请求符合法律规定，予以支持，对违约金一审法院确定按照中国人民银行同期贷款基准利率上浮30%的标准计算。"

在该案中，法院认为约定的违约金过高，从而支持了受让人关于调低违约金的请求，并酌情确定违约金按照中国人民银行同期贷款基准利率上浮30%的标准计算。也即法院虽然酌情确定了违约金计算方式，但是受让人仍然须承担年利率接近35%的较高违约金。

从上述两个案例来看，笔者认为，如果目标公司存在未按期足额支付土地价款的违约情形，尽管法院可能会酌情降低违约金，但目标公司仍然存在承担较高金额违约金的风险。

---

① 四川省遂宁市中级人民法院（2019）川09民终812号案件。

4.合同范本之外的补充条款对并购的限制

除了《国有建设用地使用权出让合同》示范文本所列条款以外，为了加强对项目土地和项目开发公司的监管，土地出让部门有可能还会与目标公司签订补充条款或《国有建设用地使用权出让合同》补充协议，从而对目标公司某些可能影响项目开发的行为进行限制，其中对并购交易影响最大的限制主要是项目土地限制处分条款。例如某个项目的土地使用权出让合同的补充条款就约定："合同项下宗地及地上的建（构）筑物及其附属设施，不得进行转让、整体出租、保证、共有、抵债、赠与及限制权益转移等；该用地及所建建筑物须全部自营自持，不得分割抵押、分割转让，不得分割办理《不动产权证》。"再如某个项目土地出让合同约定："××设施用地项目建成后，受让人须全部自持，自持物业的持有年限与土地出让年限（40年）一致，自持物业不得分割处分，抵押、转让须与本项目全部自持物业整体一并办理。"

限制处分条款的存在对并购方的影响主要有以下几点：一是在并购模式为资产并购时，未经土地出让部门同意转让项目房地产的，不动产登记中心可能不会办理移转登记手续，导致并购协议无法履行或者土地出让部门主张项目公司违约从而要求解除出让合同、收回土地使用权，最终导致交易目的落空；二是即使土地出让部门同意并购交易，在并购完成后，由于存在限制抵押条款，项目土地使用权抵押可能仍需要土地出让部门同意，这将影响并购方并购后利用项目土地进行融资；三是并购完成后并购方将承接土地出让合同的权利义务，并购方必须按照不得出售自持物业条款的要求自持物业，这可能会对并购方的运营计划造成影响；四是当土地出让合同存在目标公司股权转让、并购重组限制条款时，未经过土地出让部门同意而实施并购交易的，目标公司可能会被要求承担违约责任。

因此，在尽职调查中应当注意土地出让合同的限制处分条款，如存在这些条款，并购前需要取得土地出让部门的同意或签订相应补充协议，并购双方需要约定好出现上述风险时的风险负担规则。

5.土地使用权受让人应缴纳的相关税费

土地使用权出让阶段,受让人应缴清相应的税费,才能办理土地使用权证书,获得土地使用权。为了确保目标公司取得土地使用权的权属不存在瑕疵以及在土地使用权出让阶段的税收合法合规性,并购方律师应当核实目标公司是否已经依法缴纳土地使用权出让相关的税费。在土地使用权出让阶段,目标公司主要有以下几个方面的税费需要缴纳:

关于耕地占用税。如果项目土地使用权是占用了耕地(包括占用园地、林地、草地、农田水利用地、养殖水面、渔业水域滩涂以及其他农用地)从事非农业建设的[1],并且目标公司是农用地转用审批文件中的建设用地人,那么应当依法申报缴纳耕地占用税。如果目标公司是通过"招拍挂"程序获得的土地使用权,那么说明政府已经完成农用地专用审批手续并且政府作为用地申请人已经缴纳耕地占用税[2],并且在出让时已将耕地占用税计入土地使用权出让金当中[3],此时律师需要核实项目土地耕地占用税是否已经由土地出让部门缴纳、土地使用权出让金是否已经包含耕地占用税以及目标公司是否无须额外承担耕地占用税,避免并购交易完成后目标公司或者并购方还存在耕地占用税税负风险。

关于城镇土地使用税。以出让或转让方式有偿取得土地使用权的,应由受让方从合同约定交付土地时间的次月起缴纳城镇土地使用税;合同未约定交付土地时间的,由受让方从合同签订的次月起缴纳城镇土地使用税。[4]因此,并购方律师首先需要核实土地出让合同约定的交付时间,并核实目标公

---

[1] 参见《中华人民共和国耕地占用税法》第十二条。
[2] 参见《中华人民共和国耕地占用税法实施办法》第二条。
[3] 《财政部、国土资源部、中国人民银行关于加强土地成交价款管理规范资金缴库行为的通知》:"二、理顺土地成交价款与税款的关系 契税、耕地占用税等税款应当按照有关规定及对应的政府收支分类科目,分别缴入地方国库,不得与土地成交价款混库。由市县人民政府作为用地申请人缴纳耕地占用税的,所需缴纳的税款可以通过土地出让支出预算予以安排;已缴税款在土地出让时计入土地出让底价,不得在土地成交价款外单独收取。由农用地转用审批文件所标明的建设用地人缴纳耕地占用税的,所缴税款不列入土地成交价款。"
[4] 参见《财政部、国家税务总局关于房产税、城镇土地使用税有关政策的通知》第二条。

司是否从土地交付后的次月开始缴纳土地使用税。如果合同未约定土地交付时间，那么律师应当核实目标公司是否从合同签订的次月开始缴纳土地使用税。另外，由于土地使用税是按照实际占用的土地面积作为计税依据的[1]，律师应当核实项目土地使用权实际占用的面积和土地出让合同约定的面积是否一致，如果存在不一致，目标公司是否按照实际占用的土地面积缴税。

关于契税。目标公司作为项目土地使用权的承受人，需要缴清契税，才能获得土地使用权证书。出让国有土地使用权的，其契税计税价格为承受人为取得该土地使用权而支付的全部经济利益。以协议方式出让的，其契税计税价格为成交价格。成交价格包括土地出让金、土地补偿费、安置补助费、地上附着物和青苗补偿费、拆迁补偿费、市政建设配套费等承受者应支付的货币、实物、无形资产及其他经济利益。[2]因此，除了土地出让金以外，目标公司为获得土地使用权而向土地出让部门缴纳的其他费用以及建设的配套设施、回迁房等都应当作为计税依据缴纳契税。律师需要核实目标公司是否已经按照土地出让金缴清契税，并且已经就目标公司支付的其他经济利益缴清契税。已被废止的《国家税务总局关于改变国有土地使用权出让方式征收契税的批复》指出，根据现行契税政策规定，对纳税人因改变土地用途而签订土地使用权出让合同变更协议或者重新签订土地使用权出让合同的，应征收契税。计税依据为因改变土地用途应补缴的土地收益金及应补缴政府的其他费用。[3]因此，如果土地用途改变，律师还需要核实目标公司是否就补缴的费用也缴纳了契税。另外，部分案例显示，如果土地出让合同被法院认定为无效、被撤销或者因为规划改变等政府原因导致合同被解除，从而导致目标公司无法再获得土地使用权的，已缴纳的契税可以向税务部门申请退还。但是，如果由于目标公司违约、闲置土地、擅自改变土地用途等原因导致政

---

[1] 参见《中华人民共和国城镇土地使用税暂行条例》第三条。
[2] 参见《财政部、国家税务总局关于国有土地使用权出让等有关契税问题的通知》第一条。
[3] 参见《国家税务总局关于改变国有土地使用权出让方式征收契税的批复》（已废止）的内容。

府收回土地，而目标公司又已经获得土地使用权证书的，存在税务部门拒绝退还已缴纳的契税的风险[①]。

关于印花税。根据《财政部、国家税务总局关于印花税若干政策的通知》第三条，国家对土地使用权出让合同按产权转移书据征收印花税。因此，目标公司签订土地使用权出让合同之后需要依法缴纳印花税。实践中，土地使用权出让合同有可能是由交易对手和土地出让部门签订，后续目标公司作为项目开发公司成立以后，三方再签订土地使用权补充协议或者变更合同，土地使用权出让合同中的实际受让土地使用权的权利义务由目标公司来承受，那么印花税应由目标公司缴纳还是交易对手承担？《财政部、税务总局关于印花税若干事项政策执行口径的公告》明确："书立应税凭证的纳税人，为对应税凭证有直接权利义务关系的单位和个人。"因此，目标公司作为实际受让土地使用权的主体，应当依法缴纳印花税。另外，如果土地用途变更、土地出让金调整等相关事宜需要变更，土地出让部门和目标公司须调整和修改土地出让合同的约定的，应避免重新或者另行签订土地出让合同从而重复缴纳印花税，双方应签订补充协议，然后仅就增加的土地出让金和其他费用缴纳印花税。[②]

（四）目标土地使用权及在建工程权利受限的问题

1. 在建工程被抵押

（1）法律对在建工程抵押的规定

根据法律规定，在建工程抵押[③]的官方定义是指将以合法方式取得的土

[①] 《中华人民共和国契税法》第十二条："在依法办理土地、房屋权属登记前，权属转移合同、权属转移合同性质凭证不生效、无效、被撤销或者被解除的，纳税人可以向税务机关申请退还已缴纳的税款，税务机关应当依法办理。"

[②] 《中华人民共和国印花税暂行条例》（已废止）第九条："已贴花的凭证，修改后所载金额增加的，其增加部分应当补贴印花税票。"《中华人民共和国印花税法》无该条规定。

[③] 《城市房地产抵押管理办法》第三条第五款规定："本办法所称在建工程抵押，是指抵押人为取得在建工程继续建造资金的贷款，以其合法方式取得的土地使用权连同在建工程的投入资产，以不转移占有的方式抵押给贷款银行作为偿还贷款履行担保的行为。"

地使用权连同在建工程的投入资产，以不转移占有的方式抵押给贷款银行作为偿还贷款履行担保的行为。其中，对于以在建工程已完工部分抵押的，其土地使用权也随之抵押。[①]

与可办理抵押的在建工程一致，《中华人民共和国民法典》并未对在建工程的抵押权人设置条件。但由于《城市房地产抵押管理办法》第三条第五款中规定"本办法所称在建工程抵押，是指抵押人为取得在建工程继续建造资金的贷款，以其合法方式取得的土地使用权连同在建工程的投入资产，以不转移占有的方式抵押给贷款银行作为偿还贷款履行担保的行为"，故实践中部分登记机关将在建工程抵押权人限定为金融机构，不允许非金融机构作为在建工程抵押权人。

符合抵押条件的在建工程，需要取得《国有土地使用权证》《建设用地规划许可证》和《建设工程规划许可证》以及《建筑工程施工许可证》。[②]在建工程抵押也采取登记生效主义，抵押权自登记时设立。[③]据此，仅仅签订在建工程抵押合同而未办理登记的，抵押权并未设立，债权人对该在建工程并无优先受偿权。因此，在项目实施中必须充分关注在建工程抵押登记的办理情况，合理评估因无法办理登记而对债权实现造成的影响。

对于在建工程抵押时，抵押物的范围是办理在建工程抵押登记时已完工部分，还是包含尚未完工部分在内的全部工程。这一点在《最高人民法院关于适用〈中华人民共和国民法典〉有关担保制度的解释》中可以得到答案，一般来说，抵押权的效力范围限于已办理抵押登记的部分，当事人按照担保

---

① 《城市房地产抵押管理办法》第十一条规定："以在建工程已完工部分抵押的，其土地使用权随之抵押。"《中华人民共和国民法典》第三百九十七条："以建筑物抵押的，该建筑物占用范围内的建设用地使用权一并抵押。以建设用地使用权抵押的，该土地上的建筑物一并抵押。抵押人未依据前款规定一并抵押的，未抵押的财产视为一并抵押。"

② 《城市房地产抵押管理办法》第二十八条第一项："以在建工程抵押的，抵押合同还应当载明以下内容：（一）《国有土地使用权证》、《建设用地规划许可证》和《建设工程规划许可证》编号。"

③ 《中华人民共和国民法典》第四百零二条规定："以……正在建造的建筑物抵押的，应当办理抵押登记。抵押权自登记时设立。"

合同的约定，主张抵押权的效力及于续建部分、新增建筑物以及规划中尚未建造的建筑物的，人民法院不予支持。[①]

对于在建工程抵押时，银行抵押权何时消灭，银行同意开发商将抵押的在建工程（预售房产）出售给购房人后，抵押权是否自动消灭。司法实践中存在较大的争议，例如某银行股份有限公司哈尔滨道外支行与哈尔滨某房地产开发有限公司借款合同纠纷二审一案[②]中法院就认为，银行出具了允许抵押人继续售房的函，既然明确表示开发商在抵押期间对抵押房产可以出售并办理产权手续，开发商根据银行出具的函，已将抵押的房产全部销售，故银行的抵押权已经消灭。本案的二审从保护善意购房人的角度，对银行对案涉抵押房产所得价款优先受偿的请求不予支持。从该案可以推断，银行出具函件明确表示开发商在抵押期间对抵押房产可以出售并办理产权手续，且已抵押的房产全部销售，购房人并不明知案涉房产存在抵押、属于善意的情况下，银行的抵押权消灭。再例如中国某银行股份有限公司北海市云南路支行、杨某英等申请执行人执行异议之诉民事申请再审审查民事裁定书[③]载明："再审申请人出具的《抵押物转让同意书》明确表示同意抵押人鸿源先科公司向社会公开预售案涉商品房，即同意转让抵押物。且在涉案商品房开发商获批的预售许可证上载明了预收款监管账户，并载明预收款监督银行为再审申请人。可见，再审申请人就以销售所得价款清偿其债权与鸿源先科公司形成共识，系其自身对抵押权实现方式的重新安排。"在该案中，法院认为银

[①] 《最高人民法院关于适用〈中华人民共和国民法典〉有关担保制度的解释》第五十一条规定："当事人仅以建设用地使用权抵押，债权人主张抵押权的效力及于土地上已有的建筑物以及正在建造的建筑物已完成部分的，人民法院应予支持。债权人主张抵押权的效力及于正在建造的建筑物的续建部分以及新增建筑物的，人民法院不予支持。当事人以正在建造的建筑物抵押，抵押权的效力范围限于已办理抵押登记的部分。当事人按照担保合同的约定，主张抵押权的效力及于续建部分、新增建筑物以及规划中尚未建造的建筑物的，人民法院不予支持。抵押人将建设用地使用权、土地上的建筑物或者正在建造的建筑物分别抵押给不同债权人的，人民法院应当根据抵押登记的时间先后确定清偿顺序。"

[②] 黑龙江省高级人民法院（2015）黑高商终字第00197号案件。

[③] 最高人民法院（2021）最高法民申7719号案件。

行与开发商已就转让抵押物所获价款优先受偿达成了共识，从而没有支持银行就案涉商品房行使抵押权。

但是，张某刚、成都某商业银行股份有限公司都江堰支行等申请执行人执行异议之诉民事申请再审审查一案①中最高人民法院认为："《中华人民共和国物权法》第一百七十七条规定，'有下列情形之一的，担保物权消灭：（一）主债权消灭；（二）担保物权实现；（三）债权人放弃担保物权；（四）法律规定担保物权消灭的其他情形'。根据上述规定，抵押权只有符合上述四种情形才消灭，未经抵押权人明确表示放弃抵押权，不宜基于抵押权人的其他行为推定其放弃抵押权。本案中，某商行都江堰支行未作出明确放弃抵押权的意思表示，案涉抵押登记未办理涂销，张某刚购买案涉房屋时所签订的《四川省商品房买卖合同（预售）》亦载明案涉房屋存在抵押，故某商行都江堰支行同意预售案涉房屋的行为不应视为其放弃了抵押权。张某刚关于某商行都江堰支行对案涉房屋不再依据抵押权享有优先受偿权的申请再审理由不能成立。《最高人民法院关于人民法院办理执行异议和复议案件若干问题的规定》第二十七条规定，'申请执行人对执行标的依法享有对抗案外人的担保物权等优先受偿权，人民法院对案外人提出的排除执行异议不予支持，但法律、司法解释另有规定的除外'。如前所述，某商行都江堰支行对案涉房屋享有抵押权，参照前述规定，张某刚对案涉房屋排除执行的前提是具有法律、司法解释明确规定能够阻止执行的除外情形。《最高人民法院关于人民法院办理执行异议和复议案件若干问题的规定》第二十九条是基于生存利益至上的考虑对商品房消费者作出的特殊保护规定，属于前述第二十七条规定的除外情形，但该条保护的对象仅限于购买商品房用于居住且买受人名下无其他用于居住房屋的商品房消费者。而本案中，张某刚从邱某、周某良处一次性购买十一套房屋，已超出正常生活所需，不足以证明其购买房屋是为满足基本生存需要，张某刚不属于《最高人民法院关于人民法院办理执

---

① 最高人民法院（2021）最高法民申6962号案件。

行异议和复议案件若干问题的规定》第二十九条保护的商品房消费者,其对案涉房屋不享有足以排除强制执行的民事权益。"再例如某创投电子商务股份有限公司、执行案外人等申请执行人执行异议之诉一案[①]中,最高人民法院认为:"抵押权人放弃抵押权必须有具体明确的意思表示。本案中,虽然某公司两次向房产管理部门出具同意为案涉商品房办理预售许可证延期手续,但是,这并不意味着某公司放弃就案涉商品房设定的抵押权。在案涉商品房抵押登记尚未涂销的情况下,某公司就案涉商品房设定的抵押权应当依法受到保护。"

因此,笔者认为,即使银行同意商品房预售,也不代表其放弃在建工程的抵押权,除非银行已与开发商约定以预售回款清偿银行的债权,否则在商品房出售给购房人之后银行仍然可以行使抵押权,但是购房人按照《最高人民法院关于人民法院办理执行异议和复议案件若干问题的规定》的相关规定和2019年《全国法院民商事审判工作会议纪要》第一百二十五条的规定取得超级优先权的[②](案涉商品房原则上应为居住需要的房屋,不为商铺),可以排除银行的抵押权强制执行,从而优先获得房屋所有权。

---

① 最高人民法院(2021)最高法民再189号案件。

② 2019年《全国法院民商事审判工作会议纪要》:"125.【案外人系商品房消费者】实践中,商品房消费者向房地产开发企业购买商品房,往往没有及时办理房地产过户手续。房地产开发企业因欠债而被强制执行,人民法院在对尚登记在房地产开发企业名下但已出卖给消费者的商品房采取执行措施时,商品房消费者往往会提出执行异议,以排除强制执行。对此,《最高人民法院关于人民法院办理执行异议和复议案件若干问题的规定》第29条规定,符合下列情形的,应当支持商品房消费者的诉讼请求:一是在人民法院查封之前已签订合法有效的书面买卖合同;二是所购商品房系用于居住且买受人名下无其他用于居住的房屋;三是已支付的价款超过合同约定总价款的百分之五十。人民法院在审理执行异议之诉案件时,可参照适用此条款。问题是,对于其中'所购商品房系用于居住且买受人名下无其他用于居住的房屋'如何理解,审判实践中掌握的标准不一。'买受人名下无其他用于居住的房屋',可以理解为在案涉房屋同一设区的市或者县级市范围内商品房消费者名下没有用于居住的房屋。商品房消费者名下虽然已有1套房屋,但购买的房屋在面积上仍然属于满足基本居住需要的,可以理解为符合该规定的精神。对于其中'已支付的价款超过合同约定总价款的百分之五十'如何理解,审判实践中掌握的标准也不一致。如果商品房消费者支付的价款接近于百分之五十,且已按照合同约定将剩余价款支付给申请执行人或者按照人民法院的要求交付执行的,可以理解为符合该规定的精神。"

在房地产并购项目中，如果项目在建工程存在抵押并且又已预售给购房人，律师需要判断抵押权是否已经消灭，购房人是否能够取得完整的预购商品房的所有权、是否享有排除抵押权人申请强制执行的权利等，以及预售资金是否需要用来优先清偿银行的贷款债权，分析清楚在建工程的权属状态，以避免各方产生纠纷。

（2）在建工程存在抵押在房地产并购过程中的风险与应对

拟收购的在建工程已被抵押的，根据现行的法律规定，抵押财产转让原则上不需要经过抵押权人同意[①]。但是在资产并购模式中，为了并购方获得无瑕疵的在建工程和土地使用权并且顺利办理资产过户手续，若有，需由转让人提前清偿债权解除抵押或由并购人清偿解除抵押。可以由并购方、被并购方以及抵押权人三方作出约定，并购方的并购资金支付进入三方或者两方共管账户，抵押权人先同意解除抵押以配合完成并购，随后并购方直接将共管账户内并购资金支付给抵押权人用于优先清偿被并购方欠抵押权人的债权，清偿完毕抵押权人的债权以后的剩余资金再支付给被并购方。并购方向抵押权人支付并购资金以后即视为向被并购方履行了并购协议约定的并购对价支付义务。

对于已经设立抵押的在建工程的预售，虽然《中华人民共和国民法典》未规定需取得抵押权人的同意，但是各地方政府关于预售管理的规定尚未根据《中华人民共和国民法典》及时作出修订，仍然规定预售商品房的需要取得抵押权人同意的书面文件或预售的商品房不存在他项权利[②]。但问题在于，

[①] 《中华人民共和国民法典》第四百零六条："抵押期间，抵押人可以转让抵押财产。当事人另有约定的，按照其约定。抵押财产转让的，抵押权不受影响。抵押人转让抵押财产的，应当及时通知抵押权人。抵押权人能够证明抵押财产转让可能损害抵押权的，可以请求抵押人将转让所得的价款向抵押权人提前清偿债务或者提存。转让的价款超过债权数额的部分归抵押人所有，不足部分由债务人清偿。"

[②] 例如《北京市城市房地产转让管理办法》第三十条："房地产开发企业申请商品房预售许可的，应当向市房地产行政主管部门提交下列文件：……（五）已将土地使用权或者土地使用权连同在建工程设定抵押的，提交抵押权人同意抵押房屋转让的证明……"再例如《广东省商品房预售管理条例》（2014年修正）第六条："预售商品房时，应当取得商品房预售许可证。取得商品房预售许可证应当具备下列条件：……（七）预售商品房项目及其土地使用权未设定他项权……"

抵押权人同意预售是否意味着放弃了抵押权。对此，理论和实践中存在不同的观点。有观点认为，抵押权人同意预售就是同意解除预售部分的抵押，其只能以预售部分变现所得优先受偿。也有观点认为，抵押权人同意预售不代表放弃抵押，抵押人预售时应告知预购人在建工程抵押情况，预购人预购的是有抵押的商品房。对此，应关注当地政策，并谨慎对待在建工程预售问题，确保能有效控制项目预售回款。

虽然银行出具了抵押权人同意该商品房转让的证明，有效降低了买受人的购房风险，但在实际情况中，抵押状态仍在登记机构处显示存在，未予以注销。如果开发企业不解除在建工程抵押，将会影响买受人网签备案、按揭办理、贷款放贷及不动产办证等系列事宜，因此，已有城市发布规定，商品房开发项目设定在建建筑物抵押权登记，开发企业预售商品房的，在取得抵押权人同意销售的书面意见后，还须办理拟预售商品房在建建筑物抵押权登记注销，方可网签销售。明确要求在商品房网签销售前解除在建工程抵押，以免影响购房人权益。

在建工程抵押是一种常用的融资担保手段，对于房地产投融资项目的开展具有重要的意义。在建工程抵押包括土地使用权抵押和建设工程抵押两部分。在建工程抵押法律关系中包括抵押权人、抵押人、抵押物、设立抵押的法律行为等要素。由于在建工程抵押的实务可操作性很强，各地对于上述要素的规定不完全一致，因此在具体项目中，应就上述问题及时与当地主管机关沟通。在尽职调查过程中，并购人应当调查清楚在建工程之上开发商对承建单位的欠款总额，以合理评估在建工程抵押对该项目债权保障的力度，并防范因承建单位行使建设工程款优先权而影响并购交易目的实现的风险。

土地存在抵押，涉及后期项目土地推进过程中开发手续的办理；特别是对于预售许可证的影响。同样，土地查封影响办理《预售许可证》，无法进行预售；更无法办理按揭手续及房产证。鉴于此，通过自然资源部门、不动产登记中心等政府机关和人民法院了解土地是否设定了任何抵押担保及查封。若有抵押，可重点关注以下几点：

①审查抵押协议、担保协议、抵押登记文件和主债务合同等是否合法合规；

②抵押所担保的主债权是否超过合同约定的土地出让价款总额；

③抵押权的实现是否存在地方产业政策和规划的限制要求；

④是否存在地上建筑物和其他附着物，地上建筑物和其他附着物是否存在其他抵押；

⑤土地使用权和地上建筑物、其他附着物是否办理抵押登记。

尽职调查过程中也要注意抵押登记期限已届满的土地抵押，既未办理注销登记也未办理延续抵押，但抵押权的登记期限不影响抵押权效力。登记的抵押期限对抵押权的效力不具有法律约束力，即使土地抵押登记的期限已届满，在没有出现法律规定的引起抵押权消灭的其他情形下[①]，抵押权仍处于有效存续状态，仍存在可能被抵押权人行使抵押权处置土地资产的法律风险。

2.在建工程被查封

（1）法律对在建工程被查封的规定

查封是指人民法院对作为执行对象的财产就地或异地封存，禁止被执行人对其进行处分的一种执行措施，其目的在于保证对该财产的顺利执行。查封是民事诉讼法规定的一种保全、执行措施，是人民法院依据职权作出的具有法律强制力的行为，被查封的财产不得擅自转让，查封是一种法律手段，是从法律上对过户的限制，并没有给标的物的事实状态造成影响，是一种暂时性的、有期限的措施，也存在被取消[②]或被续期的

---

① 《中华人民共和国民法典》第三百九十三条："有下列情形之一的，担保物权消灭：（一）主债权消灭；（二）担保物权实现；（三）债权人放弃担保物权；（四）法律规定担保物权消灭的其他情形。"

② 《最高人民法院关于人民法院民事执行中查封、扣押、冻结财产的规定》第二十七条："查封、扣押、冻结期限届满，人民法院未办理延期手续的，查封、扣押、冻结的效力消灭。查封、扣押、冻结的财产已经被执行拍卖、变卖或者抵债的，查封、扣押、冻结的效力消灭。"

可能。[1]

（2）在建工程被查封在房地产并购过程中的风险与应对

房地产开发企业的资金流转情况通常比较复杂，可能存在拖欠银行贷款、民间借贷资金、施工工程款等情形，可能导致在建工程已被或将被司法机关查封的情况，并购人将存在极大风险。一方提供土地、另一方提供资金的合作开发房地产交易中，为避免土地提供方提供的土地存在被查封、被抵押等权利瑕疵，资金提供方可在签订合同前向不动产登记部门申请查询土地的权属状况，调查确定目前在建工程是否已被查封；查询企业是否存在涉诉信息，防止因相关诉讼在建工程被查封，并要求合同相对方作出不存在权利瑕疵的陈述与保证。

如果土地已经被查封抵押，并购方可在合同中约定在一定期限内由土地提供方对土地进行解封解押，以及承担相应的违约责任。如果目标公司隐瞒土地被查封的事实导致项目延期，目标公司应承担违约责任或赔偿损失，降低投资失败的风险。

（五）项目无证施工、无证销售的问题

1.项目无证施工

（1）法律对项目无证施工的规定与风险

①未取得《国有土地使用证》施工的风险

《国有土地使用证》是证明土地使用者已向国家支付土地使用权出让金，

---

[1] 参见《中华人民共和国民事强制执行法》（草案）第一百零六条："查封的不动产，一般由被执行人保管。保管期间，被执行人可以继续使用，但是继续使用可能严重减损不动产价值或者妨碍后续执行的除外。查封的不动产不宜由被执行人保管的，可以委托他人或者申请执行人保管。保管期间，保管人不得使用；因保管不善造成不动产毁损或者灭失的，保管人应当依法承担赔偿责任。"第一百零八条："被执行人就已经查封的财产所作的移转、设定权利负担或者其他有碍执行的行为，不得对抗申请执行人。他人未经人民法院许可占有查封的不动产或者实施其他妨碍执行行为的，人民法院可以依据申请执行人的申请或者依职权解除其占有或者排除其妨碍。"第一百零九条："查封期间，被执行人可以为不动产权利续期。被执行人未在不动产权利存续期间届满前的合理期间内申请续期，影响执行债权实现的，申请执行人可以向人民法院请求以自己的名义代替被执行人续期。"

获得了在一定年限内某块国有土地的使用权的法律凭证。通常房地产开发企业是通过出让方式与政府签订书面《土地使用权出让合同》，申领取得相应期限内的《国有土地使用证》（不动产权证）。未取得该证即进行开发建设或超过批准的数量占用土地均涉嫌非法占用土地，将面临罚款、处分、责令退还土地、限期拆除恢复原状，甚至被追究刑事责任的风险[1]。无《国有土地使用证》的房地产项目并不常见，主要存在于划拨土地进行商品房开发时未补缴土地出让金的情况，通常影响的是小产权证的办理。

②未取得《建设用地规划许可证》施工的风险

该证是建设单位在向土地管理部门申请征用、划拨土地前，经城市规划行政主管部门确认建设项目位置和范围符合城市规划的法定凭证。关于建设用地规划许可证的取得：以划拨方式提供国有土地使用权的项目，建设单位应当先提出规划许可申请，由城乡规划主管部门核发建设用地规划许可证后，方可申请划拨用地；以出让方式取得国有土地使用权的项目，建设单位应当在签订国有土地使用权出让合同后向城乡规划主管部门领取建设用地规划许可证。《建设用地规划许可证》是取得《建设工程规划许可证》的前提，未取得或者未按照《建设工程规划许可证》的规定进行建设，可能被责令停建、按照工程造价的百分比罚款、没收实物、没收违法收入，甚至限期拆除[2]。

---

[1] 《中华人民共和国土地管理法》第七十七条："未经批准或者采取欺骗手段骗取批准，非法占用土地的，由县级以上人民政府自然资源主管部门责令退还非法占用的土地，对违反土地利用总体规划擅自将农用地改为建设用地的，限期拆除在非法占用的土地上新建的建筑物和其他设施，恢复土地原状，对符合土地利用总体规划的，没收在非法占用的土地上新建的建筑物和其他设施，可以并处罚款；对非法占用土地单位的直接负责的主管人员和其他直接责任人员，依法给予处分；构成犯罪的，依法追究刑事责任。超过批准的数量占用土地，多占的土地以非法占用土地论处。"

[2] 《中华人民共和国城乡规划法》（2019年修正）第六十四条："未取得建设工程规划许可证或者未按照建设工程规划许可证的规定进行建设的，由县级以上地方人民政府城乡规划主管部门责令停止建设；尚可采取改正措施消除对规划实施的影响的，限期改正，处建设工程造价百分之五以上百分之十以下的罚款；无法采取改正措施消除影响的，限期拆除，不能拆除的，没收实物或者违法收入，可以并处建设工程造价百分之十以下的罚款。"

③未取得《建设工程规划许可证》施工的风险

该证是经城乡规划主管部门或政府依法审核，确定建设工程符合城乡规划要求的法律凭证。关于《建设工程规划许可证》的取得：在城市规划区内进行工程建设的单位或个人，应当向城乡规划主管部门或镇人民政府申请办理《建设工程规划许可证》。另外，全国陆续有多地出台《建设工程规划许可豁免清单》，如青岛市自然资源和规划局公布《青岛市建设工程规划许可豁免清单》，针对部分配套设施类、设备安装类、环境整治提升类、房屋建设类、市政设施类的建设工程，可以免予办理《建设工程规划许可证》。未取得或未按照《建设工程规划许可证》施工，将面临被执行机关责令停建、按照工程造价的百分比罚款、限期拆除、强制拆除的风险。

除了行政处罚以外，若房地产开发项目未取得《建设工程规划许可证》，作为发包人的目标公司和施工方签订的施工合同、施工分包合同都将被法院认定为无效[1]，容易导致目标公司和施工方的纠纷。例如四川永某建筑工程集团有限公司、李某光合同纠纷再审审查与审判监督民事裁定书[2]论述："如前所述，《合作协议书》具有建设工程施工合同的性质，而《中华人民共和国城乡规划法》第四十条规定建设工程需办理规划许可证，《最高人民法院关于审理建设工程施工合同纠纷案件适用法律问题的解释（二）》第二条第一款系有关未取得建设工程规划审批手续签订合同的效力规定，原审法院将前述法律和司法解释的规定亦作为认定《合作协议书》无效的法律依据，适用法律并无错误。"

④未取得《建设工程施工许可证》施工的风险

该证为建筑施工单位符合施工各种条件，允许其开工的批准证件。建筑

---

[1] 《最高人民法院关于审理建设工程施工合同纠纷案件适用法律问题的解释（一）》第三条："当事人以发包人未取得建设工程规划许可证等规划审批手续为由，请求确认建设工程施工合同无效的，人民法院应予支持，但发包人在起诉前取得建设工程规划许可证等规划审批手续的除外。发包人能够办理审批手续而未办理，并以未办理审批手续为由请求确认建设工程施工合同无效的，人民法院不予支持。"

[2] 最高人民法院（2020）最高法民申1855号案件。

工程开工前应当向城乡建设行政主管部门申领施工许可证，工程投资额在30万元以下或者建筑面积在300平方米以下的建筑工程，可以不申请办理施工许可证。另外，各地省级城乡建设主管部门可以根据当地的实际情况对无须申请施工许可证的工程投资限额进行调整。未取得施工许可证或者开工报告未经批准擅自施工的，责令改正，对不符合开工条件的责令停止施工，可以处以罚款，单位及相关责任人受到处罚的，作为不良行为记录予以通报[1]，不良信用信息是建筑市场信用评价的内容之一，不良信用信息的公开将对承包商资质资格准入、工程招标投标、工程担保与保险、评优表彰、政策试点等工作产生负面影响[2]。项目也会存在无法办理竣工验收备案的风险[3]。对于受到县级以上住房城乡建设主管部门行政处罚的信息，将作为不良信用信息在各省级建筑市场监管一体化工作平台上公开，公开期限一般为6个月至3年，并不得低于相关行政处罚期限[4]。

在实际施工过程中，未取得施工许可证的情况，很多地方政府禁止土方外运、禁止塔吊等大型施工机械进场，施工单位不能正常进行大规模的施工，工效降低，影响进度。而且无证施工本身属于违法施工，地方政府随时有可能勒令停工，甚至断水断电，项目无法施工。最终导致工期延误。

---

[1] 《中华人民共和国建筑法》第六十四条："违反本法规定，未取得施工许可证或者开工报告未经批准擅自施工的，责令改正，对不符合开工条件的责令停止施工，可以处以罚款。"

[2] 《住房城乡建设部关于印发〈建筑市场信用管理暂行办法〉的通知》第十七条："各级住房城乡建设主管部门应当将列入建筑市场主体'黑名单'和拖欠农民工工资'黑名单'的建筑市场各方主体作为重点监管对象，在市场准入、资质资格管理、招标投标等方面依法给予限制。各级住房城乡建设主管部门不得将列入建筑市场主体'黑名单'的建筑市场各方主体作为评优表彰、政策试点和项目扶持对象。"

[3] 《住房城乡建设部关于印发〈房屋建筑和市政基础设施工程竣工验收规定〉的通知》第七条："工程竣工验收合格后，建设单位应当及时提出工程竣工验收报告。工程竣工验收报告主要包括工程概况，建设单位执行基本建设程序情况，对工程勘察、设计、施工、监理等方面的评价，工程竣工验收时间、程序、内容和组织形式，工程竣工验收意见等内容。工程竣工验收报告还应附有下列文件：（一）施工许可证……"

[4] 《住房城乡建设部关于印发〈建筑市场信用管理暂行办法〉的通知》第十条："建筑市场各方主体的信用信息公开期限为：……（三）不良信用信息公开期限一般为6个月至3年，并不得低于相关行政处罚期限。具体公开期限由不良信用信息的认定部门确定。"

行政处罚案例：苏州市住房和城乡建设局苏住建罚字〔2022〕第119号行政处罚决定书。①

处罚决定书部分内容载明："苏州市吴中区花某餐饮服务管理有限公司：经查，你（单位）于2022年04月17日，在苏州某经济开发区城南街道某商务大厦2幢某室2F中，未取得施工许可证擅自施工，上述行为违反了《中华人民共和国建筑法》第七条第一款（建筑工程开工前，建设单位应当按照国家有关规定向工程所在地县级以上人民政府建设行政主管部门申请领取施工许可证。）的规定，其违法事实有1.现场检查笔录：证明该工程项目违法施工的事实。2.现场照片和视频：证明该工程项目违法施工的事实。3.调查询问笔录：证明你（单位）在该工程项目违法施工的事实。4.施工合同复印件：证明双方当事人的合同关系以及该工程项目的相关信息等证据予以证明。根据《中华人民共和国建筑法》第六十四条（违反本法规定，未取得施工许可证或者开工报告未经批准擅自施工的，责令改正，对不符合开工条件的责令停止施工，可以处以罚款。）和《建设工程质量管理条例》第五十七条（违反本条例规定，建设单位未取得施工许可证或者开工报告未经批准，擅自施工的，责令停止施工，限期改正，处工程合同价款1%以上2%以下的罚款。）的规定，决定对你（单位）未取得施工许可证擅自施工的行为，责令停止施工，限期改正，处以罚款玖仟贰佰元整的行政处罚。"

（2）项目无证施工在房地产并购过程中的风险应对

为了防范以上项目无证施工给并购方带来的诸多风险，在尽调过程中一定要查验关于施工的立项文件，勘验文件，经过审验的施工图纸，在建工程

---

① 载信用中国（江苏苏州）网站，http://services.credit.jiangsu.gov.cn:18080/jscredit/xycx/frDetail?searchState=1&entityType=&keyword=%E8%8B%8F%E5%B7%9E%E5%B8%82%E5%90%B4%E4%B8%AD%E5%8C%BA%E8%8A%B1%E5%B1%85%E6%BC%AB%E9%99%85%E9%A4%90%E9%A5%AE%E6%9C%8D%E5%8A%A1%E7%AE%A1%E7%90%86%E6%9C%89%E9%99%90%E5%85%AC%E5%8F%B8&tyshxydm=91320506MA26Q2N42Y&jsCreditKey=1cnALZwMWcSUMeQdxdHZ2fglZBHUNdgd4DXtwSHFFcTUBQQ0iA0ZwSwA%2FBTt2Knk7cTIBLgEydEMIJ3FAADIFTXI3CzcDTnFJDDc%3D，访问日期2022年8月16日。

施工进度有关的全部签证、函件、会议记录，阶段性验收的验收文件，以及政府部门发放的证照等，这些文件均与在建工程的施工密切相关。

①对于未取得国有土地使用权证的项目

对于未取得国有土地使用权证的项目，建议并购方不要安排进场施工。在目前的国内市场，成熟的、有经验的开发商一般能够及时足额支付土地出让金。而未取得建设用地使用权证书还要进行开发的，一般都是资信不佳、规模较小，拖欠支付工程款的可能性很大。一旦并购交易双方发生纠纷，并购方无法对在建工程进行拍卖处分等，前期支付的交易对价款难以收回。

特殊情况下并购方需要在未取得权属的建设用地上施工的，也应该结合当地的政策评估风险，与目标公司和交易对手约定，由其迅速办理相关权证或者约定于什么期限前办理相关权证以及未按期办理的违约责任。

②对于未取得建设工程规划许可证的项目

未取得建设工程规划许可证的项目有可能完善手续继续施工，也有可能因为无法解决规划手续问题而被责令停工，从而导致施工合同被施工方要求解除或被认定为无效。

对于此类项目，并购方要对项目的盈利进行分析。如果前期工程是盈利状态，而且目标公司资信和开发能力良好或者并购后并购方能够改善这一问题，能够取得建设工程规划许可证，则项目风险较小。可以与目标公司、交易对手约定，由其迅速办理相关权证或者约定于什么期限前办理相关权证以及未按期办理的违约责任。

③对于未取得建设工程施工许可证的项目

未取得建设工程施工许可证可能导致工程延期，未在建设工程规划许可证规定期限内取得施工证可能导致建设工程规划许可证过期失效，需要重新办理，并且如上文所述，如果目标公司存在未取得建设工程施工许可证而擅自施工的情形，存在被行政处罚的风险。并购方可与目标公司、交易对手约定，由其迅速办理相关权证或者约定于什么期限前办理相关权证以及未按期办理的违约责任。

2.项目无证销售

（1）无证销售的概念

我国实行商品房预售制度[①]，"无证销售"指的是开发商在未取得商品房预售许可证的情况下进行商品房预售的行为。实践中可能的表现形式为：未取得预售许可证以认购、认筹、预订、排号、售卡等方式向购房人收取或变相收取定金、预订款、诚意金等费用或者直接与购房人签订房屋买卖合同，收取购房款等。

（2）项目无证销售在房地产并购过程中的风险与应对

①行政处罚风险

根据《城市房地产开发经营管理条例》等相关规定，开发商未取得《商品房预售许可证》预售商品房的，存在被主管部门处以警告、责令限期改正、处以1万元以上3万元以下罚款的风险。[②]根据《城市房地产开发经营管理条例》等相关规定，开发商未取得《商品房预售许可证》预售商品房的，存在被责令停止违法行为、没收违法所得及并处已收取的预付款1%以下罚款的风险。[③]实践中，对于某个项目的部分楼栋未取得预售许可证对外销售的，还存在整个项目被主管部门暂停网签、进行处罚的风险。

此外，由于近年来各地政府在城市管理领域逐步推行信用管理体系建设，开发商未取得预售许可证进行房屋销售，还存在被政府主管部门列为城市管理领域失信黑名单进行失信联合惩戒的风险，从而对企业的信誉及形象产生不良影响。

[①] 《商品房销售管理办法》第六条："商品房预售实行预售许可制度。商品房预售条件及商品房预售许可证明的办理程序，按照《城市房地产开发经营管理条例》和《城市商品房预售管理办法》的有关规定执行。"

[②] 《商品房销售管理办法》第四十二条："房地产开发企业在销售商品房中有下列行为之一的，处以警告，责令限期改正，并可处以1万元以上3万元以下罚款……（六）不符合商品房销售条件，向买受人收取预订款性质费用的……"

[③] 《城市房地产开发经营管理条例》第三十六条："违反本条例规定，擅自预售商品房的，由县级以上人民政府房地产开发主管部门责令停止违法行为，没收违法所得，可以并处已收取的预付款1%以下的罚款。"

②合同无效并赔偿损失风险

房地产企业未取得商品房预售许可证明与买受人订立的商品房预售合同，存在买受人要求确认商品房预售合同无效[①]并要求返还已付购房款、利息并要求赔偿损失的风险。对于未在起诉前取得商品房预售许可证的，开发商存在被法院认定存在过错应赔偿买受人损失的风险[②]。赔偿的损失范围可能包括已付购房款的利息损失及房屋价格上涨的差价损失等。对于2021年1月1日之前签订的商品房买卖合同，由于适用当时的法律、司法解释的规定，出卖人仍存在可能需要承担不超过已付购房款一倍的赔偿责任的法律风险[③]。

对于以上项目无证销售的风险，律师尽调团队应通过核查商品房预售许可证，主债权合同，有关抵押、质押书面合同，有关抵押、质押的登记文件来进行了解。对于核查后发现存在项目无证销售情况的，应该准备相关材料，尽快办理商品房预售许可证。

（六）房地产开发企业资质相关问题

《房地产开发企业资质管理规定》（2022年修正）规定，未取得房地产开发资质等级证书的企业，不得从事房地产开发经营业务，并明确区分房地产开发企业资质等级分为一级、二级两个资质等级，房地产开发企业应当按照

[①] 《最高人民法院关于审理商品房买卖合同纠纷案件适用法律若干问题的解释》（2020年修正）第二条："出卖人未取得商品房预售许可证明，与买受人订立的商品房预售合同，应当认定无效，但是在起诉前取得商品房预售许可证明的，可以认定有效。"

[②] 《中华人民共和国民法典》第一百五十七条："民事法律行为无效、被撤销或者确定不发生效力后，行为人因该行为取得的财产，应当予以返还；不能返还或者没有必要返还的，应当折价补偿。有过错的一方应当赔偿对方由此所受到的损失；各方都有过错的，应当各自承担相应的责任。法律另有规定的，依照其规定。"

[③] 《最高人民法院关于审理商品房买卖合同纠纷案件适用法律若干问题的解释》（2003）第九条："出卖人订立商品房买卖合同时，具有下列情形之一，导致合同无效或者被撤销、解除的，买受人可以请求返还已付购房款及利息、赔偿损失，并可以请求出卖人承担不超过已付购房款一倍的赔偿责任：（一）故意隐瞒没有取得商品房预售许可证明的事实或者提供虚假商品房预售许可证明……"

规定申请核定房地产开发企业资质等级。[1]

（1）未取得房地产开发企业资质的风险

《城市房地产开发经营管理条例》要求房地产开发企业取得房地产开发企业资质。对于未取得资质等级证书从事房地产开发经营的，由县级以上人民政府房地产开发主管部门责令限期改正，处以罚款；逾期不改正的，吊销营业执照[2]。

（2）超越资质的风险

《城市房地产开发经营管理条例》规定：超越资质等级从事房地产开发经营的，由县级以上人民政府房地产开发主管部门责令限期改正，处以罚款；逾期不改正的，吊销营业执照[3]。

（3）合作开发房地产未取得房地产开发企业资质的风险

合作开发房地产是以一方提供出让土地使用权，另一方提供资金、技术等，共同投资、共享利润、共担风险合作开发房地产为基本模式。涉及利益分配等诸多问题，合作开发房地产极易产生纠纷，而涉及房地产企业开发资质问题，往往以合同效力纠纷居多。

根据法律规定，当事人双方均不具备房地产开发经营资质的，应当认定合同无效。但起诉前当事人一方已经取得房地产开发经营资质或者已依法合作成立具有房地产开发经营资质的房地产开发企业的，应当认定合同有效[4]。

---

[1] 《住房和城乡建设部关于修改〈房地产开发企业资质管理规定〉的决定》第五条第一款修改为："房地产开发企业按照企业条件分为一、二两个资质等级。"

[2] 《城市房地产开发经营管理条例》（2020年修订）第三十四条："违反本条例规定，未取得资质等级证书或者超越资质等级从事房地产开发经营的，由县级以上人民政府房地产开发主管部门责令限期改正，处5万元以上10万元以下的罚款；逾期不改正的，由工商行政管理部门吊销营业执照。"

[3] 《城市房地产开发经营管理条例》（2020年修订）第三十四条："违反本条例规定，未取得资质等级证书或者超越资质等级从事房地产开发经营的，由县级以上人民政府房地产开发主管部门责令限期改正，处5万元以上10万元以下的罚款；逾期不改正的，由工商行政管理部门吊销营业执照。"

[4] 《最高人民法院关于审理涉及国有土地使用权合同纠纷案件适用法律问题的解释》（2020年修正）第十三条："合作开发房地产合同的当事人一方具备房地产开发经营资质的，应当认定合同有效。当事人双方均不具备房地产开发经营资质的，应当认定合同无效。但起诉前当事人一方已经取得房地产开发经营资质或者已依法合作成立具有房地产开发经营资质的房地产开发企业的，应当认定合同有效。"

可以说在司法实践中法院对于房地产合作开发合同效力给予了充分的补正机会，而判断当事人一方是否具备房地产开发经营资质或者是否在起诉前取得资质，法院根据具体情形判断也相当谨慎。

（4）《暂定资质证书》未延期或延期未获得许可的风险

根据法律规定，自2021年7月1日至新的房地产开发企业资质管理规定实施之日止，房地产开发企业三级、四级、暂定资质证书有效期届满的，有效期统一延长至新的房地产开发企业资质管理规定实施之日，资质证书无需换发[①]。

房地产开发企业取得《暂定资质证书》可以从事房地产开发经营业务，但一旦未申请延期或申请延期未获得许可，则可能存在被认定为未取得房地产开发企业资质而从事房地产开发的风险或在合作开发房地产项目中被认定为不具备履约能力导致合同解除的风险。

对于超越房地产开发资质所签订的建设工程合同效力问题，司法实践中，法院一般认为关于房地产开发企业资质管理的规定属于管理性规定，不属于法律、法规的效力性规定，人民法院确认合同无效，应当以全国人大及其常委会制定的法律和国务院制定的行政法规为依据，不得以地方性法规、行政规章为依据。[②]违反上述规定会带来行政处罚等不利后果，并不必然导致在超越开发资质前提下签订的建设工程合同无效。房地产开发企业应在准备进行房地产开发时及时申请《暂定资质证书》。以下是司法裁判案例以及行政处罚案例。

司法裁判案例：明某集团无锡房地产开发有限公司与福建某某建集团有限

[①] 《住房和城乡建设部房地产市场监管司关于做好房地产开发企业资质审批制度改革有关工作的函》："二、我部正在修订房地产开发企业资质管理规定。自2021年7月1日至新的房地产开发企业资质管理规定实施之日止，房地产开发企业三级、四级、暂定资质证书有效期届满的，有效期统一延长至新的房地产开发企业资质管理规定实施之日，资质证书无需换发。"

[②] 《中华人民共和国民法典》第一百五十三条第一款："违反法律、行政法规的强制性规定的民事法律行为无效。但是，该强制性规定不导致该民事法律行为无效的除外。"

公司建设工程施工合同纠纷二审一案。①

法院裁判观点:"关于明某集团、福建某建的开发资质、施工资质的问题,本院认为,《合同法解释(一)》第四条规定,合同法实施后,人民法院确认合同无效,应当以全国人大及其常委会制定的法律和国务院制定的行政法规为依据,不得以地方性法规、行政规章为依据。福建某建主张明某集团超资质开发房地产、福建某建超资质承接工程导致合同无效所依据的《房地产开发企业资质管理规定》及《〈房地产开发企业资质管理规定〉细则》均属于行政主管部门颁布的管理性规定,不属于法律、行政法规的效力性强制性规定,不应据此认定合同无效,故对于福建某建的该上诉主张,本院亦不予采信。"

行政处罚案例:武汉市住房保障和房屋管理局(武)房罚决字〔2021〕第004号行政处罚决定书,处罚日期:2021年10月20日。

案情简介:武汉侨某置业有限公司(以下简称侨某公司)由武汉某某青城文旅创业发展中心(有限合伙)(持股比例49.5%)、武汉华某实业发展有限公司(持股比例34%)和武汉森某青城文旅创业发展中心(有限合伙)(持股比例16.5%)共同投资于2020年6月17日,武汉市某区市场监督管理局于同日核发侨某公司营业执照,经营范围为:房地产开发经营;房地产租赁经营;物业管理;各种项目的策划服务;广告设计、制作、代理、发布;建材、五金产品、电子产品、家具、电力设备批零兼营。侨某公司在取得工商注册后,未按照《房地产开发企业资质管理规定》第六条的规定,于领取营业执照之日起30日内向武汉市住房保障和房屋管理局办理备案,未取得房地产开发资质等级证书。根据《住房和城乡建设部房地产市场监管司关于做好房地产开发企业资质审批制度改革有关工作的函》要求,自2021年7月1日起武汉市住房保障和房屋管理局停止受理房地产开发企业三、四级资质的核定申请和暂定级资质备案申请,为此,侨某公司

---

① 江苏省高级人民法院(2013)苏民终字第0320号案件。

至今未取得资质证书。侨某公司于2020年6月30日取得青山滨江东片××街坊项目地块［编号：P（2020）×××］的国有建设用地使用权后从事房地产开发经营业务。因此依据《房地产开发企业资质管理规定》第十九条规定，处8万元罚款[①]。

因此，房地产开发公司未取得资质并不影响建设工程合同的效力，但很可能会因此受到行政处罚。同时，并购过程中，并购方应了解总承包合同、施工合同、监理合同、设计合同等工程合同的履行情况，避免存在发生争议的风险。

尽调过程中，注意核查施工总承包合同、工程总承包合同、目标公司直接与承包人签订装饰装修施工合同、消防工程合同等情况，通过行政部门窗口查册等，确定房地产开发企业是否存在资质问题。

新设房地产开发公司就《暂定资质证书》存在未申请、未申请延期或申请延期未获得许可等问题，则可能存在被认定为未取得房地产开发企业资质而从事房地产开发的风险或在合作开发房地产项目中被认定不具备履约能力导致合同解除的风险。对于持有三级、四级、暂定资质房地产开发企业务必于2022年8月31日前及时办理二级资质核定，逾期未办理资质重新核定的，9月1日以后原资质无效，不再重新核定。

（七）目标公司股权和出资完整性问题

目标公司股权和出资完整性的问题，主要涉及目标公司股权质押、未实缴出资、出资存在瑕疵、股权被冻结、股权代持等问题。

1.关于目标公司存在股权质押的情形、风险与应对

（1）法律对股权质押及相关风险的规定

根据《中华人民共和国民法典》的规定，质押分为动产质押与权利质

---

① 来源于武汉市住房保障和房屋管理局官方网站，http://fgj.wuhan.gov.cn/fgdt/ztzl_44/xzxkhxzcfsgszl/xzcf/202110/t20211021_1816502.shtml，访问日期2022年7月25日。

押。股权质押属于权利质押的一种形式[1]。股权质押是指出质人向质权人以其所持有的依法可以转让的股权作为质押标的物而设立的质押。现有法律对于上市公司和其他公司（包括有限责任公司、非上市股份有限公司）质权设立、登记机关等规定有所不同。在股权质押的登记中，应关注法律法规对于股权质押的限制性规定，包括何种股权不能办理质押登记，以及禁止流质条款的规定。对此，《中华人民共和国民法典》有相应的规定，同时，各地工商部门也出台了关于股权出质的专门规定，这些地方性的规章、政策指引等在对目标公司进行尽职调查的过程中更值得关注。

①股价波动大

在上市公司中，相对于小股东和外部投资人来说，大股东对于企业内部情况更为了解，一旦大股东做出股权质押等行为，总是会传递给外界，资金危机、现金流困难等信号，很容易引起中小股东以及投资者纷纷抛售股票，造成股价下跌的经济损失。

②损害公司利益的风险

对于股东来说，股权质押本身就是在股权和现金之间做选择，股权质押一旦出现股权无法回赎，就会损害公司的经营利益，对企业的股权结构产生巨大的冲击，负债率增大，相应地企业运转能力就会削弱，偿债能力也会减弱。

③股东控制权转移的风险

实际控制人高比例的股权质押，导致后期回赎股权出现了经济困难；因为相对于传统的银行信贷渠道，股权质押面临更多的不确定性，所以在质押期限届满之后，是否具有回赎能力、是否可以通过继续质押股权追加担保，这些因素都有可能导致控股权易手，直接影响公司生产经营和控制权的稳定性。

---

[1] 《中华人民共和国民法典》第四百四十条："债务人或者第三人有权处分的下列权利可以出质：（一）汇票、本票、支票；（二）债券、存款单；（三）仓单、提单；（四）可以转让的基金份额、股权；（五）可以转让的注册商标专用权、专利权、著作权等知识产权中的财产权；（六）现有的以及将有的应收账款；（七）法律、行政法规规定可以出质的其他财产权利。"

根据《中华人民共和国民法典》第四百四十三条的规定，除非质权人同意，股权出质后，不得转让。因此，若并购模式为股权并购，在进行股权转让变更登记之前，目标公司必须完成股权质押注销登记，即需要质权人、债权人同意并购、同意解除质押。为取得质权人同意，并购方和交易对手就需要找到解决方案，例如由并购方提供资金代为清偿质权人的债权或者另行提供担保措施。

（2）关于目标公司存在股权质押的应对

作为房地产开发企业的目标公司通常会采取多种担保措施向金融机构融资，除了房地产抵押，股权质押也是一种重要的方式。作为目标公司实际控制人、大股东的交易对手，为帮助目标公司获得融资，可能会将其持有的目标公司的股权质押给金融机构。

而对于并购方来说，则需要对目标公司股权存在质押的风险以及应对方式进行综合的评估。应通过公开渠道了解目标公司公开披露的股权受限情况，同时应前往当地市场监督部门调取公司的工商变更信息，了解公司是否存在股权质押的情形。律师通常需要就股权质押情况做这几个方面的核查：首先，质押担保的主债权金额、履行情况、债权人情况；其次，核查股权出质的有效性和基本情况，例如质押合同的签订和约定情况，出质人如为公司，提供担保需要公司股东会或董事会审议程序和决议资料，以及核查公司章程对股权质押是否有特别约定或者限制，例如有限责任公司章程是否存在须有该公司过半数以上股东同意出质的决议的约定；最后，再核实出质人应出具对质押的股权是否存在重复质押、是否存在签订多份质押合同、质押尚未办理登记等情形。

如果存在合法有效的质押，并且债权人的债权尚未清偿完毕，房地产并购项目中股权存在质押的风险需要通过以下方式化解：

第一，要求目标公司解除股权质押措施。如果目标公司存在股权质押，那么可要求目标公司、交易对手与质权人协商一致解除股权质押，为取得质权人同意，交易对手、目标公司需要自行向质权人提供担保措施或者提前清偿债权，但这需要交易对手、目标公司有充足的资金或其他资产来解决这一问题，也可能会增加交易对手和目标公司的并购成本。

第二，可由目标公司、交易对手向其他银行申请贷款或者向质权人申请其他种类贷款以偿还现有贷款（借新还旧或寻找"过桥资金"），但如果担保措施不足或信用不足，在并购完成后目标公司股权可能需要重新质押给银行。

第三，可以由并购方、被并购方以及质权人三方作出约定，并购方的并购资金支付进入三方或者两方共管账户，质权人先同意解除股权质押以配合完成并购，随后并购方直接将共管账户内并购资金支付给质权人用于优先清偿被并购方欠质权人的债权，清偿完毕质权人的债权以后的剩余资金再支付给被并购方。并购方向质权人支付并购资金以后即视为向被并购方履行了并购协议约定的并购对价支付义务。

2.关于目标公司股东未实缴出资的规定、风险与应对

（1）目标公司股东未实缴出资的规定与风险

①未实缴出资股东权利行使的限制

首先是表决权。对于未实缴出资的股东，未实缴部分出资是否享有表决权以及如何行使表决权没有明确规定，但公司可以通过公司章程自治约束未实缴出资股东行使表决权。[1]

其次是分红权和优先认购权。公司原则上按照实缴出资分红和行使优先认购权，除非全体股东另行约定不按照出资比例分取红利或者不按照出资比例优先认缴出资。也即是说未实缴出资股东在分红和行使优先购买权方面处于被动地位[2]。

再次是股权转让权。一般来说，有限责任公司转让股权采取自由主义原则，但对于未实缴出资股东转让股权有特别限制。受让人知道或者应当知道转让方未履行或者未全面履行出资义务，公司可以要求该股东履行出资义

---

[1] 《中华人民共和国公司法》（2018年修正）第四十二条："股东会会议由股东按照出资比例行使表决权；但是，公司章程另有规定的除外。"

[2] 《中华人民共和国公司法》（2018年修正）第三十四条："股东按照实缴的出资比例分取红利；公司新增资本时，股东有权优先按照实缴的出资比例认缴出资。但是，全体股东约定不按照出资比例分取红利或者不按照出资比例优先认缴出资的除外。"

务，并要求受让方承担连带责任。受让方承担责任后，可以向未实缴出资股东追偿。那是不是出资期限未满就转让股权的股东仍然要承担出资义务呢？根据司法实践经验，此条规定的"未履行或者未全面履行出资义务"，一般是指到了出资截止期限仍然没有履行实缴出资义务①。

最后主要是公司根据公司章程或者股东会决议的形式，对于未实缴出资股东的利润分配请求权、剩余财产分配请求权等的限制。当然，对于未实缴出资的股东，公司章程或股东会决议并不是可以对其所有的股东权利进行限制，如一些基本的股东权利，知情权、异议回购请求权、代表诉讼权等不能进行限制②。

②未实缴出资股东的补缴责任

股东未履行出资义务的，公司或者其他股东可以要求其全面履行出资义务，这种出资义务的履行不受时效限制。此外，未按公司章程的约定按期足额缴纳出资的股东应对其他已履行实缴出资义务股东承担违约责任③。

公司解散时，股东尚未缴纳的出资均应作为清算财产；股东尚未实际缴纳的出资，包括没有到履行截止期限的出资，都应该作为清算的财产④。

---

① 《最高人民法院关于适用〈中华人民共和国公司法〉若干问题的规定（二）》（2020年修正）第二十二条："公司解散时，股东尚未缴纳的出资均应作为清算财产。股东尚未缴纳的出资，包括到期应缴未缴的出资，以及依照公司法第二十六条和第八十条的规定分期缴纳尚未届满缴纳期限的出资。公司财产不足以清偿债务时，债权人主张未缴出资股东，以及公司设立时的其他股东或者发起人在未缴出资范围内对公司债务承担连带清偿责任的，人民法院应依法予以支持。"

② 《最高人民法院关于适用〈中华人民共和国公司法〉若干问题的规定（三）》（2020年修正）第十六条："股东未履行或者未全面履行出资义务或者抽逃出资，公司根据公司章程或者股东会决议对其利润分配请求权、新股优先认购权、剩余财产分配请求权等股东权利作出相应的合理限制，该股东请求认定该限制无效的，人民法院不予支持。"

③ 《最高人民法院关于适用〈中华人民共和国公司法〉若干问题的规定（三）》（2020年修正）第十三条第一款："股东未履行或者未全面履行出资义务，公司或者其他股东请求其向公司依法全面履行出资义务的，人民法院应予支持。"

④ 《最高人民法院关于适用〈中华人民共和国公司法〉若干问题的规定（二）》（2020年修正）第二十二条："公司解散时，股东尚未缴纳的出资均应作为清算财产。股东尚未缴纳的出资，包括到期应缴未缴的出资，以及依照公司法第二十六条和第八十条的规定分期缴纳尚未届满缴纳期限的出资。公司财产不足以清偿债务时，债权人主张未缴出资股东，以及公司设立时的其他股东或者发起人在未缴出资范围内对公司债务承担连带清偿责任的，人民法院应依法予以支持。"

人民法院受理破产申请后，破产管理人应当要求该出资人缴纳所认缴的出资，而不受出资期限的限制，即公司章程所规定缴纳期限未满，未实缴的股东也应缴纳出资[①]。

③未实缴出资股东的债务清偿责任

股东未实缴出资，公司又不能清偿到期债务的情况下，债权人可以要求股东在未实缴出资的本息范围内就债务不能清偿部分承担补充赔偿责任。在公司解散进行清算时，未实缴部分的出资将作为清算财产，公司财产不足以清偿债务时，人民法院可以判定未缴出资股东在未缴出资范围内对公司债务承担连带清偿责任[②]。

对于没有超过公司章程规定的出资履行截止期限的未实缴出资股东，是不是也要承担债务清偿责任，使出资期限"加速到期"呢？从法律规定上看，除了公司破产和强制清算规定了未实缴出资股东的出资期限加速到期外，法律没有其他明确规定，司法实践中没有统一定论；但2019年《全国法院民商事审判工作会议纪要》出台后，最高人民法院给出了司法参考意见，债权人一般是不能要求没有到履行出资截止期限的股东在未出资范围内对公司不能清偿的债务承担补充赔偿责任的，因为在注册资本认缴制下，股东依法享有期限利益。但有两种情况，可以要求没有到出资缴纳截止期限的股东承担债务清偿责任：第一是公司作为被执行人的案件，人民法院穷尽执行措施无财产可供执行，已具备破产原因，但不申请破产的；第二是在公司债务产生后，公司股东（大）会决议或以其他方式延长股东出资期限的。[③]

[①] 《中华人民共和国企业破产法》第三十五条："人民法院受理破产申请后，债务人的出资人尚未完全履行出资义务的，管理人应当要求该出资人缴纳所认缴的出资，而不受出资期限的限制。"

[②] 《最高人民法院关于适用〈中华人民共和国公司法〉若干问题的规定（三）》（2020年修正）第十三条第四款："股东在公司增资时未履行或者未全面履行出资义务，依照本条第一款或者第二款提起诉讼的原告，请求未尽公司法第一百四十七条第一款规定的义务而使出资未缴足的董事、高级管理人员承担相应责任的，人民法院应予支持；董事、高级管理人员承担责任后，可以向被告股东追偿。"

[③] 参见《全国法院民商事审判工作会议纪要》二、关于公司纠纷案件的审理（二）关于股东出资加速到期及表决权6.【股东出资应否加速到期】部分。

（2）目标公司股东未实缴出资的应对

尽调过程中，尽调团队应通过审阅以下材料确定公司股东出资义务的履行情况：工商档案、公司章程出资证明书、验资报告、银行询证函、银行进账单、公司年报、法院裁判文书等。实践中，股东往往向公司投入了资金或实物，但因没有履行法定程序或手续，或者是以借款名义而非出资名义投入，从而无法证明已实际出资，最终导致股东个人要为公司的债务承担赔偿责任。对于并购交易的对方存在这种情况的，应尽力收集以上提到的各项证据，证明自己已经尽到了出资义务，必要的时候可以提起出资之诉，由法院收集相关证据并确定自己已尽到了出资义务。

对于确定未实缴出资的，降低前述法律风险的有效措施，即要求目标公司股东按时足额出资。根据法律规定，股东可以用货币出资，也可以用实物、知识产权、土地使用权等可以用货币估价并可以依法转让的非货币财产作价出资[①]。对作为出资的非货币财产应当评估作价，核实财产，不得高估或者低估作价。

首先，未实缴出资的股东要特别注意公司章程的内容和条款设计。公司章程类似于公司的宪法性文件，是对公司内部事务具有法律效力的自治性规范，公司是否对未实缴出资股东进行股东权利的限制，股权转让的限制等都可以写进公司章程。例如，2019年《全国法院民商事审判工作会议纪要》认为公司章程可以自主设计表决权的行使方式，如果公司章程没有规定，应当按照认缴出资的比例确定。在公司章程的设计之外，需要特别注意章程规定的出资期限，出资期限不能超过公司的存续期限，必要的情况下，可以合理延长出资期限，防止出现不必要的出资违约责任。

其次，未实缴出资的股东需要对股东（大）会决议有一定影响力。例如，既然公司法规定股东会决议可以决定不按实缴出资比例分取红利，那么未实

[①] 《中华人民共和国公司法》（2018年修正）第二十七条："股东可以用货币出资，也可以用实物、知识产权、土地使用权等可以用货币估价并可以依法转让的非货币财产作价出资；但是，法律、行政法规规定不得作为出资的财产除外。对作为出资的非货币财产应当评估作价，核实财产，不得高估或者低估作价。法律、行政法规对评估作价有规定的，从其规定。"

缴出资股东如果想按认缴出资比例分红，就需要有能够影响到股东（大）会的决议方向的能力。

最后，未实缴出资股东要注意出资方式的合法性，否则很容易被判定为没有履行出资义务，从而引发系列法律风险。股东可以用货币出资，也可以用实物、知识产权、土地使用权等可以用货币估价并可以依法转让的非货币财产作价出资，对作为出资的非货币财产应当评估作价，核实财产，不得高估或者低估作价。但股东不得以劳务、信用、自然人姓名、商誉、特许经营权或者设定担保的财产等作价出资。司法实践中，股东是否已经合法出资的举证责任在于出资一方。如果是抽逃出资的，情节更严重。

综上所述，如果经过核实，交易对手或目标公司其他股东尚未缴足认缴的注册资本，并且尚未承诺或尚不确定何时缴纳的，并购方可以调整拟收购的未实缴出资股权的估值，并且为避免并购后并购方持有的股权存在表决权行使、利润分配请求权等方面的限制，应及时修改公司章程或与其他股东达成协议，或者按期足额实缴出资。

3.关于目标公司存在股权冻结的规定、风险与应对

冻结，即对股权等不属于严格意义上的动产和不动产的财产权利采取的一种禁止转让、抵押等处分的执行措施。股权一旦被冻结，未经人民法院许可，不得转让、质押或者进行其他处分措施。债务人未执行生效判决、偿还债务的，债权人可以向人民法院申请冻结债务人持有的公司股权，然后可以申请以拍卖、变卖等方式执行被冻结的股权，然后就执行的股权所获得的对价款获得清偿。值得注意的是，民事强制执行法草案拟将冻结一词改为查封，即今后无论是对动产、不动产还是其他财产权利采取的限制处分的执行措施，都被称为查封措施。[①]

根据《最高人民法院、国家工商总局关于加强信息合作规范执行与协助

---

① 《中华人民共和国民事强制执行法》（草案）第一百六十一条："查封有限公司股权、非上市未挂牌股份公司股份的，人民法院应当通知公司登记机关办理查封登记。查封后，人民法院应当书面通知公司。"

执行的通知》第十二条的规定，股权被冻结的，未经人民法院许可，不得转让、不得设定质押或者其他权利负担。有限责任公司股东的股权被冻结期间，工商行政管理机关不予办理该股东的变更登记、该股东向公司其他股东转让股权被冻结部分的公司章程备案，以及被冻结部分股权的出质登记。

在股权并购的交易模式下，如果交易对手持有的目标公司的股权存在冻结，并购方应当与交易对手约定好处理方式，保证股权解除冻结并顺利完成过户。律师应当通过主债权合同、法院判决书、执行裁定、工商档案、公司登记情况、网络核查以及目标公司访谈等方式了解股权冻结的相关情况，并了解目标公司、交易对手根据主债权文书、判决书、执行裁定等需要承担的债权金额。在股权被冻结的情况下，并购协议无法履行，解决的办法只有筹措资金偿还欠款或者与申请执行人协商另行提供担保措施、解除冻结措施。

（八）目标公司治理规则、股东协议中的主要问题

在股权并购模式当中，并购方的主要目的是取得目标公司的控制权，如果目标公司存在多个股东、投资人而并购方仅收购大股东、实际控制人的全部股权，那么就要特别注意公司章程、股东会议事规则、董事会议事规则等公司治理规则以及各股东之间存在的股东协议的特殊约定，一方面需要保证并购后并购方能够完全控制目标公司、掌握目标公司的经营管理权，并且能够独立地操盘房地产开发项目；另一方面要保证并购前后各股东不会发生纠纷、并购交易不会因为与小股东未达成一致而存在障碍。笔者结合自身经验，总结了尽职调查中通常需要注意的以下几个问题：

第一，公司章程、股东协议中股东会表决权的行使存在特殊条款。一般来讲，有限责任公司的股东会由股东按照出资比例行使表决权，但是公司章程另有规定的，股东按照公司章程的规定行使表决权[1]，或者全体股东在股东

---

[1] 《中华人民共和国公司法》（2018年修正）第四十二条："股东会会议由股东按照出资比例行使表决权；但是，公司章程另有规定的除外。"

协议中对表决权不按出资比例行使的规则作出另外约定，导致并购方虽然收购了大股东的股权、掌握了目标公司的大部分股权，但有可能只掌握了少部分股东会表决权、仍无法获得目标公司控制权。例如在南京正某电子系统工程有限公司与南京笔某建筑科技有限公司决议撤销纠纷二审一案[①]中，法院认为："笔某公司于2016年1月8日设立，注册资本100万元，股东为李某荣（认缴出资24.5万元，持股比例24.5%）、正某公司（认缴出资51万元，持股比例51%）、邵某华（认缴出资24.5万元，持股比例24.5%）……根据法律规定，股东会会议由股东按照出资比例行使表决权，但是，公司章程另有规定的除外。……该协议中约定正某公司、李某荣、邵某华的股东会的表决权比例分别为：34%、33%、33%，涉及正某公司、李某荣、邵某华内部权利义务的，若与公司章程不一致，以该协议为准。故李某荣与邵某华的股东会会议表决权合计66%，已达到1/2以上，案涉股东会会议的表决结果已达到通过的比例，故对正某公司认为股东会决议不成立的主张，亦不应采信。"

除了不按出资比例表决的约定以外，还应注意公司章程或股东协议中是否存在少数股东一票否决权的约定，由于法律和司法实践肯定这样的约定的效力，如果并购方未与其他股东达成一致，并购方对目标公司的控制权会受到影响。例如在王某强与北京某汇科技管理有限公司请求变更公司登记纠纷一审一案[②]中，法院认为："《中华人民共和国公司法》第四十二条规定……第四十二条的但书条款即表明有限责任公司章程可以规定股东可以不按出资比例行使表决权，也即表明有限责任公司章程可以规定股东会表决时的一票否决权，且公司法也并未要求有限责任公司的股东在行使表决权时同股同权。本案中，某汇公司2018年4月2日、2019年1月15日修订的某汇公司章程均经股东会会议商议通过，全体股东均在股东会决议上签名，符合公司章程关于议事规则的规定，且不违反法律、行政法规的强制性规定，应属有

---

① 江苏省南京市中级人民法院（2018）苏01民终10492号案件。
② 北京市朝阳区人民法院（2020）京0105民初8919号案件。

效。王某强亦以法定代表人身份对每次修改后的章程签名确认。现王某强要求撤销某汇公司章程中'创始股东徐某、赵某各自对于股东决议事项具有一票否决权,同时各自对于公司部门总监及以上人员的任命具有否决权'之规定的主张,于法无据,法院不予支持。"

第二,交易对手与其他股东之间存在特殊权利义务条款。作为目标公司大股东、实际控制人的交易对手如果在并购前为目标公司进行过融资,可能会与作为投资人的小股东或者其他债权人存在特殊的权利义务条款,例如股权回购条款、业绩补偿条款以及在并购时小股东请求与大股东共同向并购方出售股权等共售权条款,并购方要特别注意并购交易前后是否会触发这些条款,如果触发这些条款是否会导致交易对手与其他股东之间发生纠纷或者给并购交易造成障碍。如果目标公司也作为业绩补偿的义务人和回购义务主体,即也作为"对赌人",那么并购方还要关注这些条款可能给目标公司带来的负债或注册资本的减少,并根据负债的风险程度对目标公司重新估值或要求各方协商解除"对赌"条款。

根据2019年《全国法院民商事审判工作会议纪要》的相关规定,在目前的司法实践中,如果不存在无效事由,股东之间的"对赌"条款是有效的,各股东与目标公司之间的"对赌"条款原则上也是有效的[1],因此律师要通过股东协议、投资协议以及目标公司访谈等方式调查核实这些条款存在与否和

---

[1] 2019年《全国法院民商事审判工作会议纪要》相关规定:"二、关于公司纠纷案件的审理……(一)关于'对赌协议'的效力及履行……对于投资方与目标公司的股东或者实际控制人订立的'对赌协议',如无其他无效事由,认定有效并支持实际履行,实践中并无争议。但投资方与目标公司订立的'对赌协议'是否有效以及能否实际履行,存在争议。对此,应当把握如下处理规则:……投资方与目标公司订立的'对赌协议'在不存在法定无效事由的情况下,目标公司仅以存在股权回购或者金钱补偿约定为由,主张'对赌协议'无效的,人民法院不予支持,但投资方主张实际履行的,人民法院应当审查是否符合公司法关于'股东不得抽逃出资'及股份回购的强制性规定,判决是否支持其诉讼请求。投资方请求目标公司回购股权的,人民法院应当依据《公司法》第35条关于'股东不得抽逃出资'或者第142条关于股份回购的强制性规定进行审查……投资方请求目标公司承担金钱补偿义务的,人民法院应当依据《公司法》第35条关于'股东不得抽逃出资'和第166条关于利润分配的强制性规定进行审查……"

约定情况。

第三，董事和监事席位的特殊设置。除了表决权行使的规则以外，要获得目标公司完全的控制权，并购方还需要确保获得足够多的董事会席位和监事席位。根据法律规定，董事由股东会选举产生[①]，因此并购方要确保获得足够多的表决权，关于表决权行使的问题，上文已经说明，此处不再赘述。除了获得足够多的股东会表决权和董事会的控制权，并购方还需要核实公司章程、股东协议当中是否存在投资人要求获得董事会席位、监事席位的特殊规定，如果存在，并购方和各方股东需要达成一致，协商如何确定董事会席位、监事席位以及目标公司其他的治理规则。

（九）金融借款合同相关条款对并购的影响

在尽职调查中，如果发现目标公司存在固定资产借款、房地产开发贷或其他类型的金融借款，那么律师应当关注金融借款合同可能对此次并购交易造成的影响，除了核查金融借款合同的约定和履行情况、目标公司尚存在多少未归还完毕的金融借款债务以外，还需要重点关注金融借款合同中一般存在的股权转让、股权质押、资产转让以及并购重组限制条款，如果存在这样的条款，房地产并购交易需要事先经过金融机构同意，否则目标公司存在被金融机构认定为违约、要求提前收回借款并承担违约责任的风险。

例如某银行的固定资产借款合同约定："进行合并、分立、减资、股权变动、股权质押、重大资产和债权转让、重大对外投资、实质性增加债务融资以及其他可能对贷款人权益造成不利影响的行动时，事先征得贷款人书面同意或就贷款人债权的实现作出令贷款人满意的安排方可进行，因政府相关部门决策导致的除外。"再例如某银行的贷款合同约定：

[①] 《中华人民共和国公司法》（2018年修正）第三十七条："股东会行使下列职权：……（二）选举和更换非由职工代表担任的董事、监事，决定有关董事、监事的报酬事项……"

"甲方进行合并、分立、股权转让、对外投资、实质性增加债务融资等重大事项时，应征得乙方的书面同意。但乙方的书面同意，并不影响日后乙方认为上述行为可能危及乙方债权安全时采取本合同所约定的救济措施的权利。"

因此，为避免目标公司与金融机构发生纠纷，在进行并购交易前，应要求目标公司事先取得金融机构的书面同意。

（十）国有企业股权、企业国有资产转让涉及的特别程序

当目标公司为国有独资或国有控股公司时，目标公司的股权或者重大资产转让就涉及国有资产交易，需要按照法律关于国有资产交易的特殊规定履行相应的特别交易程序。目前国有资产交易监管的特别规定主要有《中华人民共和国公司法》（2018年修正）关于国有企业的规定、2009年生效的《中华人民共和国企业国有资产法》、国务院2019年修正的《企业国有资产监督管理暂行条例》、2016年生效的《企业国有资产交易监督管理办法》（国资委令、财政部令第32号，以下简称32号文）、2022年生效的《关于企业国有资产交易流转有关事项的通知》（国资发产权规〔2022〕39号）以及国有资产评估和产权交易机构交易规则等规定。

（1）股权并购模式下国有股权转让特别程序

如果并购模式为股权并购（包括增资），那么可能就涉及国有股权转让，需要甄别目标公司股权转让是否属于国有资产交易监管规定监管的范畴，如属于，就需要履行相应的程序，核心程序为报主管机关或国家出资企业审批、进行审计和资产评估以及在主管部门指定的产权交易所交易（"进场交易"）。

需要履行相应程序前提是目标公司属于相关国有资产交易监管规定监管的范畴，根据32号文的规定，如果拟并购的目标公司股权属于履行出资人职责的机构、国有及国有控股企业、国有实际控制企业出资所形成的股权，那

么目标公司的股权转让就需要遵守32号文的监管规定[①]。

具体来讲，履行出资人职责的机构主要是中央和地方人民政府以及国资委和财政部门等政府部门，而国有及国有控股企业、国有实际控制企业包括以下四类：（一）政府部门、机构、事业单位出资设立的国有独资企业（公司），以及上述单位、企业直接或间接合计持股为100%的国有全资企业；（二）本条第（一）款所列单位、企业单独或共同出资，合计拥有产（股）权比例超过50%，且其中之一为最大股东的企业；（三）本条第（一）款、第（二）款所列企业对外出资，拥有股权比例超过50%的各级子企业；（四）政府部门、机构、事业单位、单一国有及国有控股企业直接或间接持股比例未超过50%，但为第一大股东，并且通过股东协议、公司章程、董事会决议或者其他协议安排能够对其实际支配的企业。[②]

按照32号文的规定，如果目标公司属于上述企业出资/持股的企业，且本次并购交易拟并购的标的股权也属于上述企业所持有的股权，那么本次并购交易就需要遵守以下规定：

1）国资监管机构负责审核国家出资企业的产权转让事项。其中，因产权转让致使国家不再拥有所出资企业控股权的，须由国资监管机构报本级人民政府批准。[③]即如果目标公司属于国家出资企业[④]，此次股权转让需要经过国资委批准，并且此次并购之后，目标公司变为非国有资本控制的企业的，

[①] 《企业国有资产交易监督管理办法》（32号文）第三条："本办法所称企业国有资产交易行为包括：（一）履行出资人职责的机构、国有及国有控股企业、国有实际控制企业转让其对企业各种形式出资所形成权益的行为（以下称企业产权转让）；（二）国有及国有控股企业、国有实际控制企业增加资本的行为（以下称企业增资），政府以增加资本金方式对国家出资企业的投入除外；（三）国有及国有控股企业、国有实际控制企业的重大资产转让行为（以下称企业资产转让）。"

[②] 参见32号文第四条。

[③] 参见32号文第七条。

[④] 国家出资企业是指代表国家履行出资人职责的中央和地方人民政府以及国资委、财政部门等政府部门直接出资设立的企业，参见《中华人民共和国企业国有资产法》第五条："本法所称国家出资企业，是指国家出资的国有独资企业、国有独资公司，以及国有资本控股公司、国有资本参股公司。"

本次股权转让需要由国资委报同级人民政府批准。

32号文对增资的审批事项也作了类似的规定，国资监管机构负责审核国家出资企业的增资行为。其中，因增资致使国家不再拥有所出资企业控股权的，须由国资监管机构报本级人民政府批准。①

2）国家出资企业应当制定其子企业产权转让管理制度，确定审批管理权限。其中，对主业处于关系国家安全、国民经济命脉的重要行业和关键领域，主要承担重大专项任务子企业的产权转让，须由国家出资企业报同级国资监管机构批准。转让方为多家国有股东共同持股的企业，由其中持股比例最大的国有股东负责履行相关批准程序；各国有股东持股比例相同的，由相关股东协商后确定其中一家股东负责履行相关批准程序。②也就是说，如果目标公司为国家出资企业的子公司，那么目标公司的转让需要由国家出资企业按照其指定的子企业产权转让管理制度审批。如果目标公司主业处于关系国家安全、国民经济命脉的重要行业和关键领域并主要承担重大专项任务，除非目标公司的股权是在国家出资企业及其控股子企业之间转让从而可以由国家出资企业批准③，本次股权转让需要报同级国有资产监督管理机构批准。至于哪些行业属于关系国家安全、国民经济命脉的重要行业和关键领域，根据国资委相关负责人员的答复，主要包括军工、电网电力、石油石化、电信、煤炭、民航、航运七大行业④，当然地方国资监管机构可能另有规定，需要关注地方最新政策。就目前来说，房地产行业不属于上述领域，因此，如果目标公司

---

① 参见32号文第三十四条。
② 参见32号文第八条。
③ 《关于企业国有资产交易流转有关事项的通知》（国资发产权规〔2022〕39号）："二、主业处于关系国家安全、国民经济命脉的重要行业和关键领域，主要承担重大专项任务的子企业，不得因产权转让、企业增资失去国有资本控股地位。国家出资企业内部重组整合中涉及该类企业时，以下情形可由国家出资企业审核批准：（一）企业产权在国家出资企业及其控股子企业之间转让的。（二）国家出资企业直接或指定其控股子企业参与增资的。（三）企业原股东同比例增资的。其他情形由国家出资企业报同级国有资产监督管理机构批准。"
④ 参见新华社报道《国资委：国有经济应保持对七个行业的绝对控制力》，http://www.gov.cn/jrzg/2006-12/18/content_472256.htm，访问日期2022年8月14日。

为国家出资企业的子公司，其股权的转让原则上只需要国家出资企业批准。

32号文对增资的审批事项也作了类似的规定，国家出资企业决定其子企业的增资行为。其中，对主业处于关系国家安全、国民经济命脉的重要行业和关键领域，主要承担重大专项任务的子企业的增资行为，须由国家出资企业报同级国资监管机构批准。①

3）产权转让事项经批准后，由转让方委托会计师事务所对转让标的企业进行审计。涉及参股权转让不宜单独进行专项审计的，转让方应当取得转让标的企业最近一期年度审计报告。②

4）对按照有关法律法规要求必须进行资产评估的产权转让事项，转让方应当委托具有相应资质的评估机构对转让标的进行资产评估，产权转让价格应以经核准或备案的评估结果为基础确定。③《国有资产评估管理办法》（2020年修订）第三条："国有资产占有单位（以下简称占有单位）有下列情形之一的，应当进行资产评估：……（二）企业兼并、出售、联营、股份经营……"《企业国有资产评估管理暂行办法》第六条："企业有下列行为之一的，应当对相关资产进行评估：……（五）产权转让……"因此，目标公司股权转让的并购交易需要对目标公司的股权进行资产评估，并且评估结果必须按照法律规定经过核准或者备案（一般来说少数项目需要经过国资监管机构的核准，多数项目只需要经过国资监管机构或者国家出资企业备案即可④），然后才能作为确定股权转让价格的依据。

---

① 参见32号文第三十五条。
② 参见32号文第十一条。
③ 参见32号文第十二条。
④ 《企业国有资产评估管理暂行办法》第四条："企业国有资产评估项目实行核准制和备案制。经各级人民政府批准经济行为的事项涉及的资产评估项目，分别由其国有资产监督管理机构负责核准。经国务院国有资产监督管理机构批准经济行为的事项涉及的资产评估项目，由国务院国有资产监督管理机构负责备案；经国务院国有资产监督管理机构所出资企业（以下简称中央企业）及其各级子企业批准经济行为的事项涉及的资产评估项目，由中央企业负责备案。地方国有资产监督管理机构及其所出资企业的资产评估项目备案管理工作的职责分工，由地方国有资产监督管理机构根据各地实际情况自行规定。"

5）产权转让原则上通过产权市场公开进行。转让方可以根据企业实际情况和工作进度安排，采取信息预披露和正式披露相结合的方式，通过产权交易机构网站分阶段对外披露产权转让信息，公开征集受让方。其中正式披露信息时间不得少于20个工作日。因产权转让导致转让标的企业的实际控制权发生转移的，转让方应当在转让行为获批后10个工作日内，通过产权交易机构进行信息预披露，时间不得少于20个工作日。[①]产权转让原则上不得针对受让方设置资格条件，确需设置的，不得有明确指向性或违反公平竞争原则，所设资格条件相关内容应当在信息披露前报同级国资监管机构备案，国资监管机构在5个工作日内未反馈意见的视为同意。产权转让项目首次正式信息披露的转让底价，不得低于经核准或备案的转让标的评估结果。产权交易机构负责意向受让方的登记工作，对意向受让方是否符合受让条件提出意见并反馈给转让方。产权交易机构与转让方意见不一致的，由转让行为批准单位决定意向受让方是否符合受让条件。产权转让信息披露期满、产生符合条件的意向受让方的，按照披露的竞价方式组织竞价。竞价可以采取拍卖、招投标、网络竞价以及其他竞价方式，且不得违反国家法律法规的规定。受让方确定后，转让方与受让方应当签订产权交易合同，交易双方不得以交易期间企业经营性损益等理由对已达成的交易条件和交易价格进行调整。交易价款原则上应当自合同生效之日起5个工作日内一次付清。金额较大、一次付清确有困难的，可以采取分期付款方式。采用分期付款方式的，首期付款不得低于总价款的30%，并在合同生效之日起5个工作日内支付；其余款项应当提供转让方认可的合法有效担保，并按同期银行贷款利率支付延期付款期间的利息，付款期限不得超过1年。产权交易合同生效后，产权交易机构应当将交易结果通过交易机构网站对外公告，公告内容包括交易标的名称、转让标的评估结果、转让底价、交易价格，公告期不少于5个工作日。产权交易合同生效，并且

---

① 参见32号文第十三条。

受让方按照合同约定支付交易价款后,产权交易机构应当及时为交易双方出具交易凭证。①

因此,除了法律明确规定可以采取非公开协议转让方式的股权转让②和增资③以外,目标公司的股权转让(包括增资)必须"进场交易",按照32号文和产权交易所规则规定的程序进行。

(2)资产并购模式下企业国有资产转让特别程序

32号文第三条第(三)项将国有及国有控股企业、国有实际控制企业的重大资产转让行为(企业资产转让)纳入了受监督管理的国有资产交易行为范畴,如果目标公司属于32号文第四条规定的国有及国有控股企业、国有实际控制企业(不包括国有参股企业),那么目标公司的重大资产(一定金额以上的生产设备、房产、在建工程以及土地使用权、债权、知识产权等资产)对外转让需要遵守32号文规定的程序。

1)32号文未规定国有及国有控股企业、国有实际控制企业的重大资产对外转让行为必须经过国资监管机构的批准,但强调了重大资产对外转让行为首先应当由目标公司按照其内部的管理制度履行相应的决策程序。各地方可能会对审批事项有专门规定,例如福建省国资委颁发的《所出资企业国有资产交易监督管理办法》(闽国资产权〔2019〕4号)第五十二条规定:"所出资企业负责制定本企业不同类型资产转让行为的内部管理制度,明确责任

---

① 参见32号文第十四条至第三十条。
② 32号文第三十一条:"以下情形的产权转让可以采取非公开协议转让方式:(一)涉及主业处于关系国家安全、国民经济命脉的重要行业和关键领域企业的重组整合,对受让方有特殊要求,企业产权需要在国有及国有控股企业之间转让的,经国资监管机构批准,可以采取非公开协议转让方式;(二)同一国家出资企业及其各级控股企业或实际控制企业之间因实施内部重组整合进行产权转让的,经该国家出资企业审议决策,可以采取非公开协议转让方式。"
③ 32号文第四十五条:"以下情形经同级国资监管机构批准,可以采取非公开协议方式进行增资:(一)因国有资本布局结构调整需要,由特定的国有及国有控股企业或国有实际控制企业参与增资;(二)因国家出资企业与特定投资方建立战略合作伙伴或利益共同体需要,由该投资方参与国家出资企业或其子企业增资。"第四十六条:"以下情形经国家出资企业审议决策,可以采取非公开协议方式进行增资:(一)国家出资企业直接或指定其控股、实际控制的其他子企业参与增资;(二)企业债权转为股权;(三)企业原股东增资。"

部门、管理权限、决策程序、工作流程。其中，所出资企业及重要子企业账面净值5000万（含5000万）人民币以上的资产转让，须由所出资企业报省国资委批准。"

2）除了涉及国家出资企业内部或特定行业的资产转让，确需在国有及国有控股、国有实际控制企业之间非公开转让的，由转让方逐级报国家出资企业审核批准以外，目标公司的重大资产转让应当在产权交易机构进行交易。至于哪些类型以及多少金额以上需要进场交易，32号文规定由国家出资企业负责制定本企业不同类型资产转让行为的内部管理制度，明确责任部门、管理权限、决策程序、工作流程，对其中应当在产权交易机构公开转让的资产种类、金额标准等作出具体规定，并报同级国资监管机构备案。各个地方的国资监管机构对此可能有具体细化规定，例如北京市人民政府国有资产监督管理委员会、北京市财政局关于贯彻落实《企业国有资产交易监督管理办法》的意见（京国资发〔2017〕10号）第五项规定："（三）企业资产转让 1.企业房产、机动车、特种车辆、在建工程、土地使用权和一定金额以上的债权、知识产权、生产设备及其他资产等对外转让，应当按照企业内部管理制度履行相应决策程序后，在北交所公开进行……"再例如福建省国资委颁发的《所出资企业国有资产交易监督管理办法》（闽国资产权〔2019〕4号）第五十三条规定："企业生产设备、房产、在建工程以及债权、知识产权等资产对外转让，应当按照企业内部管理制度履行相应决策程序。评估值50万元人民币以上的上述资产，在产权交易机构公开进行；评估值在50万元人民币（含50万元）以下、10万元（含10万元）人民币以上的上述资产及车辆、一般性设备等资产的转让，可由产权持有单位委托产权交易机构、拍卖机构等公开转让；评估值在10万元人民币以下资产的转让，可由产权持有单位在坚持公开、公正原则的基础上自行决定交易方式。企业资产转让涉及国有土地使用权的，按照相关规定执行。"由于房地产并购交易涉及的土地使用权、在建工程和房产的转让一般来说都属于比较重大和金额较高的资产交易，因此需要"进场交易"。

根据32号文的规定，转让方应当根据转让标的情况合理确定转让底价和转让信息公告期：（一）转让底价高于100万元、低于1000万元的资产转让项目，信息公告期应不少于10个工作日；（二）转让底价高于1000万元的资产转让项目，信息公告期应不少于20个工作日。企业资产转让的具体工作流程参照32号文关于企业产权转让的规定执行。除国家法律法规或相关规定另有要求的外，资产转让不得对受让方设置资格条件。资产转让价款原则上一次性付清。①

3）资产评估以及评估结果核准、备案程序。《国有资产评估管理办法》（2020年修订）第三条："国有资产占有单位（以下简称占有单位）有下列情形之一的，应当进行资产评估：（一）资产拍卖、转让……"《企业国有资产评估管理暂行办法》第六条："企业有下列行为之一的，应当对相关资产进行评估：……（六）资产转让、置换……"因此，目标公司转让房地产项目，应当进行资产评估，并以核准或备案的评估结果为确定转让价格的基础。

（3）未遵守国有资产交易监管特别程序的法律后果

1）未经过国资监管机构或人民政府批准的合同已成立并且合法有效，但是尚未生效。

《中华人民共和国民法典》第五百零二条规定："依法成立的合同，自成立时生效，但是法律另有规定或者当事人另有约定的除外。依照法律、行政法规的规定，合同应当办理批准等手续的，依照其规定。未办理批准等手续影响合同生效的，不影响合同中履行报批等义务条款以及相关条款的效力。应当办理申请批准等手续的当事人未履行义务的，对方可以请求其承担违反该义务的责任。依照法律、行政法规的规定，合同的变更、转让、解除等情形应当办理批准等手续的，适用前款规定。"因此，按照法律、行政法规应当经行政机关批准的，除了报批义务条款及争议解决条款等以外，合同其余条款尚未生效。

---

① 参见32号文第五十条至第五十二条。

《中华人民共和国企业国有资产法》第五十三条："国有资产转让由履行出资人职责的机构决定。履行出资人职责的机构决定转让全部国有资产的，或者转让部分国有资产致使国家对该企业不再具有控股地位的，应当报请本级人民政府批准。"第三十四条："重要的国有独资企业、国有独资公司、国有资本控股公司的合并、分立、解散、申请破产以及法律、行政法规和本级人民政府规定应当由履行出资人职责的机构报经本级人民政府批准的重大事项，履行出资人职责的机构在作出决定或者向其委派参加国有资本控股公司股东会会议、股东大会会议的股东代表作出指示前，应当报请本级人民政府批准。本法所称的重要的国有独资企业、国有独资公司和国有资本控股公司，按照国务院的规定确定。"《企业国有资产监督管理暂行条例》第二十三条："国有资产监督管理机构决定其所出资企业的国有股权转让。其中，转让全部国有股权或者转让部分国有股权致使国家不再拥有控股地位的，报本级人民政府批准。"第二十一条："国有资产监督管理机构依照法定程序决定其所出资企业中的国有独资企业、国有独资公司的分立、合并、破产、解散、增减资本、发行公司债券等重大事项。其中，重要的国有独资企业、国有独资公司分立、合并、破产、解散的，应当由国有资产监督管理机构审核后，报本级人民政府批准。国有资产监督管理机构依照法定程序审核、决定国防科技工业领域其所出资企业中的国有独资企业、国有独资公司的有关重大事项时，按照国家有关法律、规定执行。"第二十四条："所出资企业投资设立的重要子企业的重大事项，需由所出资企业报国有资产监督管理机构批准的，管理办法由国务院国有资产监督管理机构另行制定，报国务院批准。"第三十二条："所出资企业中的国有独资企业、国有独资公司的重大资产处置，需由国有资产监督管理机构批准的，依照有关规定执行。"

因此，如果此次并购交易存在需要人民政府或者国资监管机构审核批准的情形，那么未经批准，并购协议主要条款暂未生效，报批义务方如果未履行报批义务导致合同无法生效的，应当对对方承担缔约过失责任。例如在深圳市某投资发展有限公司与鞍山市某局股权转让纠纷案[①]中，最高人民法院认为："（一）涉案《股份转让合同书》应认定为成立未生效合同。《中华人民共和国合同法》第四十四条规定，依法成立的合同，自成立时生效。法律、行政法规规定应当办理批准、登记等手续生效的，依照其规定。国务院办公厅国办发明电〔1994〕12号《关于加强国有企业产权交易管理的通知》第二条规定，地方管理的国有企业产权转让，要经地级市以上人民政府审批，其中有中央投资的，要事先征得国务院有关部门同意，属中央投资部分的产权收入归中央。中央管理的国有企业产权转让，由国务院有关部门报国务院审批。所有特大型、大型国有企业（包括地方管理的）的产权转让，报国务院审批。财政部《金融企业国有资产转让管理办法》第七条规定，金融企业国有资产转让按照统一政策、分级管理的原则，由财政部门负责监督管理。财政部门转让金融企业国有资产，应当报本级人民政府批准。政府授权投资主体转让金融企业国有资产，应当报本级财政部门批准。金融企业国有资产转让过程中，涉及政府社会公共管理和金融行业监督管理事项的，应当根据国家规定，报经政府有关部门批准。《中华人民共和国商业银行法》第二十八条规定，任何单位和个人购买商业银行股份总额百分之五以上的，应当事先经过国务院银行业监督管理机构批准。涉案《股份转让合同书》的转让标的为鞍山某局持有的某银行9.9986%即22500万股股权，系金融企业国有资产，转让股份总额已经超过某银行股份总额的5%。依据上述规定，该合同应经有批准权的政府及金融行业监督管理部门批准方产生法律效力。由此，本案的《股份转让合同书》虽已经成立，但因未经有权机关批准，应认定其效力未生效。"再例如上海某实业投资有限公司与江苏省某集团有限责任公司、李某股权转让纠纷申请再审一案[②]中，最高人民法院认为："依据上述法律、行政法规规定的文义和立法目的，国有资产重大交易，应经国有资

---

① 最高人民法院（2016）最高法民终802号案件，《最高人民法院公报》2017年第12期。
② 最高人民法院（2016）最高法民申474号案件。

产管理部门批准，合同才生效。本案中，某集团系江苏省国资委独资的国有企业，其因对外重大投资而签订的案涉股权买卖合同需经国资管理部门审批后，合同才能生效。因此，案涉《股权转让专题会议纪要》中关于'4.江苏某公司按规定履行股权受让相关程序'的表述应解读为'某集团按规定履行股权受让的内外部审批手续'。由于上述审批手续未能完成，依据《最高人民法院关于适用〈中华人民共和国合同法〉若干问题的解释（一）》第九条的规定，应认定案涉股权转让合同并未生效。二审法院关于该合同未生效的认定并无不当。"在杨某福、深圳市捷某达贸易有限公司股权转让纠纷再审一案[1]中，最高人民法院认为："第一，关于杨某福、赵某伍与深某公司、李某签订的《股权转让合同书》是否需经批准才生效的问题。《企业国有资产监督管理暂行条例》第二十三条规定，国有资产监督管理机构决定其所出资企业的国有股权转让。其中，转让全部国有股权或者转让部分国有股权致使国家不再拥有控股地位的，报本级人民政府批准。第二十四条规定，所出资企业投资设立的重要子企业的重大事项，需由所出资企业报国有资产监督管理机构批准的，管理办法由国务院国有资产监督管理机构另行制定，报国务院批准。2004年2月1日起施行、2017年12月29日废止的《企业国有产权转让管理暂行办法》第二十六条规定，所出资企业决定其子企业的国有产权转让。其中，重要子企业的重大国有产权转让事项，应当报同级国有资产监督管理机构会签财政部门后批准。据此，国有独资企业、国有独资公司和国有资本控股公司转让国有资产，致使国家不再拥有控股地位的，属于重大事项，应当报请本级人民政府批准。本案中，根据已经查明的事实，海某公司的股东为深某公司和李某，其中深某公司持有海某公司95%的股份。深某公司的股东为外某集团和王某，其中外某集团持有深某公司70%的股份。外某集团是国有独资公司。根据上述规定，深某公司出让海某公司股权属于国有资本控股公司转让国有资产，致使国家不再拥有控股地位的情形，应报有关

---

[1] 最高人民法院（2019）最高法民再48号案件。

国有资产监督管理机构和本级人民政府批准。杨某福主张涉案股权转让合同无需批准生效，没有法律依据，本院不予采信。"

因此，为防范并购风险，如果涉及国有资产转让并且需要国资委或人民政府批准，并购方应在并购协议中约定清楚转让方的报批义务，尽量在转让方履行报批义务之后再支付并购价款。如果转让方未按约定履行报批义务导致合同无法生效的，并购方可以主张转让方存在缔约过失从而要求转让方承担赔偿责任。

2）应当"进场交易"而未"进场交易"，国有资产转让合同存在无效的风险。

如上述，32号文规定了国有资产交易原则上需要在产权交易机构进行，那么未"进场交易"，并购双方签订的股权或资产转让合同是否有效呢？这个问题的关键在于32号文及相关法律规定的进场交易规则是否属于《中华人民共和国民法典》第一百五十三条规定的能够使法律行为无效的"强制性规定"（效力性强制性规定[①]）。[②]

在巴某特投资有限公司诉上海某投资建设有限公司股权转让纠纷案[③]中，法院认为："上海某公司虽然取得甲公司的授权，可以代理甲公司转让讼争股权，但在实施转让行为时，应当按照国家法律和行政规章所规定的程序和方式进行。讼争股权的性质为国有法人股，其无疑是属于企业国有资产的范畴。根据国务院国资委、财政部制定实施的《企业国有产权转让管理暂行办法》的规定，企业国有产权转让应当在依法设立的产权交易机

[①] 《中华人民共和国合同法》（已失效）第五十二条："有下列情形之一的，合同无效：……（五）违反法律、行政法规的强制性规定。"《最高人民法院关于适用〈中华人民共和国合同法〉若干问题的解释（二）》（已失效）第十四条："合同法第五十二条第（五）项规定的'强制性规定'，是指效力性强制性规定。"

[②] 《中华人民共和国民法典》第一百五十三条第一款："违反法律、行政法规的强制性规定的民事法律行为无效。但是，该强制性规定不导致该民事法律行为无效的除外。"

[③] 上海市高级人民法院（2009）沪高民二（商）终字第22号案件，《最高人民法院公报》2010年第4期。

构中公开进行，企业国有产权转让可以采取拍卖、招投标、协议转让等方式进行。根据上海市政府制定实施的《上海市产权交易市场管理办法》（已废止）的规定，上海市所辖国有产权的交易应当在产权交易市场进行，根据产权交易标的的具体情况采取拍卖、招标或竞价方式确定受让人和受让价格。上述两个规范性文件虽然不是行政法规，但均系依据国务院的授权对《企业国有资产监督管理暂行条例》的实施所制定的细则办法。而且，规定企业国有产权转让应当进场交易的目的在于通过严格规范的程序保证交易的公开、公平、公正，最大限度地防止国有资产流失，避免国家利益、社会公共利益受损。因此，《企业国有产权转让管理暂行办法》《上海市产权交易市场管理办法》的上述规定，符合上位法的精神，不违背上位法的具体规定，应当在企业国有资产转让过程中贯彻实施。由于上海某公司在接受甲公司委托转让讼争股权时，未依照国家的上述规定处置，擅自委托某拍卖公司拍卖，并在拍卖后与巴某特公司订立股权转让协议，其行为不具合法性。综上，巴某特公司要求甲公司履行《某银行法人股股权转让协议》，转让16985320股某银行国有法人股的诉讼请求，不予支持。甲公司要求确认《某银行法人股股权转让协议》无效的反诉请求，予以支持。"

在黑龙江某国际投资咨询有限公司与黑龙江某建设有限责任公司、哈尔滨某化工有限公司、哈尔滨某集团有限责任公司、中国某资产管理股份有限公司黑龙江省分公司确认合同无效纠纷案[1]中，法院认为："依据《中华人民共和国企业国有资产法》第五十五条和《企业国有资产评估管理暂行办法》第二十七条第一、四款之规定，因甲公司系国有控股公司，属于国有企业，其所有的债权亦应属于国有资产，其与乙公司的债权转让仅以协议的形式进行，未告知其上级主管单位即丙公司，未进行债权评估，未在某市人民政府国有资产监督管理委员会备案，未履行进场公开挂牌交易等程序，违反了法律法规的强制性规定，故应确认该债权转让协议无效，

---

[1] 黑龙江省高级人民法院（2015）黑高民申二字第590号案件。

故判决：确认甲公司与乙公司的（2012哈华债转字第×号）债权转让协议无效……根据上述规定，国有资产转让应当履行上报、评估、备案及公开挂牌交易等程序，上述规定属于强制性规定，而非任意性规定。甲公司转让债权时未履行上述程序，依据《中华人民共和国合同法》第五十二条第（五）项，违反法律、行政法规的强制性规定，合同无效，案涉债权转让协议应确认无效……故原判决认定案涉债权转让协议无效并无不当。申请人的此节再审事由不能成立。"

尽管也有部分案例认为强制"进场交易"的规定属于管理性强制性规定，不属于效力性强制性规定，不应认为未"进场交易"国有资产转让合同就无效[1]，但是由于实践中存在认定合同无效的案例，为防范并购协议无效、并购交易失败的风险，律师应当审查核实目标公司和标的资产是否涉及国有股权和资产，是否需要"进场交易"，如需要，并购双方应按照产权交易机构的规则和程序进行交易。

3）国有资产转让合同不会仅因未经过资产评估而无效。

如上述，除无偿划转等少数情形外，进行资产评估并以核准或备案的评估结果作为确定转让价格的基础也是国有股权转让和国有企业重大资产转让必须履行的程序，那么未经资产评估，转让合同是否存在无效的风险呢？

---

[1] （2016）最高法民申876号武汉银某实业发展总公司、中国某银行股份有限公司湖北省分行营业部与湖北信某实业发展有限公司国有土地使用权转让合同纠纷申请再审民事裁定书载明："本院审查认为，银某公司在原审中即主张其与信某公司2006年3月17日签订的《协议书》无效，理由是该《协议书》违反了国务院《企业国有资产监督管理条例》第三条、国务院《国有资产评估管理办法》第三条、财政部《企业国有产权转让管理暂行办法》和《湖北省企业国有产权交易操作规则》的相关规定，转让作为国有资产的土地使用权时没有报上级主管部门批准，没有进行评估，也没有在规定场所交易，所以应当适用《中华人民共和国合同法》第五十二条第（五）项的规定认定《协议书》无效。但按照《最高人民法院关于适用〈中华人民共和国合同法〉若干问题的解释（二）》第十四条规定：'合同法第五十二条第（五）项规定的"强制性规定"是指效力性强制性规定'，而上述行政和地方法规，均属管理性规定。原判决据此没有认定《协议书》无效，不存在适用法律错误的问题。"

宁波市某口腔医院、曾某房屋买卖合同纠纷再审审查与审判监督一案[①]中法院认为："第一，关于案涉房屋买卖合同效力问题。再审申请人主张，案涉合同违反《中华人民共和国城市房地产管理法》（2019年修正）第四十条、《最高人民法院关于审理涉及国有土地使用权合同纠纷案件适用法律问题的解释》第十一条、《国有资产评估管理办法》（2020年修订）第三条之规定，应认定无效。根据《最高人民法院关于适用〈中华人民共和国合同法〉若干问题的解释（二）》第十四条之规定，《中华人民共和国合同法》第五十二条第（五）项规定的因违反法律、行政法规的'强制性规定'而致合同无效的，是指效力性强制性规定。案涉合同为国有划拨用地上的房屋买卖合同，应当适用《中华人民共和国城市房地产管理法》（2019年修正）之规定。该法第四十条明确，以划拨方式取得土地使用权的房地产，可以缴纳土地使用权出让金办理土地使用权出让手续，或者转让后缴纳转让房地产所获收益中的土地收益，故该法未否定以划拨方式取得土地使用权的房地产买卖合同在民法上的效力。同理，《国有资产评估管理办法》（2020年修订）系对国有资产占有单位和评估机构的管理规范，某某医院违反该《办法》的规定，应承担相关法律责任，但据此不足以否定其对外签订的房屋买卖合同在民法上的效力。故，原审认定案涉房屋买卖合同未违反法律、行政法规的效力性强制性规定，属有效合同，适用法律正确。"

中国某集团财务有限公司与天津某铁路控股股份有限公司股权转让纠纷申请再审一案[②]法院认为："关于二审判决适用法律是否错误问题，某财务公司主张2006年10月8日，某财务公司向某公司转让股权时，其股东包括中国某集团公司等11家公司。根据出资来源，某财务公司属二级国有控股企业。本院认为，首先，案涉《股权转让及保证协议》第四条声明与保证4.1（2）载明，甲方（某财务公司）已经获得签署本协议以及履行本协议项下责任所

---

① 浙江省高级人民法院（2017）浙民申628号案件。
② 最高人民法院（2015）民申字第715号案件。

必需的授权和批准；其次，某财务公司即使作为国有控股企业，向某基金公司投资3400万元，取得某基金公司34%的股权涉及国有资产，但《企业国有产权转让管理暂行办法》、《国有资产评估管理办法》（2020年修订）等法律、法规并未作出企业国有资产转让未经评估则行为无效的强制性规定。《国有资产评估管理办法实施细则》第十条规定：'对于应当进行资产评估的情形没有进行评估，或者没有按照《办法》及本细则的规定立项、确认，该经济行为无效。'但该细则系部门规章。依照《中华人民共和国民法典》第一百五十三条第一款：'违反法律、行政法规的强制性规定的民事法律行为无效。但是，该强制性规定不导致该民事法律行为无效的除外。'案涉股权转让未经评估并未违反法律、行政法规的强制性规定。某财务公司主张其向某公司转让某基金公司34%股权的行为违反行政法规及部门规章，双方签订的《股权转让与保证协议》无效的再审申请理由不能成立。"

广西某集团有限公司诉徐某良股权转让纠纷二审一案[①]中法院也认为："《中华人民共和国企业国有资产法》规定国有独资公司'以非货币财产对外投资'或者'法律、行政法规以及企业章程规定应当进行评估'的应当按照规定对有关资产进行评估，但并未对国有独资企业收购非国有企业资产未经评估行为的效力进行明确规定。且本案某集团收购股权并非属于'以非货币财产对外投资'和'法律、行政法规以及企业章程规定应当进行评估'的情况。除了法律和行政法规层面，《企业国有资产评估管理暂行办法》规定国有企业收购非国有单位的资产应当对相关资产进行评估，但《企业国有资产评估管理暂行办法》系部门规章，部门规章的强制性规定不能作为效力性强制性规定。故即便本案中徐某良、某集团双方未对A公司股权价格进行评估，也不应认定股权转让行为无效。"

因此，由于法院普遍认为《国有资产评估管理办法》（2020年修订）、《企业国有资产评估管理暂行办法》关于国有资产评估的规定属于部门规章

---

① 上海市第一中级人民法院（2017）沪01民终14282号案件。

和管理性强制性规定，不属于效力性强制性规定，股权转让和资产转让合同不会仅仅因为未进行资产评估而无效。当然，如果在未进行资产评估的同时，并购双方又未按照法律规定报批或者未"进场交易"，那么就要按照未报批和未"进场交易"的法律后果判断并购协议的效力，从而可能被认定为有效但未生效，也可能被认定为无效。

4）未遵守国资交易监管规定的行政责任和纪律处分。

《中华人民共和国企业国有资产法》第七十一条："国家出资企业的董事、监事、高级管理人员有下列行为之一，造成国有资产损失的，依法承担赔偿责任；属于国家工作人员的，并依法给予处分：……（三）在企业改制、财产转让等过程中，违反法律、行政法规和公平交易规则，将企业财产低价转让、低价折股的……（六）违反法律、行政法规和企业章程规定的决策程序，决定企业重大事项的……"《企业国有资产监督管理暂行条例》（2019年修正）第三十八条："国有及国有控股企业的企业负责人滥用职权、玩忽职守，造成企业国有资产损失的，应负赔偿责任，并对其依法给予纪律处分；构成犯罪的，依法追究刑事责任。"32号文第五十九条："企业国有资产交易应当严格执行'三重一大'决策机制。国资监管机构、国有及国有控股企业、国有实际控制企业的有关人员违反规定越权决策、批准相关交易事项，或者玩忽职守、以权谋私致使国有权益受到侵害的，由有关单位按照人事和干部管理权限给予相关责任人员相应处分；造成国有资产损失的，相关责任人员应当承担赔偿责任；构成犯罪的，依法追究其刑事责任。"《企业国有资产评估管理暂行办法》第二十八条："企业在国有资产评估中发生违法违规行为或者不正当使用评估报告的，对负有直接责任的主管人员和其他直接责任人员，依法给予处分；涉嫌犯罪的，依法移送司法机关处理。"

因此，如果目标公司及相关负责人员未按照国资交易相关监管规定履行相应的内部决策、报批、审计评估、"进场交易"等程序，无论并购协议是否会生效、是否会被法院认定为无效，目标公司及相关负责人员都可能会被追究行政责任、给予纪律处分，情节严重的还会被追究刑事责任。

第三章

房地产并购协议的起草和履行

第一节　房地产并购协议起草的方法和注意事项

一、房地产并购协议与收购意向书概述

（一）房地产并购协议概述

本书所称的房地产并购协议，是指并购方为获得目标公司、目标房地产开发项目的所有权、经营控制权而与交易对手达成的约定由并购方收购交易对手持有的目标公司股权（股权并购模式）或直接收购目标公司的土地、在建工程、房屋及其他资产（资产并购模式）的交易合同及相关文件。如果并购模式为股权并购，即收购的标的是目标公司股权，那么交易对手、签订并购协议的对方就是目标公司的股东（为获得大部分股权和控制权，通常是大股东或全体股东），如果并购模式是资产并购，那么交易对手就是目标公司。

房地产并购协议属于合同的一种，为保证并购协议的效力和内容的完整性、可执行性，需要按照法律规定具备合同必备条款和通常应具备的条款[1]，例如并购交易双方主体即转让方和受让方基本情况、交易标的情况、登记过户日期、价款及支付方式、陈述与保证条款、保密义务、违约责任、争议解决方式、协议生效条款等。根据协议内容、并购模式、交易类型以及具体项目情况，房地产并购协议在实践中通常被命名为收购协议、框架协议、合作协议、增资协议、房地产项目转让协议、股权收购协议、股权转让协议、国

---

[1] 参见《中华人民共和国民法典》第四百七十条："合同的内容由当事人约定，一般包括下列条款：（一）当事人的姓名或者名称和住所；（二）标的；（三）数量；（四）质量；（五）价款或者报酬；（六）履行期限、地点和方式；（七）违约责任；（八）解决争议的方法。当事人可以参照各类合同的示范文本订立合同。"

有建设用地使用权转让协议、在建工程资产转让协议等。

并购协议往往是在并购方完成尽职调查以后，双方确认不存在或者未发现阻碍并购交易达成的事项，或者已解决、承诺将解决对双方来说可能存在的风险。双方通过进一步的了解之后，仍有继续进行交易的意愿。此时，双方就开始着手准备起草并购协议，将双方洽谈好的事项以及需要进一步敲定的事情以书面形式固定下来，并进行签署、赋予法律效力，最后再按照协议约定的内容执行。

（二）收购意向书概述

在并购协议签订之前，甚至在尽职调查之前，双方为了确保后续交易的正常进行，可能还会先签订一份框架协议、备忘录或者收购意向书（letter of intent），先将初步达成的事项固定下来。收购意向书通常包括以下条款：

第一，本次并购交易的基本信息、未来并购协议应当具备的基本条款。例如并购标的、并购方式及并购协议主体（并购方式是资产并购、股权并购还是其他方式；并购方式不同，收购意向书签订主体也会不同，如资产并购的转让方为目标公司、股权并购的转让方为目标公司的股东）、并购价款及确定价格的方式（初步定价）、并购价款的支付方式和期限、并购项目是否需要政府相关主管部门的批准、双方约定进行并购所需满足的条件等。该条款的好处就在于表明双方就此次并购交易的标的和其他基本信息已经有了一定的共识，无须在未来签订并购协议时再进行谈判，可以提高交易效率。但是，除非双方已经确定在并购协议中对上述条款不再更改，否则应当约定清楚上述条款所涉及的内容应以并购协议中最终约定的为准，也即双方具有在并购协议中更改上述条款的权利。

第二，排他协商条款[①]。即在收购意向书中约定，未经并购方同意，在并

[①] 参见《中华全国律师协会律师办理有限责任公司收购业务操作指引》第五章收购意向达成第十七条保障条款17.1排他协商条款。

购方还未确定是否进行交易前的一定期限内，被并购方不得与第三方以任何方式再行协商转让目标公司股权或资产，否则视为违约并应承担违约责任。该条款是为了防止被并购方在双方已经达成收购意向的情况下"一物二卖"，可以有效保障并购方的交易选择权。因此，在并购方的交易意愿较强时，并购方律师可以设置该条款以保障并购方的权利，警惕交易对手先行与第三方交易从而毁约。

第三，定金或保证金条款以及未来转化为首期款、交易对价的约定。实践中，并购方为了表明合作意向，可能需要向被并购方支付一定比例或一定金额的诚意金。诚意金的表现形式多样，可能被称作定金、订金、保证金、首期款、预付款等，作为并购方的律师，尽可能避免设计这样的条款，如果双方已经协商确定并购方必须支付一定的诚意金，那么并购方的律师应当明确诚意金的法律性质，例如约定是否适用定金罚则[1]，并对后续诚意金的退还和转化作出约定，应明确约定后续交易未达成时被并购方的诚意金返还义务和期限、后续交易达成时诚意金转化为交易对价或者作其他处理。

第四，尽职调查配合义务条款。该条款要求目标公司、被并购方向并购方提供其所需的信息和资料，尤其是目标公司尚未向社会公众公开的相关信息和资料，以利于并购方更全面地了解目标公司及拟并购的房地产项目。被并购方和目标公司按照该条款的要求，应当对并购方以及并购方聘请的专业机构开展的尽职调查给予配合，例如尽可能提供专业机构要求提供的资料、接受专业机构的访谈、配合专业机构向公共机构调取档案、全面准确地描述公司和房地产项目的情况等。

---

[1]《中华人民共和国民法典》第五百八十六条："当事人可以约定一方向对方给付定金作为债权的担保。定金合同自实际交付定金时成立。定金的数额由当事人约定；但是，不得超过主合同标的额的百分之二十，超过部分不产生定金的效力。实际交付的定金数额多于或者少于约定数额的，视为变更约定的定金数额。"第五百八十七条："债务人履行债务的，定金应当抵作价款或者收回。给付定金的一方不履行债务或者履行债务不符合约定，致使不能实现合同目的的，无权请求返还定金；收受定金的一方不履行债务或者履行债务不符合约定，致使不能实现合同目的的，应当双倍返还定金。"

第五，保密义务条款。该条款要求参与并购项目的任何一方（包括并购方、被并购方、第三方专业机构等）在共同公开宣告收购事项前，未经对方同意不得向任何特定或不特定的第三人披露有关收购事项的信息或资料，但有权机关根据法律强制要求公开的除外。[1]除了暂时不公开宣告收购事项外，各方还应当保守对方的商业秘密，不向任何人透露因本次并购交易获得的信息并且保管好因本次并购交易获得的资料，在交易完成时，应返还资料或者销毁资料。除了在收购意向书中约定保密义务条款，各方也可以单独签订保密协议，并同时约定违反保密义务给对方造成损失时的赔偿责任。

第六，价格锁定条款。该条款要求，在意向书有效期内，并购方可依约定价格购买目标公司的部分或全部资产或股权，进而排除目标公司拒绝收购的可能。[2]设置该条款的好处就在于并购方可以将其与目标公司、被并购方事先谈好的价格固定下来，避免后续目标公司、被并购方反悔加价。但是为了避免并购方被该价格完全套牢，应当明确约定并购方有权不按照该价格进行交易，或者约定在后续签订并购协议时并购方可以根据尽职调查的结果和风险增加的情况或其他情况调整价格。

第七，前期谈判费用和尽职调查费用负担规则。该条款约定无论并购是否成功，因并购事项发生的费用应明确由哪一方负担或者双方分摊[3]。在双方开始洽谈后、最终签署并购协议之前，双方会在整个交易过程中产生一定的成本和费用，例如工作人员的差旅费、接待费，项目资料提供、复印成本等，特别是聘请专业机构进行尽职调查的费用以及聘请律师出具相关法律文件、协议的费用，该笔费用是并购方前期主要的成本之一，需要双方约定好在并购交易达成时以及未达成时具体由哪一方来负担。

---

[1] 参见《中华全国律师协会律师办理有限责任公司收购业务操作指引》第五章收购意向达成第十七条保障条款17.3不公开条款。

[2] 参见《中华全国律师协会律师办理有限责任公司收购业务操作指引》第五章收购意向达成第十七条保障条款17.4锁定条款。

[3] 参见《中华全国律师协会律师办理有限责任公司收购业务操作指引》第五章收购意向达成第十七条保障条款17.5费用分摊条款。

第八，收购意向书终止条款。该条款明确如并购双方在某一规定期限内无法签订并购协议，或出现某种情况，或出于各方意愿，或出于不可抗力等因素，并购交易不再进行的，则意向书效力终止，不再对各方有拘束力。为了最大限度保障并购方的交易选择权和自由，并购方律师可以将该条款设置为并购方可基于商业计划、尽职调查的结果或基于对风险因素的考量终止此次并购计划，单方面宣布收购意向书失效。但是，也应当明确的是，不论收购意向书因何种原因失效，违约责任和争议解决条款仍然有效，即各方就已经存在的违约行为或已经给对方造成的损失，仍应承担违约责任。

第九，收购意向书效力区分条款。即要明确约定该意向书是具有合同约束力还是仅作为双方初步意向的备忘录或仅用于对方了解、参考相关事项[①]，从而区分相应条款的效力。如果并购方还只是在对目标公司和房地产项目持观望态度，需要通过尽职调查和双方进一步的谈判确定是否投资、并购目标公司和房地产项目，不想被收购意向书相关条款约束，那么并购方律师就可以设置该条款，以明确收购意向书只是用于对方参考，除尽职调查费用负担条款、保密义务条款、违反保密义务时的违约责任以及争议解决条款以外，其余条款均不具有约束力，并强调并购双方所有的权利义务内容以后续签订的并购协议约定的为准。

第十，违约责任条款及争议解决条款。并购可以通过违约责任条款明确：如果意向书约定了被并购方的排他协商条款以及价格锁定条款，那么在被并购方违反该条款约定的义务时，并购方就有权要求被并购方承担违约责任，包括但不限于要求被并购方继续履行、赔偿损失。无法继续履行的，可要求被并购方支付违约金，约定定金罚则的，可主张适用定金罚则要求双倍返还定金。争议解决条款可明确约定双方如就该意向书的成立、生效、效力、解释以及履行而发生任何争议的，可提交仲裁或是管辖法院解决，并明确约定

[①] 参见浙江省律师协会《律师提供并购法律服务操作指引》第六章收购兼并的法律文件第十九条并购意向书（Letter of Intent）（8）意向书效力条款。

管辖仲裁机构或是管辖法院。[1]

最后要注意的是，律师需要考虑收购意向书有可能被认定为预约合同[2]，这将对双方的权利义务造成影响。为保障并购方后续是否订立合同的决定权和选择权，并购方可以在协议中明确双方即使签订了收购意向书，也不代表双方后续有义务签订并购协议，避免收购意向书被认定为预约合同，或者像上文第九点说明的那样，设置效力区分条款以否定大部分条款的约束力。如果并购方达成并购的意愿较强而且目标公司和房地产项目目前又处于卖方市场，那么并购方就可以通过约定定金罚则、将收购意向书设计为预约合同即明确双方均有签署并购协议的义务来保证后续交易的达成。

二、房地产并购协议起草的方法和注意事项

（一）房地产并购协议起草的方法

在尽职调查完成后，如不存在重大风险或阻碍并购交易完成的事项并且双方仍有继续完成并购交易的意向，并购双方及律师就需要开始着手起草并购协议。

一般来说，不论是股权并购模式还是资产并购模式，较为完整的并购协议包括主合同和附件两部分。

并购协议的主合同，除标的、价款、支付、合同生效及修改等主要条款外，一般还应具备如下内容[3]：

第一，说明并购项目合法性的法律依据。

第二，并购的先决条件条款，一般是指：（1）并购行为已取得或者能够

---

[1] 参见浙江省律师协会《律师提供并购法律服务操作指引》第六章收购兼并的法律文件第十九条并购意向书（Letter of Intent）（9）争议解决条款。

[2] 《中华人民共和国民法典》第四百九十五条："当事人约定在将来一定期限内订立合同的认购书、订购书、预订书等，构成预约合同。当事人一方不履行预约合同约定的订立合同义务的，对方可以请求其承担预约合同的违约责任。"

[3] 以下内容参见《中华全国律师协会律师办理有限责任公司收购业务操作指引》第六章收购执行第十九条收购合同的起草相关部分。

取得相关政府部门的审批手续,如规划部门和住建部门同意变更建设单位,核发新的《建设用地规划许可证》《建设工程规划许可证》《建设工程施工许可证》《商品房预售许可证》等;再如涉及重大国有资产转让的,取得国资监管机构或国家出资企业的批准。(2)并购各方当事人已取得并购项目所需的第三方必要的同意,例如转让已出售给购房人的预购商品房的,需要取得购房人的同意并办理网签更名手续。(3)至并购标的交接日,并购各方因并购项目所作的声明及保证均应实际履行。(4)在所有先决条件具备后,才进而履行股权、资产转让和付款义务。

第三,并购各方的声明、保证与承诺条款。包括:(1)目标公司或交易对手向并购方保证没有隐瞒影响并购事项的重大问题;(2)并购方向目标公司或交易对手保证具有实施并购行为的资格和财务能力;(3)目标公司或交易对手履行并购义务的承诺以及其董事责任函。该条款是约束目标公司或交易对手,也是保障并购方权利的主要条款之一。其核心内容是卖方对于其提供的有关的财务会计报表与资料、公司债权债务、诉讼、行政处罚等信息,承诺和保证其完整真实性。由于陈述与保证内容对于交易双方均很重要,尤其对于并购方评估和决策交易项目具有决定性意义,一般在约定该条款之后,双方需要同时在违约责任条款之中约定任何一方如果违反陈述保证的内容,则应当承担相应的违约责任。[①]

第四,并购标的资产评估[②]。

第五,确定股权或标的资产转让总价款。

第六,确定转让条件。

第七,确定股权转让的数量(股比)或标的资产范围及交割日(包括交付占有以及不动产权变更登记日)。

[①] 参见浙江省律师协会《律师提供并购法律服务操作指引》第六章收购兼并的法律文件第二十条并购协议书(1)陈述与保证条款。

[②] 标的资产涉及国有资产时评估程序尤为重要,具体请参见本书第二章第二节二、应重点关注的法律问题的梳理和分析(十)国有企业股权、企业国有资产转让涉及的特别程序。

第八，确定拟转让股权、标的资产的当前价值。

第九，设定付款方式与时间，必要时可以考虑在金融机构设立双方共管或第三方监管账户，并设定共管或监管程序和条件，尽可能地降低信用风险，以保障并购协议的顺利履行。在各方签署并购协议之后，直至最终完成并购标的交割和所有交易程序，这一期间可能由于政府部门审批障碍或是目标公司原有契约义务等限制抑或是目标公司、交易对手拒绝履行义务而导致并购过渡协议无法正常或完全履行，从而导致并购协议解除、不生效，交易不再进行。因此，双方需要设置共管账户等过渡期安排以解决交易风险。

第十，确定股权、资产转让过程中产生的税费及其他费用的承担。

第十一，限制竞争条款。

第十二，确定违约责任和损害赔偿条款。

第十三，设定或有损害赔偿条款。即并购方如因目标公司在并购完成之前的经营行为导致税务、环保等纠纷，受到损害，由交易对手承担相应的赔偿责任。

第十四，设定不可抗力条款。

第十五，设定有关合同终止、并购标的交付、并购行为完成条件、保密、法律适用、争议解决等其他条款。

并购协议的附件。一般包括：

第一，目标公司的财务审计报告；

第二，目标公司、标的资产的资产评估报告；

第三，目标公司土地使用权转让协议（国有建设用地使用权出让合同等）；

第四，政府批准转让的文件；

第五，其他有关权利转让协议；

第六，目标公司的固定资产与机器设备清单；

第七，目标公司的流动资产清单；

第八，目标公司的债权债务清单；

第九，目标公司对外提供担保的清单；

第十，联合会议纪要；

第十一，谈判记录。

上述附件的内容，律师可以根据实际情况在符合法律、法规的情况下，选择增减。律师应当特别注意并购协议何时生效的问题，如并购项目涉及必须由国家有关部门批准的（例如目标公司为国有控股企业的，其股权或重大资产转让须经国资委或国家出资企业批准），并购协议需要等到相关部门批准时才能够生效[1]，此时律师应当提请委托人注意，并购协议签署之后不会立即生效，并且如果后续未获得批准，并购协议将确定不具有法律效力。但是，并购协议中相关方的报批义务条款仍然有效，相关方如果未按照法律规定和合同约定履行报批义务的，应当承担违约责任。对于不需要报批的合同，一般情况下各方当事人签订即生效，当然律师也可根据并购项目和委托人的实际情况约定合同生效条件和时间。

（二）房地产并购协议起草的注意事项

（1）资产并购模式下的并购协议起草注意事项

如果并购模式为资产并购，那么并购协议通常表现为资产收购协议。资产收购协议须重点注意的事项有[2]：

1）资产收购协议侧重于目标公司资产的转移，应当特别注意有关资产的盘点交割，避免拟收购的资产存在缺漏或者拟收购的资产与协议载明的资产不符，例如地块编号、面积不符，最终导致争议发生，并要求卖方将作为

---

[1] 《中华人民共和国民法典》第五百零二条："依法成立的合同，自成立时生效，但是法律另有规定或者当事人另有约定的除外。依照法律、行政法规的规定，合同应当办理批准等手续的，依照其规定。未办理批准等手续影响合同生效的，不影响合同中履行报批等义务条款以及相关条款的效力。应当办理申请批准等手续的当事人未履行义务的，对方可以请求其承担违反该义务的责任。依照法律、行政法规的规定，合同的变更、转让、解除等情形应当办理批准等手续的，适用前款规定。"

[2] 以下内容参见浙江省律师协会《律师提供并购法律服务操作指引》第六章收购兼并的法律文件第二十条并购协议书相关部分以及山东省律师协会《律师办理房地产项目转让业务操作指引》（2013年版）第四章资产转让模式的操作指引相关部分。

收购标的的目标公司一切有形资产、无形资产的种类、数量、状态等情况列出清单，作为收购协议附件，并在"陈述与保证"条款中对资产的现状、价值、权利限制等情况作出完整披露。

2）注意标的资产所负债务分担的约定。并购收购的是目标公司的资产，买方不承担目标公司原有债务，但须对卖方欠税情况，同一资产继续使用的环境污染情况，以及资产存在的其他债务风险例如工程款未足额支付情况下施工人对标的资产可能主张的建设工程价款优先受偿权[1]等风险作出特别约定。

3）对于资产收购协议履行过程中的交接，可约定一定期限内的项目开发和建设工程管理和技术支持，对于资产交接过后还需要卖方支持和协助的事项，卖方须予以配合。

4）根据不同形式资产的性质，约定转移（交割）的方式以及转移的时间。例如，对于不动产，必须办理不动产转移登记才会发生所有权的变动，因此应当设置登记过户条款，而动产则以交付作为所有权转移的方式，须设置转移占有和资产交接手续条款。交割还牵涉到标的资产毁损灭失的风险的转移，由于标的资产存在毁损灭失的风险，为了防止发生争议，双方需要约定风险何时转移。根据法律规定，风险转移的规则原则上以交付为标准[2]，因此无论土地使用权登记过户办理情况如何，转让方只要按照约定时间交付、

---

[1] 《中华人民共和国民法典》第八百零七条："发包人未按照约定支付价款的，承包人可以催告发包人在合理期限内支付价款。发包人逾期不支付的，除根据建设工程的性质不宜折价、拍卖外，承包人可以与发包人协议将该工程折价，也可以请求人民法院将该工程依法拍卖。建设工程的价款就该工程折价或者拍卖的价款优先受偿。"《最高人民法院关于审理建设工程施工合同纠纷案件适用法律问题的解释（一）》第三十六条："承包人根据民法典第八百零七条规定享有的建设工程价款优先受偿权优于抵押权和其他债权。"

[2] 《中华人民共和国民法典》第六百零四条："标的物毁损、灭失的风险，在标的物交付之前由出卖人承担，交付之后由买受人承担，但是法律另有规定或者当事人另有约定的除外。"《最高人民法院关于审理商品房买卖合同纠纷案件适用法律若干问题的解释》（2020年修正）第八条："对房屋的转移占有，视为房屋的交付使用，但当事人另有约定的除外。房屋毁损、灭失的风险，在交付使用前由出卖人承担，交付使用后由买受人承担；买受人接到出卖人的书面交房通知，无正当理由拒绝接收的，房屋毁损、灭失的风险自书面交房通知确定的交付使用之日起由买受人承担，但法律另有规定或者当事人另有约定的除外。"

并购方只要如约接收并占有了标的资产，风险就转移至并购方，但是双方当事人可另作约定。因此为了最大限度地减小并购方的风险，并购方律师可以将风险转移的时间点后移，如果交付、移转占有在先，登记过户在后，可以约定办理完毕所有权转移登记后标的资产毁损灭失的风险才转移至并购方，如果登记过户在先，交付、移转占有在后，可约定交付过后风险才转移，在此之前标的资产毁损灭失的，风险都由转让方承担。

如果项目土地还未进行开发或者虽然已进行开发但还未形成在建工程的，资产收购协议主要表现为国有建设用地使用权转让合同。草拟或审查建设用地使用权转让合同应注意以下事项：

1）建设用地使用权转让时，建设用地使用权出让合同和不动产登记资料中所载明的权利、义务随之转移。转让方与出让合同、登记资料中的主体应当一致。

2）建设用地使用权转让后，应及时办理与该建设用地使用权有关的立项、规划等批准文件的变更手续。

3）关注拟转让的建设用地使用权出让合同规定的土地用途、规划条件。建设用地使用权转让后，若并购方想要改变土地用途，需要按照法律规定报批。[1]土地用途和规划条件条款须在合同中约定明确，防止发生争议。

4）作为并购方的律师，应尽量设置有利于并购方的价款支付条款，例如分期付款或者先完成资产交接、交付和转让在建工程转让登记手续等再付款，并尽可能争取留存一部分价款作为押金或者在建工程质量、履约保证金等，以方便在对方违约时能作为违约金直接抵扣。双方律师结合目标项目存在的风险、转让完成的周期、当事人利益最大化等因素，商定适当的支付方式。

5）作为并购方的律师，应提示当事人，在转让款的支付方式上可以与

---

[1] 《中华人民共和国城市房地产管理法》（2019年修正）第十八条："土地使用者需要改变土地使用权出让合同约定的土地用途的，必须取得出让方和市、县人民政府城市规划行政主管部门的同意，签订土地使用权出让合同变更协议或者重新签订土地使用权出让合同，相应调整土地使用权出让金。"

转让方共同与第三方（银行、公证机构）签订资金监管协议，对转让款进行监管，待转让方按约定全部履行合同义务后，由资金监管方按照监管协议的约定向转让方付款，以确保资金的安全、减少因对方违约而导致的风险。

6）在草拟或审查土地转让合同时应注意对合同签订人主体资格、代理人代理权限的审查，最大限度保证签订后合同的有效性。

7）建设用地使用权转让未经不动产登记中心办理转移登记，不得对抗第三人。为防止出现转让方"一地多卖"损害受让方利益的行为，在合同中应将办理转移登记的时间尽量缩短。

如果项目土地上已经形成在建工程，资产收购协议主要表现为在建工程转让合同（在建工程转让的，在建工程所占用的土地随之一同转让[①]，因此合同虽然名为在建工程转让，但实际上是一份项目土地及地上在建工程一并转让协议）。草拟或审核在建工程转让合同应注意以下事项：

1）转让方应当是项目的所有人，其名称应当与行政机关登记文件（例如建设工程规划许可证和施工许可证）上所载明的权利人、建设单位一致。

2）并购方应为取得房地产开发经营资质、具有相应支付能力的企业（目标项目非用于开发经营的除外），并且为避免被土地出让部门收回土地，并购方须按照土地出让合同约定的土地用途和规划条件开发经营。

3）核实并列明转让项目的详细状况，包括：建设用地使用权的坐落地点、面积、四至范围、产权证号、项目的批复文号、土地取得方式、规划用途和条件、开发期限、地上建筑物的情况等。

4）转让项目的土地使用权及地上建筑物是否存在抵押、查封、租赁等限制项目权利的事项。作为并购方的律师应当提示当事人，让转让方在并购协议签订之前消除上述权利限制或者与转让方在并购协议中约定消除上述权利限制的方式及期限。

[①]《中华人民共和国民法典》第三百五十七条："建筑物、构筑物及其附属设施转让、互换、出资或者赠与的，该建筑物、构筑物及其附属设施占用范围内的建设用地使用权一并处分。"

5）核实转让项目是否具备转让条件：第一，转让方是否缴清土地出让金及契税、耕地占用税、印花税、城镇土地使用税等税费，是否已经取得土地使用权证书，已建成的房屋是否已经取得房屋产权证。第二，属于房屋建设工程的项目，转让方对转让项目已投入资金是否达到投资总额的25%，属于成片开发的项目是否达到工业用地或建设用地条件[①]。第三，转让方（非国有企业）是否经过其公司章程规定的权力机关的决议通过；转让方（国有企业）是否经国有资产管理部门批准，是否须经产权交易机构进场交易，是否已进行评估。

6）作为并购方的律师应提示当事人，如并购项目存在逾期开发将有可能面临缴纳土地闲置费、土地使用权被土地出让部门收回的风险；建设工程规划许可证、建设工程施工许可证等行政许可文件如超过有效期限需要重新办理审批。针对上述情况应约定由转让方负责办理政府部门许可手续。

7）在转让款的支付节点上，双方可将合同的签订、工程现场的移交、工程资料的移交和变更登记、审批文件的移交等作为支付转让款的参照依据。

8）双方应对在建或已竣工的工程进度、工程质量、工程造价、需要的整改费用进行验收评估后再确定在建工程的转让价格。

9）作为并购方律师，应提示当事人，在合同中约定转让项目交割前转让方应对完工工程予以妥善保护，其施工资料作为本合同的交割资料。

10）作为受让方的律师应提示当事人，通常情况下转让方会将转让项目的土地使用权（含在建工程）作为抵押融资手段，如转让项目被抵押，不仅难以办理过户登记手续而且抵押权人对于抵押物可依法申请拍卖并享有优先受偿权。如转让项目被司法查封，未经作出查封的部门解除查封，转让项目

[①] 《中华人民共和国城市房地产管理法》（2019年修正）第三十九条："以出让方式取得土地使用权的，转让房地产时，应当符合下列条件：（一）按照出让合同约定已经支付全部土地使用权出让金，并取得土地使用权证书；（二）按照出让合同约定进行投资开发，属于房屋建设工程的，完成开发投资总额的百分之二十五以上，属于成片开发土地的，形成工业用地或者其他建设用地条件。转让房地产时房屋已经建成的，还应当持有房屋所有权证书。"

也不能办理转户登记手续。转让项目的土地使用权、建筑物如被转让方出租，则可能会遇到承租人的优先购买权、租赁期限未到期等问题，而影响项目转让的实施。对于上述情况应要求转让方在并购协议签订之前解决上述障碍或者在并购协议中约定转让方应负责在约定的期限内解除抵押、查封、租赁等事宜，如需受让方预付转让款解决上述事宜，受让方需对转让项目进行物权预告登记①，以确保预付款的安全并防止转让方出现"一地多卖"的情况。

11）关注拟转让的建设用地使用权出让合同规定的土地用途、规划条件。建设用地使用权转让后，若并购方想要改变土地用途，需要按照法律规定报批。②土地用途和规划条件条款须在合同中约定明确，防止发生争议。

12）作为并购方的律师，应提示当事人，转让双方如与原施工承包方就施工合同的处理协商未果，施工企业在房地产项目转让过户之前提起工程款诉讼并对所施工的项目申请诉讼保全的，由于施工方对所施工的建设工程享有优先受偿权，转让项目可能无法过户或无法及时过户③。

13）合同应约定项目转让后商品房预售合同的处理方式。一般情况下，在建工程确定转让之后，转让方应履行书面通知预购商品房买受人的义务，以确定原商品房预售合同是终止还是由受让方继续履行（终止转让方可能面

---

① 《广州市不动产登记办法》第十六条第二款："以出让等有偿方式取得的国有建设用地使用权首次转让，已完成的投资开发未达到投资总额百分之二十五的，当事人可以申请办理国有建设用地使用权转移预告登记，申请时应当提交国有建设用地使用权转让合同等材料；待已完成的投资开发达到投资总额百分之二十五以上时，再申请办理国有建设用地使用权转移登记。"

② 《中华人民共和国城市房地产管理法》（2019年修正）第十八条："土地使用者需要改变土地使用权出让合同约定的土地用途的，必须取得出让方和市、县人民政府城市规划行政主管部门的同意，签订土地使用权出让合同变更协议或者重新签订土地使用权出让合同，相应调整土地使用权出让金。"

③ 《中华人民共和国民法典》第八百零七条："发包人未按照约定支付价款的，承包人可以催告发包人在合理期限内支付价款。发包人逾期不支付的，除根据建设工程的性质不宜折价、拍卖外，承包人可以与发包人协议将该工程折价，也可以请求人民法院将该工程依法拍卖。建设工程的价款就该工程折价或者拍卖的价款优先受偿。"《最高人民法院关于审理建设工程施工合同纠纷案件适用法律问题的解释（一）》第三十六条："承包人根据民法典第八百零七条规定享有的建设工程价款优先受偿权优于抵押权和其他债权。"

临承担违约责任，由受让方继续履行须取得购房人同意[①]）；对于继续履行的预售合同受让方需对原件进行审核，并由三方签订预售合同的承继协议。

14）作为并购方律师，应提示当事人，应将需要交接的文件包括但不限于项目开发经营所需的行政批文、技术资料、产权证照、施工档案等列入拟定交接清单，并确定进行交接的条件、期限等，交接过程要做好记录并由双方签字确认。

（2）股权并购模式下的并购协议起草注意事项

如果并购模式为股权并购，那么并购协议通常表现为股权收购协议或股权转让合同。股权收购协议须重点注意的事项有[②]：

1）签订股权收购协议的主体是并购方和目标公司的股东（为获得控股权，通常是大股东、实际控制人或全体股东）。股权收购协议除将受让方和转让方列为当事人外，还应将目标公司列为一方当事人。

2）股权收购后应就股权转让事宜作出股东会决议、变更股东名册、修改公司章程并相应办理工商变更登记。

3）并购方应当在收购协议中与目标公司、交易对手明确约定协议签订后目标公司的董监高及相关负责人的改组程序，并须相应修改公司章程等法律文件，并完成工商备案。

4）双方须对目标公司原有劳动合同的履行及福利待遇调整等事宜作出安排。

5）由于股权工商变更登记一般需要目标公司负责办理、转让方与受让方配合，当然也可约定由转让方负责办理，受让方予以配合。若按照转让安

[①] 《中华人民共和国民法典》第五百五十一条："债务人将债务的全部或者部分转移给第三人的，应当经债权人同意。债务人或者第三人可以催告债权人在合理期限内予以同意，债权人未作表示的，视为不同意。"第五百五十五条："当事人一方经对方同意，可以将自己在合同中的权利和义务一并转让给第三人。"

[②] 以下内容参见浙江省律师协会《律师提供并购法律服务操作指引》第六章收购兼并的法律文件第二十条并购协议书相关部分以及山东省律师协会《律师办理房地产项目转让业务操作指引》（2013年版）第三章股权转让模式的操作指引相关部分。

排股权工商变更登记的办理时间晚于受让方支付第一笔股权转让款的时间过长，则需要目标公司以目标项目为受让方提供履约担保。

6）须明确约定转让的股权比例。目标公司全部股权转让的，还须说明股权对应的公司资产、债务的范围。如有需要剥离的资产和/或债务，应明确约定剥离的时间和办法以及剥离前如何管理等事项。

7）股权转让的价款和支付方式均可由当事人在股权转让合同中约定（涉及国有股权转让的应当考虑评估价格）。注意受让方付款和转让方履行相关义务的对应关系，尽量采用分阶段支付的方式，以占据股权转让过程中的主动权。国有股权转让价格，需经有关部门认可的资产评估机构进行资产清查及现值估价，并且国有股权转让要委托产权交易机构进行公告，公告后产生两个及以上竞买者的，还需采取拍卖或招投标的形式进行产权交易。

8）办理工商变更登记手续一般需要受让方与转让方签订简单的、符合工商行政主管部门要求的股权转让协议。股权转让合同应当明确：用于办理工商变更登记备案的股权转让协议与股权转让合同不一致的，以股权转让合同为准。

9）合同中可约定：转让方和目标公司在办理股权工商变更登记手续的同时，办理如下事项：公司章程修改，董事会、监事会和董事长变更备案手续；向受让方移交公司印鉴、财务印鉴及法定代表人印鉴的时间、程序等；向受让方移交全部账务账册、档案的时间、程序等；对公司原有职工保留与否、由公司解除劳动合同时违约责任、补偿金的承担等作出约定。

10）受让方与转让方均需保证：我方已经按照公司章程及有关法律法规的规定就签订和履行股权转让合同获得合法授权。转让方应当就其披露信息的全面性、真实性做出承诺，并承诺对信息披露不实的情况承担违约责任。重点注意转让方对目标公司所负债务未如实披露的处理，一般有必要要求转让方就其对该情况提供担保（一定数额的保证金或银行保函）。

11）合同应当约定以股权转让方式转让房地产项目所产生的税、费双方如何承担，转让价格是否含税，包含哪些税费等，就转让方已缴纳的税费，受让方应要求转让方提供发票或相关完税凭证。

12）合同应就各方当事人违反合同约定的具体情形设定违约责任，为一方当事人按照合同约定或法律规定行使合同解除权的情况如何处理做出安排，就一方当事人根本违约情形下应承担的违约责任（包括守约方解除合同）以及非根本违约情形下应承担的违约责任（不包括解除合同的情形）作出区别约定。

13）涉及国有股权转让、上市公司股权转让的，建议在股权转让合同中附生效条件。如完成前期的审批、评估各项工作，待取得相关主管部门的批准后方能生效。如受让方为外资的，须注意外商投资负面清单的问题。如涉及外资股权转让的，办理工商变更登记、领取新的营业执照以后，只有依法办理税务备案、代扣代缴和外汇登记，受让方才能将资金汇给转让股权的外资股东。

14）合同还应包括股权转让合同适用的法律（合同主体、资产等涉外情形）和争议解决方式、管辖、不可抗力、通知等条款，该等条款属于合同通用条款，此处不再赘述。

第二节　房地产并购协议参考文本与示范条款

根据上述房地产并购协议起草的方法和注意事项，笔者结合自身的项目经验，为读者提供房地产并购协议范本（并购方、受让人角度）作为参考。读者需要注意的是，由于每个项目情况都会存在一些差别，并购方和被并购方的律师也会存在差异，个别条款和表述需要据实调整。

一、资产并购协议参考文本

××项目在建工程资产转让协议

本在建工程资产转让协议（以下简称"本协议"）由以下各方于××年

××月××日（以下简称"签署日"）在××签署：

甲方（转让人），××房地产开发有限公司，一家依照中国法律设立和存续的有限责任公司，住所地位于××。

法定代表人为××。

乙方（受让人），××有限公司，一家依照中国法律设立和存续的有限责任公司，住所地位于××。

法定代表人为××。

鉴于：

1. 甲方拥有位于××，面积××平方米地块（以下简称"项目地块"）的国有土地使用权及地上附着在建工程所有权（以下简称"标的物"），目前正在开发××项目（以下简称"目标项目"或"项目"）。

2. 甲方愿意转让、乙方愿意受让目标项目、标的物，双方拟通过本次交易将甲方对项目地块对应的国有土地使用权及地上附着在建工程的所有权转让给乙方。

现甲、乙双方经友好协商，根据我国现行法律法规，结合本协议所指标的物的实际情况，自愿达成如下协议条款，供双方共同遵照执行。

第一条　定义

第1.1款　定义词语

本协议中，除上下文另有定义外，下列词语具有以下含义：

"法律"，指中国的国家、省、地方、政府部门制定或颁发的法律、法规、规章、规则、准则、命令、指令或要求。

"负债"，指任何和/或所有债务、责任和义务，无论累积或固定、绝对或或有、已到期或未到期、已确定或可确定。

"管理权移交日"，指甲方按照本协议第8.3款第1项的约定将项目土地、公建配套、项目文件资料及项目管理权移交给乙方之日。

"项目文件资料"，指与目标项目开发建设有关的一切文件资料，包括但不限于涉及项目土地取得、项目立项开发建设的各项档案文件、项目设计、审批文件、项目工程施工、验收文件、商品房销售文件、各种证照文件、与项目开发建设有关的合同、合同履行文件及记录、函件等。

"土地使用权变更日",指甲方将其持有的项目地块国有土地使用权变更到乙方或乙方指定的项目公司名下之日,以政府部门完成变更登记手续并取得相应土地使用权证为准,暂定为××年××月××日。

"工程管理过渡期",指本协议签订至甲方按协议约定的交接界面完成并移交项目在建工程的期间。

"一期工程",指根据《建设工程规划许可证》(编号××)、《建筑工程施工许可证》(编号××)许可建设的××工程、根据《建设工程规划许可证》(编号××)、《建筑工程施工许可证》(编号××)许可建设的××工程。

"二期工程",指根据《建设工程规划许可证》(编号××)、《建筑工程施工许可证》(编号××)许可建设的××工程。

"三期工程",……

"人民币"或"RMB",指中国的法定货币。

"诉求",指由任何政府部门提起的或向任何政府部门提起的任何权利主张、诉讼、申诉、仲裁、和解、裁定、质询、调查或其他程序。

"项目相关合同",指以甲方或目标项目原开发主体名义签署的与目标项目开发建设有关的所有合同、协议及相关文件。

"工作日",指除星期六、星期日和法律规定或授权在中国的银行暂停营业的其他日期之外的任何一天。

"政府部门",指中国的任何国家级、省级、地方或其他政府、政府性、监管性或行政性的部门、机构或委员会或任何法院、法庭或司法或者仲裁机构。

"政府命令",指由任何政府部门或会同任何其他政府部门作出的任何命令、令状、判决、禁令、裁定、裁决、规定或决定。

"乙方指定的项目公司",指乙方为受让、承接、开发建设目标项目而设立的唯一符合法律规定的受让条件的子公司。

"日期",本协议的日期指公历年、月、日。本协议第8.1款、第8.2款、第8.7款第1项、第8.7款第3项交易步骤所涉及的日期，为假定××年××月××日签约而排定的日期；如实际签约日期顺延，上述日期节点亦相应顺延。本协议第8.3款、第8.4款、第8.5款、第8.6款、第8.7款第4项交易步骤所涉及的日期，为固定节点，不根据实际签约日期顺延。

第1.2款　其他解释性规定

"本协议的""本协议中的""本协议项下的"以及类似词语，均指本协议整体，而非本协议的任何特定条款；提及任何条款和子条款时均指本协议条款和子条款，除非另行指明。

除非本协议另有规定，凡在本协议中使用"包括"一词不具有限制性，并系指"包括但不限于"。

本协议题目及标题仅为方便援引而设，不影响本协议的释义。

除非本协议另有规定，本协议中提及的任何协议、文书或其他文件包括其不定时的修订、补充或修改。

除本条第1.1款约定的定义词语外，本协议之其他条款亦将存在其他定义词语。

本协议应被理解为由各方共同起草，不得以本协议任何条款系由某一方起草为由而引起有利于或不利于任何一方的假定或举证责任。

第二条　标的物的基本情况

第2.1款　项目地块的基本情况

1. 宗地号：××（引用自目标项目××年××月××日签订的《国有建设用地使用权出让合同》）。

2. 坐落：××。

3. 权属人：××房地产开发有限公司。

4. 产权证号：××号。

5. 使用权面积：××平方米。

6. 土地用途：××。

7. 土地使用期限：××用地（土地利用分类代码××）使用年限：××年，

土地使用权终止日期：××年××月××日；××用地（土地利用分类代码××）使用年限：××年，土地使用权终止日期：××年××月××日；其他用地土地使用年限：××年，土地使用权终止日期：××年××月××日。土地使用期限起始日期从××年××月××日起计。

8.土地权属性质：国有建设用地使用权。

9.土地使用权类型：出让。

10.国有土地使用权出让合同书：《国有土地使用权出让合同》（签订日期：××年××月××日），《国有土地使用权出让补充合同/变更协议》（如有）。

11.《建设用地规划许可证》（编号××）。

12.用地规划：用地项目名称为"××"，总用地面积××平方米，其中净用地面积××平方米。项目经济技术指标：容积率：××（以××平方米用地面积计算），建筑密度：××（以××平方米用地面积计算），总建筑面积为××平方米，其中计算容积率建筑面积××平方米。

第2.2款　地上附着在建工程基本情况

1.《建设用地批准书》（编号××）。

2.目标项目一期××工程，建设规模：共××幢，地上××层，建筑面积××平方米；地下××层，建筑面积××平方米。已取得《建设工程规划许可证》《建筑工程施工许可证》。截至××年××月××日，工程进度为××楼主体结构施工已完成，已取得商品房预售许可证，预售房屋建筑面积为××平方米（××套），现正进行预售。

（1）《建设工程规划许可证》（编号××）。

（2）《建筑工程施工许可证》（编号××）。

（3）《商品房预售许可证》（编号××）。

3.项目一期××工程，建设规模：××幢，地上××层，建筑面积××平方米。已取得《建设工程规划许可证》《建筑工程施工许可证》。截至××年××月××日，该工程已完工并经验收合格。

（1）《建设工程规划许可证》（编号××）。

（2）《建筑工程施工许可证》（编号××）。

（3）《竣工验收备案证》（编号××）。

4. 项目二期××工程，建设规模：××楼：1幢，地上××层，建筑面积为××平方米；地下××层，建筑面积为××平方米。

已取得《建设工程规划许可证》、《建筑工程施工许可证》。工程进度为××。

（1）《建设工程规划许可证》（编号××）。

（2）《建筑工程施工许可证》（编号××）。

5. 甲方作为借款人，于××年与××银行股份有限公司××支行签订了《贷款合同》××份，贷款总金额为人民币××元。与此同时，××银行股份有限公司××支行作为抵押权人，与作为抵押人的甲方签订《抵押合同》，甲方将其在建工程（××期××幢××套房屋）设定为上述贷款的抵押物。该在建工程抵押已办理抵押登记手续。

目前，甲方仍欠上述合同项下借款本金人民币××元。

6. 项目在建工程截至××年××月××日的工程施工建设进度情况及甲方将工程移交乙方的工程交接界面，详见本协议附件《项目建设进度及交接界面》。

第三条 本次交易

第3.1款 交易模式

本次交易系以在建工程资产转让方式，通过收购目标项目土地使用权及地上附着在建工程，最终获得项目地块国有土地使用权、项目建设开发权益及项目在建工程所有权。

第3.2款 本次交易主要内容

1. 甲方应将项目地块的土地使用权证变更至乙方名下并向乙方交付项目地块。

2. 甲方应在项目地块的土地使用权证变更至乙方名下后，协助乙方将目标项目相关的证件、批文、许可等文件（以下简称"项目证照"）变更至乙方名下。

3.甲方应按本协议约定将目标项目文件资料及项目建设开发管理权（含公共配套设施）移交给乙方。

4.甲方应将项目在建工程按约定的交接界面及质量要求移交给乙方（项目交接界面详见本协议附件《项目建设进度及交接界面》；具体质量要求详见本协议附件《××项目转让工程质量定义与标准》）。

5.甲方应将在建工程资料按约定的时间节点移交给乙方，并满足××期工程竣工备案要求（具体工程资料移交清单及移交节点要求详见附件《交付的文件及物品清单》）。

6.乙方承接的与目标项目有关的合同权益，由各方办理合同承接手续。

第四条 本次交易的价款及相关约定

第4.1款 土地使用权转让对价款

以规划要点中规定的计容建筑面积（××平方米）为基数，按××元/平方米计算，土地使用权转让对价款为人民币××元。除下款约定外，该土地使用权转让对价为固定价，不再调整。

如政府部门最终批准的可建设用地面积（非计容建筑面积）低于控制性详细规划规定的净用地面积（××平方米），双方按政府部门实际批复的可建设用地面积占目标项目净用地面积的比例计算土地使用权转让对价款（实际结算的土地使用权转让对价款=××元×实际可建设用地面积/净用地面积××平方米）。

第4.2款 在建工程转让对价款

目标项目在建工程转让对价款为包干价，计人民币××元。该价款未包含与房地产开发相关的需乙方另行支付的费用。该价款已包含目标项目除前述费用外，实际投入的全部成本（包括公共配套设施建设成本）。该价款主要包括项目××期工程建设施工至按附件《项目建设进度及交接界面》甲方应承担的项目达到竣工验收标准已发生及将要发生的设计费、工程配套费、建筑工程费、景观设计费；××期已发生的设计费、建筑工程费、工程配套费、景观设计费等。

第4.3款　价款范围

甲方依据本协议约定履行相应义务所产生的全部成本及费用，已包含在本协议第4.1款、第4.2款转让对价款中。

第4.4款　项目转让税费承担

本协议转让价款为含增值税价。项目转让过程中所产生的税费，由甲、乙双方依据有关法律法规及政府部门的规定，各自承担。

第五条　项目工程交付（交接）界面

第5.1款　项目××期工程交付（交接）界面

项目××期工程的××工程由乙方完成外，其余全部由甲方负责完成，并达到申报竣工验收备案条件。甲方负责按附件完成目标项目××期工程施工（含××工程）。甲方负责目标项目××期工程各类合同的终止（如有）、索赔、结算、清算、支付及维保（项目交接界面详见本协议附件《项目建设进度及交接界面》）。

第5.2款　项目××期工程交付（交接）界面

甲方已完成目标项目××期××施工。甲方负责完成××期工程各类合同的解除及施工方退场工作，并负责完成××期工程各类合同的索赔、结算、清算、支付（项目交接界面详见本协议附件《项目建设进度及交接界面》）。

第5.3款　项目相关工程合同的承接

目标项目相关的已签订的工程合同，涉及办理竣工验收备案手续的合同由乙方进行承接。对于由乙方承接的合同，经甲、乙双方及工程合同承包方三方书面确认后，由乙方负责继续履行合同。乙方承接的合同按以下原则确定双方应承担的成本、费用：

1.乙方承接合同前甲方已履行的合同内容，以及为完成本协议约定的××期工程"具体交付界面"而发生的成本、费用（含索赔、质保金支付）及纠纷由甲方承担；

2.在甲方按本协议约定的"具体交付界面"完成工程并交付乙方后乙方

另行委托事项而产生的成本、费用由乙方承担。

第六条 交易价款支付

第6.1款 共管账户及定金、首期土地使用权转让对价款支付

1.在本协议签订之日起5个工作日内,甲方、乙方、贷款方以乙方名义在指定金融机构开设三方共管账户,共管期间的利息归乙方所有。在共管账户设立之日起5个工作日内,乙方转入××万元至该共管账户作为乙方履行本协议的定金。

2.在下述条件均满足后7个工作日内,乙方向该共管账户转入人民币××亿元:

(1)甲方完成××期已预售建筑总面积三分之二以上预购人且占预购人总数三分之二以上预购人签署商品房(预售)合同三方补充协议及协助签订其他乙方要求的协议(补充协议需包含以下内容:变更合同出卖人为乙方或乙方指定项目公司、同意对物业公司变更等)。

(2)甲方完成国土管理部门同意延长目标项目《建设用地批准书》有效期的手续。

(3)甲方取得会计师事务所出具的项目完成开发投资总额25%以上的专项审计报告。

(4)甲方完成土地转让过户递件准备工作并经乙方确认(除解除在建工程抵押手续和发票开具外)。

3.解除在建工程及项目土地抵押且土地过户至乙方或乙方指定项目公司名下后的第2个工作日,甲、乙双方支付上述××亿元款项至甲方在××银行股份有限公司××支行开设的指定账户,用于归还甲方本项目贷款,即视为乙方已向甲方支付××亿元的首期土地使用权转让对价款(其中××万元为定金)。

4.如目标项目土地使用权无法过户至乙方名下且乙方依据本协议的规定选择解除协议的,甲方同意解除上述账户资金共管,并协助乙方将乙方已经支付至上述三方共管账户中的全部款项转至乙方指定的账户(注:具体操作模式由甲方、乙方另行签署共管协议进行约定;如无法按此途径实现在建工

程解押涂销，由甲方负责另行筹集资金进行偿债解押）。

第6.2款　剩余土地使用权转让对价款支付

1.在项目土地过户至乙方名下且甲方按本协议约定将项目地块、公建配套及项目管理权移交给乙方后的7个工作日内，乙方向甲方支付至土地使用权转让对价款的××%，计××元，扣除本条第6.1款中乙方向共管账户转入的款项后，乙方本次实际应支付土地使用权转让对价为××元。

2.余下土地使用权转让对价款的××%，计××元，在甲方满足下列条件后，乙方分期按比例支付：

（1）……（根据项目实际情况设定支付条件）。

（2）……（根据项目实际情况设定支付条件）。

（3）甲方完成下列事宜后7个工作日内，乙方支付剩余土地使用权转让对价款：

①项目相关批准文件及证照变更乙方名下（需要变更的批准文件及证照详见本协议附件：交付的文件及物品清单）。

②……

③……

④……

第6.3款　在建工程转让对价款支付

1.甲方完成下列工作后7个工作日内，乙方向甲方支付至在建工程转让对价款的××%（先冲抵依据第6.4款约定甲方应支付给乙方的款项后，支付余额部分）：

（1）完成项目已有的设计成果文件及除乙方继续施工外的××期施工场地移交；

（2）完成××期工程施工合同的解除、工程款的结算及××期工程施工方退场工作，并将××期工程按现状移交给乙方；

（3）根据本协议约定由乙方承接的工程合同，甲方负责协调承包方完成乙方承接合同补充协议的签订工作。

2.双方按确认的工程交接界面及质量要求，完成××期工程交接及档案资料交接并且工程质量及档案资料符合竣工验收条件后，扣除××期工程按合同约定未过维保期的质保金金额后将其余工程转让价支付给甲方。本协议签订后甲方提供须维保的合同清单，由乙方审核确认。

3.××期工程合同约定的维保期满并且甲方与各施工方完成保修金结算后，乙方向甲方支付剩余的工程转让价款。

第6.4款 已收购房款、代付款冲抵

1.本协议附件列明的甲方已缴纳的工程配套费、代缴的工程专项基金、预缴销售税金（需解约的除外）、代缴的住房维修基金由甲方负责向乙方提供相应的缴纳凭证原件，由乙方核对后将相应款项支付给甲方。甲方负责于项目管理权移交时将专项维修基金存储卡移交给乙方，截至××年××月××日，合计人民币××元，最终以项目管理权移交时双方核对确认的数据为准。

上述乙方应支付给甲方的款项与甲方应支付给乙方的已售房屋预售款、销售定金、诚意金（详见第7.1款约定）相互冲抵后，甲方还应向乙方支付人民币××元（暂计至××年××月××日，最终以项目管理权移交时双方核对确认的数据为准），双方同意，从乙方应付甲方在建工程转让对价款中扣减，但不抵减转让增值税专用发票金额，亦即甲方仍应按本协议第4.2款约定的价格开具增值税专用发票。

2.本协议附件甲方代缴的工程专项基金，如须由甲方办理退款手续的，由甲方负责向行政主管部门申请退款并负责将退款返还乙方或从乙方应付转让对价款中冲抵。

第6.5款 增值税专用发票的开具

1.在乙方或乙方指定项目公司向甲方支付转让对价款前，甲方均应向乙方指定项目公司开具等额的增值税专用发票，否则乙方有权暂停支付对价款。

2.乙方指定项目公司为增值税一般纳税人，甲方应在乙方或乙方指定项目公司按照本协议付款前向乙方指定项目公司开具并送达增值税专用发票（乙方指定项目公司的具体开票信息，另行提供）。

3.如甲方开具的增值税专用发票符合以下情形之一的,乙方或乙方指定项目公司有权迟延支付应付款项,且不承担任何违约责任,甲方的各项合同义务仍按本协议约定履行:开具虚假、作废等无效发票或者违反国家法律法规开具、提供发票的;开具发票种类错误;发票上的信息错误;因甲方迟延送达、开具错误等原因造成发票认证失败;其他不符合国家增值税专用发票开具相关规定或其他甲方原因导致乙方该发票无法在当期抵扣的。

4.如乙方或乙方指定项目公司因各种原因导致发票丢失、损毁的情况,甲方有义务配合乙方或乙方指定项目公司到税务机关办理相关手续。

5.若发生退款情况,甲方应退还全部乙方或乙方指定项目公司已付价款,该价款应包括相关增值税。对于乙方或乙方指定项目公司已认证抵扣的进项发票,在乙方或乙方指定项目公司配合下,甲方应依法向乙方或乙方指定项目公司开具增值税专用发票。

第七条 项目××期商品房预售合同承接及纠纷处理

第7.1款 项目××期商品房预售合同承接

项目××期商品房已签订的预售合同,通过签署商品房(预售)合同三方补充协议的方式转由乙方承接。除因购房人不同意转签需退还购房款外:

1.甲方将已签约部分收取的预售款支付给乙方,并将之前甲方已开给购房人的销售发票办证联移交给乙方保管。

2.销售定金由甲方支付给乙方,乙方负责按甲方提供的销售定金单分别开具定金收据给甲方,由甲方协调将原甲方开给购房人的定金收据收回,并将乙方开具的定金收据置换给购房人。

3.已交的诚意金部分,甲方协调诚意金业主转定;如不愿转定的部分诚意金由甲方退还给购房人,不再转交给乙方,并由甲方负责处理与业主的解除认购事宜(截至××年××月××日:项目已实现销售回款××元、诚意金××元,合计××元,最终以双方核对确认的数据为准)。

第7.2款 预售合同纠纷处理

1.甲方将销售楼款支付给乙方并完成预售合同转签后,如有发生购房人要求退房、退款等纠纷的由乙方负责依据转签后的合同处理：

（1）甲方原因导致的对预购人的违约赔偿，主要包括逾期交房、虚假广告宣传、房屋质量等违约责任由甲方承担；如乙方代为承担的，有权向甲方追偿或从乙方应付转让对价款中抵扣。

（2）乙方原因导致的对预购人的违约赔偿，由乙方承担。

2. 上述退房款所对应的税款，须由甲方办理退税手续的，由甲方负责向税务部门申请退税并负责将退税款返还乙方或从乙方应付转让对价款中抵扣。

第八条　本次交易的具体步骤

第8.1款　项目地块土地使用权变更登记

乙方应确保在××年××月××日前向甲方提交乙方或乙方指定的项目公司的资料（以政府相关部门要求为准）。乙方应确保在甲方完成第6.1款第2项后向共管账户存入××亿元。甲方应确保在××年××月××日前满足以下项目地块土地使用权转让的前置条件，并向政府土地管理部门、不动产登记中心提交项目地块土地使用权变更的递件申请并取得受理回执：

1. 甲方提供其董事会全体董事通过的同意本次转让的决议、股东会通过的同意本次转让的决议。

2. 甲方已取得拥有已预售商品房建筑总面积三分之二以上的预购人且占预购人总数三分之二以上的预购人同意本次项目转让的书面证明。

3. 甲方完成国土管理部门同意《建设用地批准书》有效期延期手续。

4. 甲方委托具有相应资质的会计师事务所出具关于项目地块完成开发投资总额25%的专项审计报告。

5. 甲方负责办理其在建工程抵押的涂销登记手续。

6. 按政府部门要求办理土地使用权过户甲方应提供的其他相关文件。甲方应协调政府相关审批部门在××年××月××日前完成项目地块的土地使用证更名手续（以取得乙方或乙方指定项目公司名下国有土地使用证为准）。

第8.2款　预购业主商品房（预售）合同的补充协议

1. 甲方同意，在项目地块办理土地使用权过户申请递件前（××年××月

××日前），甲方负责完成与已预售商品房建筑总面积三分之二以上预购人且占预购人总数三分之二以上预购人签订包括同意规划变更、同意项目转让、同意对物业公司进行变更的相关补充协议等文件。

2. 对不同意签署本款第1项所述文件的预购方，甲方负责不迟于乙方工程修规报批前办理解除预售合同手续；乙方报批前未完成预售合同解约的，甲方负责不迟于乙方工程修规报批通过后5个工作日内完成解约诉讼的立案手续。甲方承担预售合同解除所产生的全部责任及费用。

3. 对不符合目前限购条件的已签约客户，甲方负责解约并承担解约所产生的全部责任及费用。

4. 如已向甲方缴纳定金但未签预售合同的购房客户不同意与乙方签订商品房预售合同的，甲方负责于项目管理权移交前返还定金、解除认购（如有）并承担由此产生的全部责任及费用。

5. 依据本款的规定须办理预售合同解除手续或须退还购房人定金，项目管理权移交后尚未完成预售合同或认购协议解除手续或未完成定金退款手续的，乙方有权从第6.3款第1项在建工程转让价款中暂扣未解约预售合同及未退定金所对应的金额，至完成解约、退款手续后支付（月结一次）。

第8.3款　土地及项目管理权移交

1. 甲方负责在土地使用权过户之日起7个工作日内完成项目地块、公建配套及项目管理权［含土地出让合同及各项税费缴款税证、缴纳土地闲置费通知及缴款凭证（如有）、已取得的批复文件、项目证照、营销档案及其他列入交接清单的文件、设备、物品］的移交（详见本协议附件《交付的文件及物品清单》）。

2. ……（甲方完成项目地块上空地平整等工作，以使项目土地达到适合交付和适合动工开发的条件等）。

3. ……

4. 如土地及项目管理权甲方未按时移交，乙方有权依约暂缓支付对应的土地使用权转让对价款。

第8.4款　项目土地利用规划指标的调整

在不能影响乙方对项目的工程修规调整的前提下，甲方在××年××月××日前完成项目红线内××平方米非建设用地转建设用地的土地利用规划指标的调整。

第8.5款　在建工程合同的终止、解除、承接及在建工程的移交

1.本协议签订后，在项目地块的土地使用权证过户后7个工作日内，完成项目已有的设计成果文件及除甲方继续施工外的××期施工场地移交给乙方。

2.本协议签订后，在项目地块土地使用权证过户前甲方应完成××期工程施工合同的解除、工程款的结算及××期工程施工方退场工作，并于项目地块土地使用权证过户后7个工作日内将××期工程按现状移交给乙方。

3.根据本协议约定由乙方承接的工程合同，甲方负责协调承包方完成乙方承接合同补充协议的签订工作，确保不影响项目证照更名及××期工程竣工验收备案。

4.××年××月××日前，甲方按照××期工程交接界面（详见附件）的要求，完成××期工程施工及交付，确保工程质量合格。

第8.6款　工程档案的移交

1.本协议签订后，甲、乙双方共同进行工程档案移交的前期准备工作。在项目地块的土地使用权证过户后，甲方按本协议附件《项目建设进度及工程交接界面》要求分批将工程档案资料清理并移交给乙方。

2.甲方所有工程档案的移交最迟不得超过××年××月××日，且保证满足乙方申报规划验收及竣工验收备案要求。

第8.7款　项目规划、批复、证照变更手续

1.甲方应于××年××月××日前按本协议约定完成预购业主同意对目标项目的规划进行调整的法律文件，并协助乙方与政府相关主管部门于××年××月××日前完成规划变更、调整手续（以规划管理部门审核为准）。

2.对于不同意目标项目的规划进行调整的预购业主，由甲方负责办理预售合同终止手续，并承担合同终止所产生的全部费用及责任。如未完成预售

合同终止手续的业主对规划调整方案提出异议的，甲方负责在规划公示期内解决，确保不因预购业主原因影响乙方对项目的规划调整。

3. 甲方协助乙方于××年××月××日前完成项目已取得的批复文件、证照的更名手续。

4. 甲方负责在××年××月××日前办理完成《建设用地批准书》中竣工日期的延期手续。

第8.8款　项目××期工程的交付使用

甲方协助乙方向政府部门申请及办理××期工程的相关事项，以便开通永久性用水、排水、永久性用电、通信、通邮、燃气等市政配套设施，使目标项目××期交房满足《商品房预售合同》中的交付要求。

第8.9款　原物业合同终止

项目管理权移交后7个工作日内，甲方应办理其与原物业管理服务有限公司签订的前期物业服务合同的终止手续。如乙方指定的物业公司届时不具备进场管理条件，双方另行协商。

第8.10款　……

第九条　过渡期安排

第9.1款　土地权证过户前的过渡期安排

1. 本协议签订且乙方按第6.1款约定支付转让定金至设立的共管账户后，乙方负责协调和促进项目完成后续的建设和转让工作，甲方应该为乙方人员提供办公室。乙方人员有权随时了解项目的开发报建、工程进展和对外的债权债务状况。

2. 土地交付前的验收由甲方负责继续办理。

3. 本协议签订后，甲方如对外销售商品房，须事先征得乙方同意；销售款项目按本协议第6.4款、第7.1款的约定执行。

第9.2款　土地权证过户后的过渡期安排

1. 自完成土地使用权过户转让之日起至××期工程取得竣工备案证之日止，双方成立项目管理工作组；过渡期内，甲方对工程交接界面所对应的所有工程承担安全主体责任，并落实进度、质量、安全管理；乙方派驻人员参与项目共管，负责监督一期在建工程进度、质量、安全等相关工作。

2.甲方应负责组织和协调相关参建单位提交对应满足行政主管部门验收要求的合同、协议等竣工文件。

3.根据竣工验收要求须由乙方换签文件的，统一换签时甲方应单独列明文件清单并附免除乙方责任声明。

4.过渡期内项目工程如发生质量、安全事故，由甲、乙双方各自承担其发包范围内的全部责任。

第十条　甲方的陈述与保证

甲方在此向乙方陈述与保证，附件中甲方的陈述与保证均为真实、准确的（详见附件）。

第十一条　乙方的陈述与保证

乙方在此向甲方陈述与保证，附件中乙方的陈述与保证均为真实、准确的（详见附件）。

第十二条　保密

甲、乙双方应对本协议的内容、履行以及双方在洽谈、签署、履行本协议过程中所知悉的对方的商业秘密严格保密，并约束其雇员遵守本保密条款，直至该秘密被合法公开。任何一方未履行保密义务的，另一方有权要求其采取补救措施消除影响，并有权要求赔偿因此所受到的一切损失。

本条中的商业秘密，包括一方持有的不能被公众通过公开、合法渠道获取的任何信息。

任何一方依照法律法规要求，向政府或监管机构披露，或任何一方因其正常经营所需，向其直接法律顾问和财务顾问披露上述保密信息，不属于违反保密条款。

第十三条　违约责任

第13.1款　甲方的违约责任

1.在本协议生效后，甲方违反本协议第8.1款约定，未能按期完成将项目地块的土地使用权证变更至乙方或乙方指定项目公司名下过户递件工作（因乙方原因造成甲方逾期办理除外），甲方应按照逾期天数和共管账户金额每日××%的标准向乙方支付违约金。逾期超过45日，视甲方构成根本性违约，乙方有权解除本协议，甲方应向乙方双倍返还定金，即人民币××万元。

2.如甲方违反本协议第8.2款的约定，逾期完成乙方未承接的预售合同解约或定金退款手续，甲方应按照逾期天数和未解约预售合同金额或未退还定金金额每日××%的标准向乙方支付违约金。

3.如甲方违反本协议第8.3款第1项的约定，逾期完成项目管理权移交，甲方应按照逾期天数和按本协议土地交易价款每日××%的标准支付违约金。

4.如甲方违反本协议第8.4款的约定，未按期完成土地利用规划指标调整，乙方有权按本协议第4.1款的约定结算土地使用权转让对价款。即实际结算的土地使用权转让对价款××元×实际可建设用地面积/净用地面积（××平方米）。

5.如甲方违反本协议第8.5款第4项的约定，致使××期工程逾期竣工，甲方应按照逾期天数和已网签合同总价每日××%的标准向乙方支付违约金。

6.如甲方违反本协议第8.7款第2项规定，未在规划调整公示期内解决已购房业主对规划调整方案异议的，甲方应按照逾期天数和本协议土地交易对价款每日××%的标准向乙方支付违约金。

7.因甲方原因逾期办理本协议第8.7款第4项所述的《建设用地批准书》中竣工日期延期手续，导致乙方被政府部门处罚，罚款由甲方承担。

8.如因甲方原因致使一期工程出现工程质量、交房纠纷及预购业主退房、索赔纠纷，相关的法律责任应由甲方承担。如乙方代为承担后，有权向甲方追偿。本项约定不影响甲方按本协议其他条款约定应向乙方承担的违约及赔偿责任。

9.甲方迟延履行本协议内除上述约定之外的其他义务未达到根本性违约，经乙方书面催告仍未履行的，每逾期一天，应按照逾期天数和乙方已付款项每日××%的标准向乙方支付违约金。

10.甲方违反本协议附件约定的承述与保证内容，导致乙方经济损失或项目建设成本增加的，相关责任及费用均由甲方承担。

11.……

第13.2款　乙方的违约责任

1.在本协议生效后，如因乙方未根据本协议约定支付对价款，乙方应按照逾期天数和应付未付款项每日××%的标准向甲方支付违约金。逾期超过45日，视为乙方根本性违约，甲方有权解除本协议并没收乙方定金。

2.出现上述情况造成本协议终止，乙方需将从甲方处取得的有关本标的物的资料原件以及后续开发取得的文件资料无偿移交回甲方。

3.乙方迟延履行本协议内除上述约定之外的其他义务未达到根本性违约，经甲方书面催告仍未履行的，每逾期一天，应按照逾期天数和乙方已付款项每日××%的标准向甲方支付违约金。

4.乙方违反本协议附件中约定的陈述与保证内容，导致甲方经济损失的，相关责任及费用均由乙方承担。

第13.3款　协议解除后果

1.除本协议第13.1款、第13.2款所约定的解约情形外，任何一方擅自单方解除本协议或导致本协议解除的，守约方有权要求违约方按照本协议交易价款总额的20%支付违约金，违约金不足以弥补守约方损失的，守约方有权要求违约方赔偿直接经济损失。

2.本协议解除后5个工作日内，甲方应负责将乙方所有已付款项（含乙方代甲方向贷款方归还的贷款款项）返还给乙方。如甲方违约导致本协议解除的，则按照本协议规定甲方应承担的违约金，应在上述期限内一并支付。如乙方违约导致本协议解除的，则对于按照本协议规定乙方所应承担的违约金，甲方有权从乙方已付款项中抵扣。

第13.4款　协议解除或终止后部分条款继续有效

如果本协议被解除或终止，本协议的违约责任条款、保密条款、争议解决条款继续有效。

第十四条　其他条款

第 14.1 款　费用

所有与本协议的准备、签署和履行有关的费用和开支由产生该费用的一方各自承担，本协议另有约定的除外。

第 14.2 款　转让

1. 除本协议另有约定外，本协议对本协议各方具有约束力，未经一方事先书面同意，另一方不得转让本协议。

2. 乙方指定的项目公司对本协议权利、义务的承接

（1）乙方就目标项目设立项目公司后，本协议第 3.2 款交易内容及本协议关于乙方的权利、义务转由乙方指定的项目公司承接。本协议关于乙方的约定，均适用于乙方指定的项目公司。

（2）乙方完成项目公司设立后，已付定金及转让对价款转为乙方指定项目公司的付款。

（3）乙方完成项目公司设立后，甲方应按本协议约定向乙方指定的项目公司履行土地、在建工程交付、证照变更及本协议约定的其他义务。

第 14.3 款　完整协议

本协议以及依照本协议交付的其他文件（包括任何相关的附件）构成各方就本协议主题事项达成的全部协议和书面文件，并取代在此之前各方就该等主题事项所达成的所有书面和口头的协议和承诺。

为了办理土地使用权过户更名手续，甲、乙双方同意按照国土行政主管部门的标准格式另行签署《土地使用权转让合同》，本协议不作为办理土地使用权过户更名手续的申请文件。该转让合同与本协议约定不一致的，按本协议约定执行。

第 14.4 款　修订

关于本协议未尽事宜，由甲、乙双方经过协商后，可以书面方式签订补充协议进行修订。

第14.5款　通知

本协议中要求或允许的所有通知均应以书面形式作出，并且在以下情况下视为有效送达：

1. 经专人送达方式发送的，在交付给本协议受通知方时视为送达。

2. 以快递服务方式发送的，在交付快递公司后的第3个工作日视为送达。

3. 以挂号信方式发送的，在被投递之日后的第10个工作日视为送达。

4. 以确认的传真方式发送的，若在接收方正常工作时间发送，为收到传真确认单时视为送达；若非在接收方正常工作时间发送，则在第2个工作日视为送达。

所有的通信应发送至以下地址（或者一方提前十日书面通知其他各方的其他地址）：

若发给甲方：

收件人：

地址：

电话：

传真：

若发给乙方：

收件人：

地址：

电话：

传真：

第14.6款　争议解决

本协议应由中国法律管辖并根据中国法律解释；如果发生因本协议或其违约、终止或效力而引起的或与之有关的任何争议、纠纷或索赔，各方同意将争议提交给项目地块所在地有管辖权的人民法院排他性管辖。

第14.7款　生效

本协议自各方有权代表签署并加盖公章后于本协议首部所载的签署日

生效。

第14.8款 协议份数

本协议共一式四份，双方各执两份，每一份均为原件并具有同等法律效力。

第14.9款 本协议附件

附件：项目建设进度及交接界面；

附件：项目转让工程质量定义与标准；

附件：交付的文件及物品清单；

附件：甲方××房地产开发有限公司的陈述与保证；

附件：乙方××有限公司的陈述与保证。

（下接签字页）（本页无正文，为《××在建工程资产转让协议》的签字页）

甲方：××房地产开发有限公司

（公章）

签字：_____

日期：

乙方：××有限公司

（公章）

签字：_____

日期：

附件：甲方××房地产开发有限公司的陈述与保证

××房地产开发有限公司（以下称"甲方"）在此向××有限公司（以下称"乙方"）陈述与保证，在本协议签署日、管理权移交日（但本协议中明确提及另一时间或时期的应以明确提及的时间或时期为准）下列事项均是真实、准确的：

第1款 组织和权限

甲方为依照中国法律正式设立、有效存续的有限责任公司，拥有全部所需的相应的公司权力和授权，并拥有完全的权利能力和完全的行为能力，以签署本协议，履行其在本协议项下的义务，并完成本协议和本协议拟议的交易。其签署和交付本协议、履行其在本协议项下的义务和完成本协议拟议交易，已依照适用法律、公司章程或其他组织性文件获得必要授权。本协议已由其正式签署并交付，而且（假定本协议所有其他各方已正式授权、签署并交付）本协议构成其合法、有效和具有约束力的义务。

第2款　无冲突

其签署、交付和履行本协议不会：（a）违反或抵触其章程（或类似组织文件）的规定，或导致其章程（或类似组织文件）项下的违约（如适用）；（b）违反适用于其的任何强制性法律或政府命令；（c）抵触或导致违反其作为一方的且对其资产、业务、经营或财务状况具有重大影响的任何文件或安排，包括但不限于抵押、合同、协议、执照、许可，或构成该等文件或安排项下的违约。

第3款　同意和批准

除非本协议另有规定外，其签署、交付和履行本协议均不需要获得任何政府部门或其他第三方主体（包括但不限于债权人）的同意、批准、授权或其他命令，亦无须任何政府部门或其他主体采取任何行动或向任何政府部门或其他主体备案或发出通知。

第4款　诉求

不存在由甲方提起的或第三方对甲方提起的影响本协议合法性、效力或可强制执行性或本协议拟议交易的完成有重大不利影响的任何待决诉求，但不包括将来甲方与预购业主或承包方之间的诉讼。

第5款　执照和资格

截至本声明和保证作出之日，项目地块及目标项目所处开发、建设阶段所必需的批准、执照、证书或资格均已取得并且该等批准、执照、证书或资格仍然持续有效。

第6款　项目工程合同

（a）截至项目管理权移交日已签订的所有项目工程合同的真实、正确和完整的复印件,包括上述合同的修改条款和补充条款,已经提供给乙方;(b)截至项目管理权移交日已签订的所有项目工程合同均有效且具有约束力,可由各签约方根据其条款有效执行;(c)除第(a)项外,没有任何与项目相关的其他未履行完毕的合同或合同性质的文件。

第7款 项目

(a)项目地块为国有出让土地,所有的土地出让金已经按时足额缴付。在标的物转让给乙方前,甲方已依法取得项目地块的土地使用权证。除根据与贷款方的贷款合同设定的抵押登记外,项目地块对应的土地使用权和在建工程上不存在任何抵押或任何其他负担。(b)项目地块范围内的拆迁安置已经结案,相应费用已经全部结清,且不存在因拆迁安置及其相关问题而可能发生任何争议和纠纷。(c)项目截至开发现状,应该缴纳政府的各项税费已经缴清,不存在任何欠款及因此而发生的滞纳金等任何费用。(d)截至本声明和保证作出之日,项目已完成开发投资总额的25%以上。(e)截至项目土地转让之日,项目土地及附着在建工程没有被司法机关或者行政机关依法裁定、决定查封或者以其他形式限制房地产权利;甲方保证项目地块的土地闲置问题(如有)已由政府主管部门处理完毕,不会被后续处罚或者被收回土地使用权;甲方保证项目地块不存在任何权属争议。(f)甲方向乙方提供的与项目有关的所有土地权属文件、立项、环境报告、批复、许可和其他相关文件是真实、清楚和有效的;所有这些政府文件均合法有效、未被取消和吊销,也不会因为转让而被终止、受到损害或成为可以终止的。按照该等政府许可对项目进行施工不会:(Ⅰ)违反任何有关项目审批(核准、备案)、规划、土地管理、建筑等的法律;(Ⅱ)违反会干扰或阻止项目继续施工的任何限制性约定或任何规定。(g)甲方向乙方披露、提供和移交的与项目相关的合同、协议、单据、文件、图纸及洽商变更均真实无误。(h)项目的开发建设过程在所有重大方面均符合所有适用法律。(i)没有已经提起的会对项目的价值或对按照项目的预期用途以使用和经营不动产产生不利影响的征用、环保、规划或其他方面的程序。(j)不存在任何未向乙方披露的,影响项目正常施工的不利因素。(k)项目管理权移交前,项目建设不存在任何违反国家法律法规及政策的行为,不会对项目后续手续办理产生任何不利影响。(l)甲方已开展的项目商品房预售活动符合国家法律法规及政策规定,不存在任何违约预售合同约定的情形,不存在违背项目实际情况的虚假宣传及不实承诺行为。

第8款　第三方权利

除本协议外,不存在任何既有的甲方与任何人签订的或授予任何人的协议或协议性文件,使该人因此能够或期待获得标的物的所有权,也不存在任何既有的项目公司与任何人签订的或授予任何人的协议或协议性文件,使该人能因此获得目标项目的资产。

第9款　财务报表、债务与纳税

甲方向乙方提交的所有的财务报表和管理层报表及与纳税相关的申报表和同期存档资料,真实、准确、全面及公允地反映了截止报表日期或相应期间内目标项目的财务状况、纳税状况和经营成果。甲方向乙方开具的增值税专用发票均真实、准确、合法、有效。

第10款　甲方在乙方委托律师事务所、会计师事务所、评估机构等对本项目进行尽职调查时,已向乙方如实披露了项目相关的情况、事实、资料以及作出了陈述与保证。对于乙方尽职调查时发现的问题,构成本陈述与保证的豁免。如出现甲方在尽职调查时未披露的违反上述陈述与保证的情况,则视为甲方违反了本陈述与保证。

附件:乙方××有限公司的陈述与保证

××有限公司(以下称"乙方")在此向××房地产开发有限公司(以下称"甲方")陈述与保证,在本协议签署日、交割日(但本协议中明确提及另一时间或时期的应以明确提及的时间或时期为准)均是真实、准确的:

第1款　组织和权限

其为依照中国法律正式组成、有效存在而且状况良好的有限责任公司,并且拥有全部所需的相应的组织权力和授权,以签署本协议,履行其在本协议项下的义务,并完成本协议和本协议拟议交易。其签署和交付本协议、履行其在本协议项下的义务和完成本协议拟议交易,已依照适用法律、公司章程或其他组织性文件获得必要授权。本协议已由其正式签署并交付,而且(假定所有其他各方已正式授权、签署并交付)本协议构成其合法、有效和具有约束力的义务,并可按照其条款对其强制执行。

第2款 无冲突

其签署、交付和履行本协议及其作为一方的各本协议目前不会,将来亦不会:(a)违反或抵触其章程(或类似组织文件)的规定,或导致其章程(或类似组织文件)项下的违约(如适用);(b)违反或抵触适用于其的任何法律或政府命令;(c)抵触或导致违反其作为一方的任何文件或安排,包括但不限于票据、债券、抵押、合同、协议、租约、转租租约、执照、许可、特许,或构成该等文件或安排项下的违约,或根据该等文件或安排需要任何主体的同意,或授予他人任何终止、修改、加速履行、中止、撤销或取消该等文件或安排的权利。上述第(c)项中的抵触或违约累计不会对其履行其在本协议项下的义务和完成本协议或本次交易的能力产生重大不利影响的情形除外。

第3款 同意和批准

除非本协议另有规定外,其签署、交付和履行本协议和其他协议均不需要获得任何政府部门或其他主体的同意、批准、授权或其他命令,亦无须任何政府部门或其他主体采取任何行动或向任何政府部门或其他主体备案或发出通知。

第4款 诉求

不存在由乙方提起的或第三方对乙方提起的影响本协议的合法性、效力或可强制执行性或对本协议拟议交易的完成有重大不利影响的任何待决诉求。

广州金鹏律师事务所制作

二、股权并购协议参考文本

股权收购协议

本编号为【 】的《股权收购协议》(以下简称"本协议")由以下各方于××年【 】月【 】日在××市【 】区(本协议签署地)共同签署：

甲方：××有限公司（以下简称"××公司"）

法定代表人：××

注册地址：××

乙方：××房地产开发有限公司（以下简称"××公司"）

法定代表人：××

注册地址：××

目标公司：××房地产开发有限公司（以下简称"××公司"）

法定代表人：××

注册地址：××

（上述主体，甲、乙可统称为"各方"，或单称"一方"）

鉴于：

1. 甲方系一家在中国××登记注册并有效存续的企业。乙方系一家在中国登记注册并有效存续的企业法人，截至本协议生效时，持有目标公司100%的股权（对应认缴注册资本人民币××元）。

2. 目标公司现合法持有××房地产开发有限公司、××房地产开发有限公司、××房地产开发有限公司、××有限公司等几家公司（以下简称"项目公司"）100%的股权。

3. 项目公司分别持有位于××的地块一、地块二、地块三、地块四等国有建设用地（以下简称"标的地块"），投资开发××项目（备案名）。

4. 各方协商一致，由甲方按照本协议约定受让目标公司100%股权，令甲方实际取得上述××宗标的地块的建设用地使用权及其地上建筑物的所有权益，成为××项目的权益主体。

根据《中华人民共和国民法典》等法律的规定，各方本着诚实信用和公平的原则，达成本协议，以资遵照执行。

第一条　定义

除非本协议另有约定或上下文另有说明，本协议中的词语和定义以下列约定为准：

本协议：系指本编号为【　】的《股权收购协议》，含其附件及对其任何有效修订及补充。

股权收购价款：系指根据本协议约定甲方应依法支付的目标股权的收购价款。

目标公司：系指乙方持有的××房地产开发有限公司及下属××个全资子公司××房地产开发有限公司、××房地产开发有限公司、××房地产开发有限公司、××有限公司……

目标股权：系指乙方持有的××房地产开发有限公司100%的股权（对应注册资本人民币××元）。

标的地块：系指由目标公司持有100%股权的××家项目公司分别持有的××宗国有土地使用权（不动产权证书编号：不动产权第××号、第××号、第××号、第××号……）。

过渡期：系指自本协议签署之日起至各方完成股权变更登记及股权交割完毕之日止。

法律：系指中华人民共和国（就本协议而言不包括中国香港特别行政区、澳门特别行政区和台湾地区）的法律、法规及司法解释。

中国：系指中华人民共和国内地（大陆）（为本协议之目的，不包括中国香港特别行政区、澳门特别行政区和台湾地区）。

税费：系指由有管辖权的政府机构或其授权机构征收的现有的和将有

的任何税收，包括但不限于印花税、增值税及相应的附加税费、所得税和其他税。

元：系指人民币。

工作日：系指除国家法定假日、公休日以外的任何一天。

第二条　收购的先决条件

2.1　各方经充分协商一致，本次收购须满足以下先决条件：

乙方承诺目标公司已签署的合同继续由乙方兜底履行，不存在任何未决或隐性纠纷，由此产生的责任和纠纷均由乙方出面解决；乙方确保前述问题均不会对项目推进及开发建设造成负面影响或令目标公司及甲方产生经济损失，否则由此产生的一切损失均由乙方承担。若收购内容涉及政府主管部门审批的，应通过有关政府部门（如国资委）的审批；不存在对收购构成实质性障碍的其他情形。

2.2　各方确认，因项目收购时间紧迫，乙方应无条件配合甲方财务及法务尽调工作，严格按照甲方时间安排全面提供各项资料文件。

2.3　各方同意，自本协议签署之日起，各方应共同积极推进收购事宜的落实，若前述先决条件成就并经甲方确认的，甲方向乙方函发《确认收购通知书》，各方应及时按本协议约定执行收购事项；若本协议签署之日起【　】个月内，前述先决条件仍然无法成就的，甲方有权以书面通知的方式解除本协议，协议将于甲方书面通知送达之日起解除。

第三条　股权收购

3.1　乙方收到甲方函发的《确认收购通知书》后，应在5个工作日内将其所持有的目标公司100%的股权转让给甲方并完成股权变更登记手续。股权转让后由甲方享有目标公司100%的股权，并通过各项目公司开发本协议项下约定的各标的地块及其他业务的运营管理。

3.2　乙方同意将其所拥有的目标公司的全部股权（包括出资）转让给甲方，一并转让给甲方的包括转让股权所包含的各种股东权益。该等股东权益指依附于转让股权的所有现时和潜在的以及直接和间接的权益，包括目标公司所拥有的全部动产和不动产、有形资产和无形资产，在此意义上，标的地块属于一并转让的股东权益。

3.3 甲方受让股权后，可代为偿还地块上土地使用权和在建工程的抵押权人和项目公司股权质权人的债务本息，并由乙方负责完成××号地块在建工程抵押及××号地块土地抵押的涂销登记手续，并完成××几家项目公司100%股权的解除质押手续。

3.4 甲方受让股权后，××仍需要/不需要继续负责推进项目在建工程的建设、未售部分商品房的营销及已售部分商品房的竣工和交楼工作，确保项目如期建设完毕，顺利完成项目商品房的销售、竣工及交付。

第四条 交易对价

4.1 各方经充分协商一致，本协议项下目标股权的收购价款为人民币××元（最终收购价款应不高于甲方上级主管部门最终核准或备案的评估价格）。

4.2 各方在此确认，前述收购价款的确定系基于项目特殊性，已经各方平等、客观、友好协商，系各方的真实意思表示。

4.3 前述目标股权的收购价款至少已包含以下实质性权益：

股东出资额、股东向目标公司已投入的股东借款、目标公司对乙方股东的全部往来欠款、乙方股东代目标公司和标的地块已支付的全部款项等。

取得标的地块100%土地使用权所需支付的价款，包括但不限于：收购标的地块所支付的房地产转让款、契税、印花税，因项目开发建设已发生的项目投入资金，包括但不限于征地补偿、村合作款、拆迁安置、土地使用权出让金等为取得土地使用权所支付的金额及开发土地和新建房屋及配套设施的成本和费用等。

项目移交场地可能发生的费用和开支等。

第五条 过渡期安排

自本协议签署之日起至股权完成交割、工商变更登记之日止，为过渡期，在过渡期内，乙方应保证：目标公司正常经营，维持所有重要合同的继续有效及履行；目标公司应积极收取其享有的应收账款（如有）；涉及标的地块或目标公司重大权益事项，均应经甲方事先书面同意。

乙方保证，未经甲方事先书面同意，在过渡期内目标公司不得进行以下行为：通过任何分配股息、红利或任何形式的利润分配的决定或决议；变更注册资本或变更股权结构（因本协议项下目标股权转让而发生变更的除外）；收购任何股权、合伙企业份额、单独或与第三方共同投资设立公司、合伙企业或进行其他权益性投资，或收购任何重大资产；签订任何限制目标公司经营其现时业务的合同或协议；签订、参与或达成任何协议或安排，使本协议项下交易和安排受到任何限制或不利影响；提供担保或举借债务；转让或出售其重大资产或业务，或者以出租或其他方式处置其重大资产或业务，或在该等资产上设定任何权利负担；签署纯义务性或非正常的合同；就其经营活动进行任何重大变更；聘请新职工或延长既有劳动合同期限（现有职工劳动合同到期后依法进行续签的除外）；提高职工工资、社会保险费或其他费用、福利（为执行中国法律的强制性规定而进行的除外，但应事先通知甲方）；签署任何协议或安排、作出任何决议或决定或采取任何行动或措施以致对目标公司的业务、资产、财务状况或价值产生不利影响。

为本条前述两款之目的，乙方应确保甲方及其所聘请的专业顾问，可以在任一工作日的任何时间向乙方及目标公司工作人员询问、查阅并取得关于目标公司资产、经营情况的资料及记录的复印件，以便甲方全面了解目标公司的经营情况。

在本协议第6.1款约定的交割日前，目标公司已发生的以及因交割日前的业务事项延续到交割日后而产生的债务（包括欠债、欠税、处罚、纠纷等一切法律责任）均由乙方承担并自行解决。在交割日后，目标公司发生的新债由甲方承担，但因目标公司交割日前的债务及税务问题（包括但不限于因本次交易而应由目标公司缴纳或代为缴纳的税费）令甲方产生损失的，乙方应全额赔偿。

本协议签署之日起至股权完成交割之日，若存在或发生任何对本次收购或目标公司的公司经营、财务或市场方面有重大负面影响的变化或现行法律、政策方面的变化等事由，甲方有权以书面通知的方式解除本协议且无须承担任何责任。

第六条 目标股权及项目的交割

6.1 各方确认并同意，目标股权及相关资料的交割手续按照如下约定办理，如下约定的交割手续均办理完毕之日即为目标股权交割手续全部办理完毕之日（"股权交割日"或"交割日"）：

乙方应确保在本协议第2.1款先决条件成就且收到甲方《确认收购通知书》后5个工作日内，完成乙方所持目标公司100%股权转让至甲方的全部股权变更登记手续；乙方应在取得市场监督管理部门出具同意股权变更登记的《核准通知书》之日起3日内，将目标公司的公司印章（包括但不限于公司公章、财务专用章、财务印鉴、合同专用章、法人名章、主办会计名章、出纳名章公章）、经营证照（包括但不限于公司营业执照、公司税务登记证、公司组织机构代码证、银行开户许可证、房地产开发企业资质证书、贷款卡等）、财务资料（包括但不限于财务账簿、增值税专用发票、收据、支付凭证等）、货币资金及固定资产、项目资料（包括但不限于与项目地块及在建工程相关的全部文件及资料，如合同、政府批文、证件、工程图纸、签证、结算资料、竣工验收资料等）、重大业务合同、各地块不动产权证书等全部原件资料一次性移交给甲方；目标公司向甲方签发出资证明书等证明甲方所持目标公司100%股权的凭证，并相应修改目标公司的公司章程和股东名册中有关股东及其出资额的记载。

甲方有权委托专业机构指导及协助项目股权及资料交割程序，乙方应无条件配合。

在交割日前，乙方负责与附件《重大业务合同清单》的合同相对方协商终止全部业务合同及承担终止合同所产生的法律责任，《重大业务合同清单》所列合同在交割日后产生的任何法律责任仍由乙方承担，除非甲方同意继续履行有关合同。

6.2 甲方有权随时要求增派或变更项目监理单位、运营及管理团队等，并委派人员对项目施工人员、薪酬发放、施工安全、施工质量、建设进度、工程形象进度、工程造价、交付时间、营销进度、销售回款等情况进行全面监管并提出整改意见，乙方应无条件配合并及时响应甲方的整改意见。

第七条 陈述与保证

甲方的陈述与保证：

具有签订本协议的主体资格，并已获得签订和履行本协议的相应授权或批准。

保证其为签订、履行本协议而向乙方提供的所有证明、文件、资料和信息，均在提供资料的当日和适用／使用期内是真实、准确和完整的，不存在虚假记载、误导性陈述或重大遗漏。

乙方的陈述与保证：

乙方及目标公司具有签订本协议的主体资格，其签订及履行本协议不违反任何按法律、法规、规章，对其有约束力的协议、文件及其章程的规定，并已获得签订和履行本协议的相应授权、批准或备案手续。

乙方及目标公司保证其为签订、履行本协议而向甲方提供的所有证明、文件、资料和信息，均在提供资料的当日和适用／使用期内是真实、准确和完整的，不存在虚假记载、误导性陈述或重大遗漏。

乙方及目标公司签订和履行本协议不违反或抵触适用于乙方及目标公司的任何法律的规定，不违反或抵触乙方及目标公司的公司章程或其他组织性规定，也不违反或不会导致乙方及／或目标公司违反其作为一方或对其或其财产有约束力的任何有效协议或合同的规定。

乙方是目标股权的唯一合法所有权人。目标公司的注册资本已实缴／未实缴，目标公司的××家全资子公司均已实缴／未实缴，均不存在抽逃、转移、虚假出资等情况。

乙方未向任何第三方出售、赠与、转让其对目标股权的所有权或者其他权利或权益，且未在目标股权上设定任何质权或其他权利负担。

乙方已经按照中国法律缴清其持有目标股权应付的税收和其他应付费用。

截至本协议签署日，目标公司处于持续合法经营状态，不存在任何违反法律法规的行为，不存在违反对其有约束力的合同、协议、文件的行为，不存在对其他主体的侵权行为。

目标公司未与任何雇员或其他人员、机构达成关于股份激励、股份期权，与利润相关的酬金、利润分享奖金或其他奖励计划或类似安排。

乙方及目标公司已经在本协议签署前向甲方书面披露了目标公司和关联方之间的全部关联交易，目标公司在任何关联交易的任何方面均符合中国相关的法律法规之规定且真实合法及有效并遵照日常交易过程中的公允市场条件。

乙方及目标公司已经在本协议签署前就目标公司的资产状况向甲方进行了充分披露，且目标公司享有对任何其拥有、持有或使用的非固定资产、固定资产、知识产权或其他无形资产（以下合称"目标公司资产"）合法所有权和/或使用权，除已向甲方书面披露的权利负担状况以外，任何该等目标公司资产上不存在任何权利负担。

乙方保证本协议签署之日时的目标公司，除本协议已经披露之外：1）不存在任何违反法律、法规、规章和当地政府规定、政策的行为；2）不存在任何在其他合同项下的违约事件或被第三人索赔和提起权利要求的事件；3）不存在任何未向甲方披露的须由目标公司承担的债务和或有债务；4）不存在其他未予披露的向第三人提供的抵押、质押或保证担保；5）不存在其他未予披露的未清偿完毕的工程款、贷款和借款；6）不存在任何未了结的诉讼、仲裁案件；7）不存在任何政府机构征收的应缴未缴税款、费用、罚款和收费；8）不存在查封、违法建设、违法使用土地等任何权利瑕疵，且地块内交通、通信、消防、环保、环卫、绿化等方面均符合有关主管部门的要求；9）不存在被政府主管部门查处惩罚的可能性，且不存在因闲置等原因而被政府无偿收回的风险；10）不存在任何其他可能对标的地块开发产生不利影响的事件（包括但不限于农民占用项目土地的情况）或影响到甲方在项目土地开发中的权益的事件。

乙方及目标公司已在本协议签署前就目标公司的各项负债、或有负债或者其他权利负担向甲方进行了充分披露（具体情况详见附件《乙方及目标公司负债情况清单》及附件《专项审计报告》），不存在未予披露或尚未形成的负债。若目标公司存在前述文件已披露外的负债或乙方未在本协议签署前向甲方披露的其他负债、或有负债或其他权利负担，均由乙方承担；如甲方或目标公司因该等负债、或有负债和责任而对外支付任何费用或遭受任何损失的，乙方应予以全额赔偿。

乙方承诺目标股权、目标公司及本项目不存在任何未于本协议签署前向甲方披露的瑕疵、缺陷、风险、负债或者或有负债、诉讼、法律纠纷及其他任何对目标股权、目标公司及本项目可能造成重大不利影响的因素。

乙方及目标公司应根据甲方的合理意见，进一步签署必要的文件（包括但不限于为办理变更登记手续而签订合同或其他文件）并采取必要的措施，以确保甲方取得和享有目标股权的所有权。

乙方及目标公司保证向金融机构贷款的事项不会影响甲方基于本协议在本项目中目标公司及标的地块的所有权益的实现，且乙方在甲方代偿结清前述债务前仍应对金融机构的债务承担担保责任。若因向金融机构贷款的事项影响甲方前述权益的实现（包括但不限于贷款人对甲、乙双方发函主张权利、行使债权、申请强制执行公证债权、对目标公司股权及标的地块主张担保物权、采取查封/冻结/提起诉讼等措施），乙方应负责出面解决并承担无限连带责任；若由此导致甲方需承担任何责任或产生损失的，乙方承诺按本协议第8.3款向甲方承担违约责任。

乙方及目标公司保证项目销售合法合规，且已向甲方全面披露项目已售、未售数据情况，不存在任何恶意转移销售收益及资产的情况（包括但不限于以不合理价格出售物业或以房抵债、使用非监管账户收取购房款、低价包销、以赠与物业费或其他优惠条件变相低价售房等），若甲方受让目标公司股权后发现存在前述情况的（以甲方认定为准），乙方承诺按本协议第8.3款向甲方承担违约责任。

乙方及目标公司确认本项目未建工程后续需投入人民币【　】元，若甲方受让本项目后需投入资金超出前述标准的，乙方承诺该超出部分的所需投入均由乙方承担；若乙方未能及时补足，导致甲方需先行垫付的，乙方承诺赔偿甲方全部损失，同时自甲方垫付之日起，每日按垫付金额的万分之三向甲方支付滞纳金。

乙方及目标公司确认本项目已建成可售未售部分商品房面积约为【　】平方米，则本项目剩余可售部分保底销售总价为人民币【　】元，若甲方受让本项目后的已建成可售未售面积不足前述标准或剩余可售部分保底销售总价未达前述标准的，乙方承诺按差额部分面积的销售款总额（按"差额部分面积"乘以"××元/平方米"为标准）给予甲方差额补偿；乙方应在甲方要求差额补偿之日起5个工作日内一次性补偿完毕。

乙方承诺做好在建工程施工团队及项目购房者的沟通工作，妥善处理未建工程及未售商品房的建设及营销工作，并负责出面对接施工团队及购房者，确保项目能够顺利推进且不发生争议纠纷；若甲方受让本项目后任何相对方对本项目或目标公司提起诉讼或任何权利主张的，乙方负责妥善解决，若导致甲方需承担任何责任或产生损失的，乙方需承担全部赔偿责任。

为保障××项目顺利开发建设，乙方及目标公司保证××有限公司现有团队人员均保留在本项目中，即保证××有限公司现有人员的稳定，如有特殊情况应向甲方提供书面情况报告，非经甲方同意，不以任何方式抽调、转移、解聘现有团队人员（截至本协议签署之日为【××人】），乙方及目标公司保证不会因人员流动影响本项目的开发建设及后续营运管理。

为保障现场建设管理及营销工作的延续性，乙方保证采用原有建设管理及营销团队继续负责本项目的后续工作，直至本项目完成竣工验收、结算、竣工资料移交、网签销售、商品房交付等全部工作。甲方有权委派相关人员对项目的进度、质量、造价、交付时间等内容进行监管，乙方无条件予以配合。

乙方承诺加大造价管控力度，合理控制本项目工程造价，确保本项目工程总投资控制在甲方要求的范围内（本项目总造价不超过人民币【　】元），如因规划重大调整或其他客观原因造成项目建设规模或标准重大调整除外。

第八条　违约责任

8.1　若任何一方（"违约方"）在本协议中所作之任何陈述或保证是虚假的或错误的，或该陈述或保证并未适当、及时地履行，则该方应被视为违反了本协议。任何一方不履行其在本协议项下的任何承诺或义务，亦构成该方对本协议的违反。违约方除应履行本协议规定的其他义务外，还应赔偿和承担非违约方因该违约而产生的或者遭受的所有损失、损害、费用（包括但不限于律师费、诉讼费用、差旅费用、鉴定费用、保全费用等）和责任。

8.2　若乙方迟延办理目标股权的变更登记手续及股权、项目交割的，或本协议第二条"先决条件"最终无法实现，或乙方违反本协议第三条至第六条的相关约定的，无论何时或项目进展如何，甲方均有权立即解除本协议及本协议"先决条件"中已由甲方签署的其他协议或文件，要求乙方支付人民币【　】万元的违约金，并赔偿甲方全部投入及损失（包括但不限于直接损失、间接损失、预期可得利益损失等）。

8.3　各方违反本协议第七条中所作之陈述与保证，或该等陈述与保证存在重大不真实之处的，均视为严重违约，守约方有权立即解除本协议。若甲方据此主张解约的，甲方有权立即解除本协议及本协议"先决条件"中已由甲方签署的其他协议或文件，要求乙方支付人民币【　】万元的违约金，并赔偿甲方全部投入及损失（包括但不限于直接损失、间接损失、预期可得利益损失等）。

第九条　通知

各方确认，本协议项下的一切通知均须以书面形式做出，并以专人送达、挂号信邮递、特快专递或各方同意的其他形式发送至如下送达地址：

甲方：××有限公司

通信地址：

联系人：

联系电话：

乙方：××房地产开发有限公司

通信地址：

联系人：

联系电话：

目标公司：××房地产开发有限公司

通信地址：

联系人：

联系电话：

各方确认，前款所述送达地址适用于本协议项下或者与本协议相关的一切通知、协议、文书的送达，包括但不限于非诉时、协议履行期间各类通知、协议等文件的送达，发生纠纷后相关文件和法律文书的送达，同时包括在争议进入仲裁、民事诉讼程序后的一审、二审、再审和执行程序及其他程序中相关文件和法律文书的送达。

通知在下列日期视为送达被通知方：

（1）专人送达：通知方取得的被通知方签收单所示日。

（2）挂号信邮递：发出通知方持有的国内挂号函件收据所示日后第五个工作日。

（3）特快专递：发出通知方持有的发送凭证上邮戳日起第四个工作日。

一方的送达地址发生变化，应在发生变化之日以书面形式通知其他方，若已进入仲裁、民事诉讼程序或其他程序，还应当向仲裁机构、法院等机构履行送达地址变更通知义务。任何一方违反前述约定，本条所确认的送达地址仍视为有效送达地址，其他方、仲裁机构和法院等争议解决机构可直接向该地址送达通知、法律文书等文件。如因一方提供或者确认的送达地址不准确，送达地址变更后未及时依程序告知其他方，仲裁机构和法院等争议解决机构、该方或其指定的接收人拒绝签收等原因，导致通知、法律文书等文件未能被该方实际接收的，依然产生送达的法律后果，送达之日按如下方式确定：

（1）邮寄送达的，文书退回之日视为送达之日；

（2）直接送达的，送达人当场在送达回证上记明情况之日为送达之日。

纠纷进入仲裁、民事诉讼程序后，如一方应诉并直接向仲裁机构、法院提交送达地址确认书，该确认地址与按照本条前四款确认的送达地址不一致的，以向仲裁机构、法院提交确认的送达地址为准。送达地址确认书中载明的送达地址为律师或委托代理人地址的，本条前四款确认的送达地址同时有效。

第十条　保密

10.1　保密责任

各方同意，本协议项下保密期限至保密信息可以为社会公众通过公开途径合法获取之日止。保密期限内，不得将保密信息用于除为履行本协议而被许可使用或必须使用的情况以外的任何用途，不得向任何第三方披露或提供任何此等保密信息，并且将采取一切必要措施防止其现任及未来的董事、管理人员、雇员和合同缔约方在上述期间内披露任何此等信息，但以下情况除外：（1）为进行本协议拟议之交易而向相对方或潜在投资者披露；（2）向与本交易有关而需要获知以上信息并受保密协议约束的律师、会计师、顾问和咨询人员披露；（3）根据法律、法规、规章、监管部门的要求进行披露。前述保密义务同样适用于各方知晓本次交易细节的员工以及其为履行本协议而各自委托的专业机构和相关人员。

10.2　保密信息

上述"保密信息"包括但不限于如下内容：（1）任何一方在本次合作项下向另一方口头或书面披露的信息，而不论该等披露是直接作出还是间接作出，也不论该等信息是由一方单独提供还是各方相互提供；（2）任何一方所有以书面或有形方式注明"专有""保密"或类似字样（如果是以口头形式披露，则须在该口头披露后的30天内将该口头披露记录成标有类似字样的书面文件发送给其他方，并同时告诫保密义务）的信息。

第十一条　法律适用和争议解决

本协议的有效性、解释和实施应适用中国（就本协议而言不包括中国香港特别行政区、澳门特别行政区和台湾地区）法律。

因本协议执行或履行中产生的或与本协议有关的任何争议，各方应优先采取友好协商的方式解决，协商不成的，任何一方均可向甲方所在地有管辖权的法院提起诉讼。

在争议解决期间，本协议中不涉及争议的条款仍须履行，各方均不得以解决争议为由拒不履行其在本协议项下的任何义务。

第十二条　不可抗力

"不可抗力"是指本协议各方不能合理控制、不能预见或即使预见亦无法避免、无法克服的事件，该事件妨碍、影响或延误任何一方根据本协议履行其全部或部分义务。该事件包括但不限于地震、台风、洪水、火灾、其他天灾、战争、政变、骚乱、罢工或其他类似事件，以及国资委颁布的新规或国有资产的监管部门的相关通知、指令均构成本协议所指不可抗力。

发生不可抗力事件的，遭受该事件的一方应立即通知其他方，并在15日内提供证明文件说明有关事件的细节和不能履行或部分不能履行或须延迟履行本协议的原因。合同各方应在协商一致的基础上决定是否延期履行本协议或终止本协议，并达成书面合同。

第十三条　合同生效、变更及解除

本协议自各方法定代表人签名（或签章）并加盖公章之日起成立并生效。

本协议生效后，任何一方不得擅自变更。如需变更，各方须达成书面变更协议，书面协议达成之前，本协议继续执行。

变更后的内容或补充合同与本协议具有同等法律效力，如果变更后的内容或补充合同与本协议发生冲突，以变更后的内容或补充合同为准。

发生如下情形之一的，本协议解除：本协议各方协商一致解除本协议的；乙方违反本协议陈述与保证内容及其他相关约定时，甲方有权立即书面通知乙方解除本协议且无须承担任何责任；因发生不可抗力事件而导致各方无法履行本协议，任何一方书面通知其他方解除本协议的；本协议约定的其他合同解除事由。

协议解除后，在乙方按照本协议约定退还甲方因本项目投入的全部款项后，甲方将持有目标公司的全部股权一次性转至乙方名下，甲方将不再持有目标公司股权及不再享有项目权益，并交还目标公司的经营证照、账簿、财务凭证等所有文件资料、印章等（如有）。

协议解除后相互返还及变更证照造成的税、费等损失，由违约方承担。

第十四条　权利保留

任何一方没有行使其权利或没有就违约方的违约行为采取任何行动，不应被视为对权利的放弃或对追究违约责任的放弃。任何一方放弃针对违约方的任何权利或放弃追究对方的任何责任，不应视为放弃对违约方任何其他权利或任何其他过失的追究。所有权利放弃均应以书面方式作出。

第十五条　其他事项

本协议签署生效后，各方不得再将其于本协议约定事项的相关权利义务及项目地块权益的转让或合作与任何第三方进行磋商。

除本协议另有规定外，各方应自行承担其支出的与本协议及本次转股事宜相关的所有谈判、实施及税务费用（包括但不限于法律、会计、财务、咨询、顾问、税费和其他相关费用）。

甲方按照本协议的相关约定受让乙方持有的目标公司股权的，如届时市场监督管理部门要求就股权转让另行签署格式协议的，各方应另行签署该格式协议，格式协议与本协议不一致的，以本协议约定为准。

如果本协议的任何约定依现行法律被确定为无效或无法实施，本协议的其他条款将继续有效。此种情况下，本协议其他条款的合法性、有效性不受影响，且各方将以有效的约定替换该约定，且该有效约定应尽可能接近原约定和本协议相应的目的和精神。

如果本协议项下的任何条款因与有关法律不一致而无效、不合法或不可执行，则仅该条款在有关法律管辖范围之内无效或无强制力，并且不得影响本协议其他条款的法律效力。各方应诚信合作力争以能够在法律允许的最大范围内实现各方意图的有效条款替代任何该等无效、不合法或不可执行条款。

各方确认已阅读本协议所有条款，均对本协议条款的含义及相应的法律后果已全部通晓并充分理解，本协议的相关约定均为各方真实意思表示。

本协议一式【伍】份，甲、乙方各执【贰】份，【壹】份留存目标公司，每份都具有同等法律效力。

（以下无正文）

附件：《重大业务合同清单》

附件：《乙方及目标公司负债情况清单》

附件：《专项审计报告》

（本页无正文，为各方签署的编号为【 】的《股权收购协议》签署页）

甲方：××有限公司（公章）

法定代表人（签名或盖章）：

乙方：××房地产开发有限公司（公章）

法定代表人（签名或盖章）：

目标公司：××房地产开发有限公司（公章）

法定代表人（签名或盖章）：

广州金鹏律师事务所制作

第三节 并购协议的履行与股权、资产的交割应注意事项

一、股权收购协议的履行和交割应注意事项

(一)股权收购过渡期损益与监管

1.股权收购交割日的概念与确定

交割日,原本是金融术语,可以简单理解为交易双方同意交换款项的日期。中国金融期货交易所规定每个月的第三个周五是股指期货的交割日,但在股权转让交易中,交割日是指股权收购的双方根据股权转让协议的约定,进行目标股权的转让交付并完成工商变更登记的日期。

在确定交割日之前,需要确定一个评估基准日。这是由于,不仅是股权,各类资产的价格都不是永恒不变的,对一个价值永远处于动态变化过程中的资产进行相对静态的评估,需要选取一个基准日,这就是评估基准日的作用,选取的基准日不同,得到的评估结果也会不大相同。评估目的主要是资产转让、投资、改制等,评估基准日一般会接近该类评估目的的经济行为发生时期,以便更直观地反映和实现评估目的。一般来说,我们认为在股权收购交易中,除非另有特别约定,交割日之前目标公司的经营成果为被收购方享有,并作价转让给收购方,而交割日之后目标公司的经营成果将由受让方享有。

过渡期,就是从评估基准日到交割日的这段时期,这期间是推动和进行并购交易的主要时期,主要为自签订收购协议起至相关股权完成过户的期间。一般来说,小公司的股权会比较简单,审计评估比较简单甚至不涉及审计评估,因此过渡期也比较短。但对于涉及上市公司、国有资产、境外并购等比较复杂的情况时,过渡期就会比较长,相应地,对于过渡期内可能出现的客观因素、主观因素可能也比较多,也可能导致股权估值和公司估值发生

变化，影响项目各方成交意愿和并购项目成交进度。

根据《中华人民共和国公司法》（2018年修正）的规定[①]，我国立法对股权变动效力的主流观点采取的是公司内部登记生效主义和公司外部登记对抗主义相结合的认定方式。具体来说，就是当公司将受让方的名称、出资额等记载于公司内部股东名册、股权转让通过股东会决议或者公司向受让股东签发了新的出资证明之后，股权变动在公司内部发生效力。公司认可受让人为公司股东的意思表示可以有多种形式。只要公司从内部对受让方予以认可，受让方实际参与了公司的经营管理，履行股东所享有的职权、行使股东的权利，如参与股东会并行使表决权、获取公司分配的红利等，均可认定为股权转让已交割完毕，受让方已取得公司股东资格，而在工商行政管理部门进行登记后才产生对外的公示效力，即公司的股权变动才发生对抗善意第三人的效力。

2.管理权移交日与过渡期损益

（1）公司和项目管理权移交日

管理权移交日，是被收购方与并购方对目标公司的控制权和管理权实际进行交接的移交之日，从此日开始，收购方才算真正可以行使其对目标公司的控制权、管理权等股东权利。过渡期内，目标公司的经营管理、收益盈利等情况直接关系到并购方的利益，因此并购方希望被收购方在过渡期内履行一定程度的勤勉、诚信义务，善意地管理目标公司。一般来说，实际并购过程中，股权收购交割日与管理权移交日相距不会太远，没有特殊约定的，都会在股权变更登记完成后尽快完成管理权的移交。

管理权移交前，目标公司一般需要满足交易双方在股权收购协议中约定的先决条件，并购方才会与之进行管理权移交。股权收购协议中一般会约定

[①] 《中华人民共和国公司法》（2018年修正）第三十二条："有限责任公司应当置备股东名册，记载下列事项：（一）股东的姓名或者名称及住所；（二）股东的出资额；（三）出资证明书编号。记载于股东名册的股东，可以依股东名册主张行使股东权利。公司应当将股东的姓名或者名称向公司登记机关登记；登记事项发生变更的，应当办理变更登记。未经登记或者变更登记的，不得对抗第三人。"

如下先决条件，以保证目标公司的交割在法律程序上不存在瑕疵：

①交易已经通过政府部门的经营者集中审查（若需要）；②股权转让交易已经获得所必需的政府部门的批准或备案（如国有股权转让和收购）；③目标公司已经完成了工商变更登记，收购方已被登记为目标公司股东；④已经取得因股权转让所需的国家外汇管理局及其各地分支机构的批准，并完成境外投资者转让所得资金汇出境内备案和外汇转股变更登记信息表等手续（转让方为外资股东的情形）。

在满足约定的交割先决条件后，目标公司和项目管理权交割需要移交的内容通常包括目标公司的各种证照、法律文件、历史沿革资料、各种产权证照、银行及证券账户资料、印鉴以及各种财务会计资料、公司印章、公司客户网络资料、各类合同文本、员工名册及劳动合同等与项目开发建设、预售相关的资料。

（2）过渡期损益的归属

现有的过渡期损益的归属分配大致有以下几种：过渡期短暂，损益忽略不计（其实质为受让方享有或承担过渡期损益）；过渡期损益由受让方享有或承担；过渡期损益由转让方享有或承担；过渡期收益由受让方享有，损失由转让方承担；过渡期收益由转让方享有，损失由受让方承担。

上述第一种情形和第二种情形下，过渡期目标企业经营收益和风险均由受让方承担，具体到过渡期损益对股权转让价款的影响方面则是股权转让对价不反映过渡期损益，也即所谓的"锁箱机制[①]"。

上述第三种情形至第五种情形下，一般都会以过渡期实现的损益为基础对股权交易对价进行调整，也即所谓的"交割账目调整机制"。

---

① 马继勋：载《中国外汇》2019年第8期。"锁箱机制：在锁箱机制下，买卖双方需先就定价基准日达成一致（实务中，定价基准日通常是交割前标的公司最新财务报表的日期）；其后，专业机构通过尽职调查，对标的公司在定价基准日的相关财务数据（包括资产负债、利润以及税息折旧及摊销前利润等）进行调整，以剔除非正常事项对财务表现的影响，并采用买卖双方均认可的估值方法，得出拟购买的股权在定价基准日的估值。"

根据并购交易采取不同的资产评估方法,一定程度上也会影响过渡期损益归属的约定,一般来说,资产评估主要包括收益法、成本法、市场法三种基本方法及相关的衍生方法。

收益法是指通过将评估对象未来一定时期内的预期收益资本化或者折现,以此确定目标公司价值的各种评估方法的总称,主要包括现金流量折现法、股利折现法等。一般来说,收益法[①]下相应的收益假设期间已涵盖过渡期,也就是说,股权收购基准日的股权评估价值中,已包含过渡期损益。此时,在过渡期评估假设收益与实际收益差异不大以及没有其他约定的情况下,过渡期损益似应由受让方享有或承担,即此时一般不再对股转对价进行调整。但根据国内评估机构的数据来看,与欧美发达国家对单项无形资产评估均广泛采用收益法不同,我国在对企业价值进行评估时多倾向于采用成本法。

成本法是指按照重建或者重置被评估对象的思路,将重建或者重置成本作为确定评估对象价值的基础,以评估对象的各项资产、负债价值为基础确定评估价值,再扣除相关贬值以确定评估对象价值的评估方法的总称,这种方法是我国企业并购过程中比较常用的。由于成本法是以评估对象的各项资产、负债情况为基础确定评估价值,因此,股权收购基准日的股权评估价值中,并不包含过渡期损益。由于过渡期内目标公司的控制权尚在被收购的目标公司手中,由于信息不对称,过渡期损益似应由转让方享有或承担,即此时一般还会根据过渡期损益对股转对价进行调整。房地产评估通常还会用到土地成本积算法。

市场法也称比较法、市场比较法,是指通过将评估对象与可对比参照物进行比较,以可对比参照物的市场价格为基础确定评估对象的评估方法的总称,比较常见的是企业价值评估中的交易案例比较法和同行业同类型上市公

---

① 收益法,是房地产评估中常用的方法之一。企业价值评估中的收益法,是指通过将被评估企业预期收益资本化或折现以确定评估对象价值的评估思路。

司比较法等。市场法下，我们一般很难直接判断评估期间是否涵盖过渡期，因此对于过渡期损益的归属主要还是依据并购交易双方的约定确定。房地产评估通常还会用到基准地价法，就是对土地使用权价值的评估通常参照已有的同类、同级别和用途的土地价值，最后根据地区等个别因素得出土地使用权价值。

（3）过渡期可能存在的风险

股权转让过渡期间，政策环境、政府审批不可控性、目标公司经营管理、转让方主观意愿的变化、外部环境导致估计变化等均会带来不同程度的过渡期风险。比较典型的是以下几类风险：

①转让方及目标公司不配合或者不及时移交管理权的风险

在股权收购中转让方指派的目标公司的管理层以及关键员工往往扮演重要角色，尤其是印章、证照、合同、文件等信息材料保管部门的员工。这些部门的人员熟悉公司运营的规则与痛点，协议签署后，一旦关键部门的员工在原股东的指示下或者基于自身利益诉求，出现不配合交割的情形，就会加大后续股权交割的推进难度，不论是延长过渡期交易时间，还是拒不提供相关资料抑或是消极怠工，都不利于并购方实现并购目的。

②股权交割需要行政主管部门审批的风险

在股权转让过程中，诸多行为需要得到行政主管部门审批生效，但是由于相关政策、外部环境、股东优先购买权纠纷等因素的影响，可能会导致股权转让无法通过政府主管部门核准审批或者审批时间过长。

③过渡期内目标公司资产、负债发生变化

过渡期是一个敏感的时期，在此期间，交易双方往往会为了各自的利益进行博弈，双方的矛盾也会更加突出。一方面，转让方可能会由于公司资产等已经进行了评估从而怠于管理，影响公司的运营、管理和收益；另一方面，转让方可能会利用未办理工商变更这一对外公示未完成的情况而对外提供担保或投资，导致公司资产、负债、所有者权益发生变化，从而导致估值前后发生重大偏离。

④目标公司股权被多次转让的风险

转让方可能就目标股权与并购方签完股转协议后，将股权再次转让给第三方，这种情况下也会给并购方带来纠纷、影响并购进度。

（4）过渡期风险的应对

对于过渡期内可能出现的风险，本质上是并购交易双方利益冲突的体现，并购方除了进行充分详尽的财务、法律尽职调查外，还可以通过以下方式降低自身的风险：

①设定股权转让协议生效的前置条件

包括但不限于股东会同意转让决议，股东书面放弃优先购买权，股权转让获政府主管部门审核批准，提供关于股权转让的全部印章、证照、文件、账目等必要文件材料，双方签订对或有债务、不实披露债务等风险予以承担的书面协议、陈述和保证等。

②在过渡期内，受让方实际参与目标企业经营（施行共管）

为避免出现过渡期内因信息不对称和目标公司懈怠造成的经营风险，受让方可安排财务人员或委派董事、高级管理人员等提前参与到目标公司治理中，提前就目标公司相关经营事项进行了解和管理，并且约定过渡期内重大事项须经过并购方同意。

③明确股权价款分期支付的节点

为防止转让人怠于配合办理股权交割、或有债务在前期未充分披露，可以采取先办理股权交割再付尾款的方式，从而保障受让方利益。在实务过程中，的确有很多并购企业采取这种方式。股权受让方还应尽可能督促和配合转让方及早办理股权过户手续，缩短过渡期的期限。

④设置过渡期内单方解除权条款

为了保证并购方在极端不利的情况下能够无损退出交易，尤其在过渡期内目标公司估值发生重大变化、前端风险未充分披露等情况下，可以在并购协议中约定并购方在一定条件下，有权单方解除股权转让协议或者不向被并购方发送《股权收购确认书》，从而保障并购方的利益。

⑤分步受让股权，剩余股权进行质押

在条件允许的情况下，可以分步收购目标公司的股权，先收购一部分目标公司股权，再收购剩下的目标股权。同时，在此期间，为防止被收购方处分剩余股权，可以约定由被收购方以剩余待收购的股权为并购方提供质押担保。

3.股权收购过渡期共管事项

在实践中，除了表3-1所列的具有一定共性的过渡期共同监管事项之外，并购过程中还需要根据具体的并购交易类型、并购交易标的类型来设定其他需要监管的事项、监管主体和监管措施。

表3-1 过渡期通常应设定的共同监管事项

序号	共管事项	共管具体内容
1	对目标公司注册资本变更、股权投融资的监管	对目标公司注册资本、过渡期内目标公司的股权投融资进行监管。标的股权所对应的目标公司的注册资本属于股权价值的一部分，在对目标公司估值、计算股权并购价款时已经将其作为转让方的财产权利作价给了收购方，并且通常情况下股权都是在净资产评估的基础上溢价一定比例作价进行收购。所以，如果转让方在股权作价确定之后，变更目标公司注册资本的话，将可能导致标的股权的估值发生变化，并可能导致股权受让方的利益受损。除此之外，如果过渡期内进行增资，可能会稀释转让方和受让方的股权，导致受让方获取控制权的收购成本增加。
2	对目标公司利润分配的监管	对过渡期内目标公司分配利润的行为进行监管。因为，类似于注册资本，目标公司留存的未分配利润也属于股权对应的财产权益的一部分，在股权转让作价时已被计算在转让价格之内。如果，目标公司向股东分配了利润，则净资产将会减少，从而影响估值和股权转让定价。
3	对目标公司资产处分的监管	对目标公司在资产上设置权利负担和权利限制，以及非正常处置任何重大资产或进行投资，或以土地使用权、在建工程和房屋进行融资等事项进行监管。如重大资产上被设立了担保或者被目标公司以明显低价处置等，目标公司估值将会受到影响。

续表

序号	共管事项	共管具体内容
4	对目标公司借贷（债权投融资）事项的监管	对目标公司对外发放贷款或提供信用和担保，以及未经受让人同意向外借款的行为进行监管。目标公司的借贷行为将增加负债风险、导致资产减少，从而影响估值。
5	对目标公司重大合同和用印事项的监管	对目标公司任意订立、变更及转让合同的行为进行监管。此项监管事项最主要的原则是目标公司不得订立有损受让方和目标公司利益的合同。同时，对于任何重大合同（一般会约定什么金额和/或性质的合同属于重大）的作出需要受到监控。最后，出让或承接任何合同项下的任何权利（通常业务经营中所产生的合同除外）也需要进行监管。对目标公司合同事项的监管需要有的放矢，毕竟合同是业务的来源，目标公司持续经营是收购的前提，收购方不能阻碍目标公司正常经营，但对于重大合同的签署和变更应当予以监管，防止在过渡期内出现损害目标公司权益的合同，特别是目标公司与关联方之间的签署、转让、变更等行为，较容易发生利益输送的情形。过渡期内并购方可通过监管公司印章等资料来监管合同签订事项。
6	对目标公司章程的监管	对过渡期内目标公司修订公司章程的事项进行监管。公司章程是公司治理和股东权利来源的基础文件，是处理股东之间争议的重要依据，特别是有限责任公司，其股东自治的成分更多、可约定的空间更大，一旦章程发生重大变化，或将影响目标公司管理和决策现状，甚至影响收购方、被收购方控制地位，导致收购目的无法实现，因此收购方应对章程的变动进行严格监管。
7	对目标公司劳动人事事项的监管	对过渡期内目标公司的非正常人员变动、调薪、晋职、调增竞业限制补偿金、经济补偿金以及保险等行为进行监管，避免目标公司增加人力资源成本以及劳动人事合规风险。在人员安排上，并购方需留意非正常离职、调岗、薪酬发生改变等问题，防止引发不必要的劳动争议。
8	对目标公司财务事项的监管	对过渡期内目标公司无正当理由变更财务会计制度或替换聘请的会计师事务所等行为进行监管。因为，财务会计制度和会计师的变更，可能会对目标公司的财务状况、账目和财务数据产生影响，不利于并购方对目标公司的资产负债状况进行审计和稽核。为保障公司财务管理的正常运行和财务税务资料的完整性，在并购方接手之前，目标公司不得作出重大调整。

续表

序号	共管事项	共管具体内容
9	对目标公司诉讼事项的监管	对过渡期内目标公司对案件做出非正常的撤诉、放弃权利、和解、承认相关事实、承诺赔偿等诉讼行为，以及可能引发争议和纠纷的行为进行监管。目标公司涉诉风险增加，一方面会增加负债风险，导致公司资产减少和影响公司估值；另一方面可能会给公司业务造成负面影响。
10	对目标公司营业渠道、品牌、其他无形资产的监管	对过渡期内目标公司对资产、营业、渠道、品牌等的善意管理行为进行监管。因为这些资产（包括作价商誉对应的渠道等无形资产）的任何毁损、损失或者贬值都将对收购方的利益造成损害。在并购方的营销团队接手之前，目标公司应尽量维持正常营销，不得随意解雇营销团队，不得进行任何可能影响项目销售和项目商誉的行为。未经并购方同意，目标公司过渡期内也不得随意增加营销合作方和营销、广告经费。

广州金鹏律师事务所整理

（二）股权收购对价支付安排

在房地产并购项目股权收购交易中，交易双方基于维护自己利益的考虑，除了在股权估值方式和价格方面进行博弈外，还会对股权转让价款的支付节点进行协商。

并购方当然希望价款的支付节奏完全由自己掌控，这样对于在尽调过程中的未披露风险可以留一手，也可以做到进可攻退可守。但是对于被收购方而言，则希望尽快拿到价款，双方诉求是存在一定矛盾的。需要双方协商达成的具体包括以下几个方面：

1.股权收购对价的支付形式

股权收购中，交易双方所采用的付款方式不同会导致其履行纳税义务的时间不同。对于并购交易双方来说，选择合适的付款方式可以拖延入账时间，达到延缓纳税，获得货币时间价值[①]的目的。

---

① 货币的时间价值就是指当前所持有的一定量货币比未来获得的等量货币具有更高的价值。从经济学的角度而言，当前的一单位货币与未来的一单位货币的购买力之所以不同，是因为要节省现在的一单位货币不消费而改在未来消费，则在未来消费时必须有大于一单位的货币可供消费，作为弥补延迟消费的贴水。

股权收购对价的支付形式有很多种，主要包括现金支付方式、股权支付方式、资产置换支付方式、承债式支付方式、无偿划拨支付方式、混合证券支付方式等。以下选取几种进行介绍。

（1）现金支付方式

现金支付被认为是最快捷的一种支付方式，但对并购方的现金流要求很高。具体来说，它是指并购方直接支付现金作为股权收购的交易对价。现金支付的优势也十分明显：现金收购只涉及目标企业的估价，简单明了；现金支付一定程度上便于交易尽快完成；支付金额明确界定，收购后不会影响并购后的目标企业资本结构，有利于股价的稳定。现金收购也存在一些不足之处：对并购方而言，现金支付方式需要筹集大量现金，这会给并购方带来巨大的现金压力，可能需要向银行申请并购贷款或者由并购基金介入；对作为被并购方的交易对手而言，现金收购无法推迟确认资本利得[①]，会承担较重的税负。房地产并购交易中通常采用此种方式支付。

（2）股权支付方式

股权支付是指并购方将自身股权作为股权收购的交易对价支付给目标企业的股东，依据一定比例换取目标企业股权的方式。股权支付方式在以下方面存在优势：

无需大量现金，收购方现金支付压力小；一定程度上可以分散估价风险。一般而言，由于并购方与目标公司之间存在信息壁垒，并购方无法快速全面地了解目标公司，因此很难事先发现目标企业隐藏在内部的全部问题。采用股权支付方式，目标公司获得并购方控股公司的股权，双方利益捆绑在一起，估价风险由收购方与卖方共同承担，一定程度上可以提高被并购方的据实披露意愿。股权支付方式一定程度上也可以达到延期纳税的目的。对目

[①] 资本利得是指出售股票、债券或不动产等资本性项目取得的收入扣除其账面价值后的余额。一些国家对资本利得征收利得税，要按资本项目的购入价格与最后销售价格之间的差额及规定税率计算。一般认为，资本项目的增值要经过若干年的累积才能最终形成，为防止利得税影响对资本市场的投资，故税率较低，通常采用比例税率。

标公司股东而言，股权支付方式可延迟收益的时间，获得延期纳税的好处。股权支付的不足之处在于卖方不能立刻获得流动性资金；收购人的股权被稀释。对于一些危机房地产企业来说，本身就是由于企业资金链出现危机，需要外部资金的援助而进行并购，股权支付自然不能对症下药，快速挽救危机企业。好在大多数企业在进行并购交易时不会单独采取股权支付方式，而是会选择更有利于收购双方灵活管理现金和股权的组合方式，一定程度上也能满足危机企业的资金周转需求。

（3）承债式支付方式

承债式支付方式是指并购方不向目标公司或目标公司的股东支付任何现金及有价证券，而是以承担目标公司所有债务作为股权收购的对价，从而取得目标公司的股权，这种方式对于负债率高、连续亏损或濒临破产的目标公司来说比较合适。

2.股权收购对价支付节点的安排

确定股权收购对价支付方式后，还需要注意对价支付节点的设置，科学合理的支付节点有助于控制风险，意义重大。

（1）诚意金或定金

在并购协议签署后或者收购意向书签署后并购协议签署前支付首笔转让价款，目的是锁定交易，表明双方竭力保证股权转让顺利推进的合作意愿，此时支付的这笔款项可被理解为诚意金或定金。并购方支付一定比例的转让价款，向交易对手表达交易愿望和诚意；交易对手收受款项后，双方一致确定锁定交易，交易对手表明不再与其他意向公司就目标公司股权转让进行商谈。

（2）清洁款

要求交易对手在约定期限内清洁整理自身或目标公司债务并经并购方审查认可后支付的部分价款。此举一是为了保证此次交易的股权及标的房地产项目上没有其他权利负担，权属不存在瑕疵；二是为了保证并购目的的实现，实现精准交易；三是为了清除和剥离无关资产，一定程度上降低收购成本。

（3）变更登记款

完成目标股权的工商变更登记，即在法律上完成并购方的权利确认及外观公示，实现双方股权交易的初步目的，因此在实践中，对于该节点价款比例的设定可能会较大，通常约定付70%至80%，也可以由双方根据目标公司和目标项目的实际情况对这一比例进行调整。

（4）实际交割款

管理权的交割意味着实际经营控制权力的移交，也代表着对外经营责任随之转移，交割完成后经营活动中的管理者和决策者转变为并购方，其股权外观和实际股东权利合二为一，基本完成了股权并购的核心交易步骤。交割完成，在一定程度上避免了转让方对公司管理不善而导致股权价值减损的问题。

（5）保障金（质保金）

交易完成后，可以约定一定期限作为保障期，同时留有部分尾款作为保障金，以规避公司清洁义务未全部履行或转让方对目标公司实际经营状况、资产状况未做全面、真实的披露而存在的风险，如果风险引发，并购方可从保障金中抵付因转让方所造成的损失。

（6）履约金（尾款）

部分股权转让中目标公司还负有后合同义务，如证照续期、升级、相关转让义务的办理等，条件成就后受让方的并购目的才能得到全面满足，所以此节点的设置可避免转让方后续义务履行的消极状态。

整个交易过程中支付节点的安排和设定，是根据并购项目具体的实际情况而选择设定的，总的来说，就是将交易过程中可能出现风险的节点设置成对应的价款支付节点，以此规避风险，同时，每一节点的支付比例都与该项交易流程的重要程度直接挂钩。同时，为保障股权转让价款的足额如期支付，促进双方积极履行节点义务，在实践中，基于控制风险以及督促转让方和目标公司推进并购的目的，通常会以分次支付的方式进行。一个典型的支付安排是，首先安排在股权收购协议签署后支付一部分，在股权收购协议取得有关部门的批准和/或工商变更登记完成后再支付一部分，在目标公司管理权移交完成后再支付其他的部分。还有一种情况是，基于控制或有负债风险，收购方可能会要求在一个合理的期间（比如一两年内）留存少部分股权转让价款，并将其作为目标公司或有负债转让方赔偿责任的质保金。

事实上，除了上述最常见的分次付款方式之外，还存在其他可供选择的方式，例如，通过银行设立监管账户（托管账户）的方式也越来越常见。在该种方式下，并购双方首先在商定的银行开立一个监管账户，然后收购方将收购价款全部或部分一次性或分次转入该账户。然后，受让方按照股权收购协议履行义务后（例如取得审批手续，进行工商变更登记等），凭协议约定的议付手续向收购方和银行议付收购款项。这种支付方式对于转让方而言具有风险较小的好处，但对于收购方而言如果收购周期较长的话，将存在并购资金被占用的缺点，同时，银行提供监管服务和支付结算服务也是双方的一笔成本。

如果需要解决收购方资金占用的问题，还可以通过银行提供信用保证及融资（例如银行支付、履约保函）的方式进行。在这种方式下，收购方先支付一笔首期价款，然后由提供付款担保的银行向转让方出具不可撤销的银行保函，转让方在收到首笔价款和保函之后，按照股权收购协议履行义务（例如取得审批手续，进行工商变更登记等）。待完成标的股权的交割之后，收购方可以以标的股权向银行提供质押担保以取得支付剩余价款的贷款。

3.股权收购对价支付中的汇率确定和税款的扣缴义务

股权收购交易的股权转让价款涉及外汇时，股权转让价款的支付条款中，还应该明确约定该等外币和人民币之间的折算汇率具体以哪一天或者什么计算方法为准，以保证支付价款计算明确、金额确定。

如果转让方为自然人的，受让方还有股权转让所得个人所得税代扣代缴义务，在股权转让协议签订过后及时向目标公司所在地税务机关报告并进行纳税申报，从股权转让价款中扣缴转让方应缴纳的税款。[①]双方需要就受让方代扣代缴的税款从股权转让款中抵销作出约定或者约定由转让方直接缴纳税款。

4. 股权收购对价支付的滞留保证金以及股权质押

股权收购对价支付的滞留保证金以及股权质押类似于前面提到的保障金和履约金，设定目的都是保障交易的收尾工作顺利进行。具体来说，留存保证金是为了保障股权收购协议中约定的转让方的赔偿责任（如有）的顺利履行或者对目标公司可能存在的或有负债的转让方赔偿责任的分担与担保，并购方可以根据价款总额、赔偿责任可能发生的概率和金额，综合考虑确定留存时间和留存金额，实践中一般设定为交易价款总额的5%至10%。具体的时间和金额，需要由并购交易双方协商确定，一般可以考虑将目标公司管理权移交之后的一两年设置为留存部分股权转让价款以做担保的期间。

而对于股权转让方来说，也需要考虑在股权变更登记完成后、在丧失股东身份的情况下，如何顺利收取剩余的股权转让价款。所以，股权转让方有时会在并购方即将取得的股权之上为自身设定保证剩余股权转让款顺利支付的质权，如果收购方取得股权后怠于或拒绝履行价款支付义务的话，转让方可以行使股权质权，从而就股权拍卖价款优先受偿，督促收购方如约履行股权转让合同约定的付款义务。

（三）目标公司债权债务与或有负债的处理

1. 股权收购中目标公司债权债务的处理

在确定如何处理目标公司债务前，应首先明确该债务由谁负担，即确定该债务是属于股权定价基准日之前产生的债务还是之后产生的债务，股权定价基准日后的债权债务归属于转让后的目标公司并最终归属于收购方。

[①] 《股权转让所得个人所得税管理办法（试行）》第五条："个人股权转让所得个人所得税，以股权转让方为纳税人，以受让方为扣缴义务人。"第六条："扣缴义务人应于股权转让相关协议签订后5个工作日内，将股权转让的有关情况报告主管税务机关。被投资企业应当详细记录股东持有本企业股权的相关成本，如实向税务机关提供与股权转让有关的信息，协助税务机关依法执行公务。"

而对于股权转让中的历史债务,也叫遗漏债务,是在定价基准日后,因目标公司历史事件引起,且转让方没有披露、没有考虑进转让价格的债务。若股权转让合同没有对历史债务进行准确定义,则司法机关将根据历史债务判别的核心要件即转让方是否已经披露、该债务在定价时是否有纳入考量,对是否属于历史债务进行判别。在目标公司清偿后,该债务最终应由转让方实际承担(受让方可根据并购协议约定向转让方追偿)。

2.股权收购中目标公司或有债务的处理

在股权收购交易中,并购方比较担心的一点是目标公司遭受或有负债[1]所致的损失。由于或有负债存在不确定性,并且对并购方的最终利益具有决定性的影响,并购方处理起来往往更加谨慎。目标公司的或有负债通常是指由于股权转让评估基准日前的原因引起的,在股权转让评估基准日之后由目标公司承担的,未列入目标公司负债明细表中的负债,或虽列入目标公司的负债明细表,但目标公司承担的负债大于所列明数额的那部分负债。在实务中,造成或有负债的原因有很多,有因目标公司财务、经营中的不规范而无意中未披露的,有因怀有侥幸心理认为日后不会被追究而未披露的。通常来说,并购方往往在股权收购协议中提前明确载明由转让方对目标公司的或然负债承担赔偿或担保责任,此种要求虽是合理的,但在实际交易中往往也会有其他考虑。

(1)或有债务的定义及其类型

"或有负债"在法律层面并没有一个明确的定义,但在企业会计准则中有明确的界定。

---

[1] 《企业会计准则第13号——或有事项》第十三条:"企业不应当确认或有负债和或有资产。或有负债,是指过去的交易或者事项形成的潜在义务,其存在须通过未来不确定事项的发生或不发生予以证实;或过去的交易或者事项形成的现时义务,履行该义务不是很可能导致经济利益流出企业或该义务的金额不能可靠计量。或有资产,是指过去的交易或者事项形成的潜在资产,其存在须通过未来不确定事项的发生或不发生予以证实。"

表3-2 股权并购中或有债务的类型

序号	或有负债类型	负债具体内容
1	未依约披露负债	一般来说，转让方未披露债务有很多种原因，可能是刻意隐瞒目标公司存在的债务，也有可能仅仅是因为目标公司财务、经营中的不规范导致不知情而未披露，有因怀有侥幸心理认为不会被追究而未披露，等等。具体例如，未披露社保欠费、欠税等。
2	对外担保	公司可能因为各种原因，为其他公司或个人债务提供担保，且有时是无限连带责任保证。对外担保作为或有债务的一种，是由过去的交易或者事项形成的潜在义务，在股权转让完成后，债权人要求目标公司承担保证责任，目标公司承担责任变成确定事件，该历史债务可以划入或然事件导致的范畴。
3	因违法违规行为导致的行政、民事责任	公司可能因为环境违法、逃税漏税等行为而受到监管部门追缴税款、罚款等行政处罚。该等处罚的依据，即公司的违法违规行为发生于过去，但会因监管部门的介入、查处而使公司新增税费。相类似地，如因公司产品质量不合格、合同履行违约等原因导致第三方追究公司侵权、违约责任，公司或有债务亦会因此增加。
4	未决诉讼、仲裁	对于人民法院、仲裁机构尚未作出最终裁决的案件，公司无法判断是否会带来损失及损失的具体金额，这一类或有债务系过去的交易或者事项形成的现时义务，但该义务的金额不能被可靠地计量。
5	经营风险	例如，目标公司在股权转让前与第三方签订了合作协议，在股权转让完成后，因协议约定的客观标准无法达成，双方均无过错，但协议解除条件成就，第三方要求目标公司退还合作款，该历史债务可以划入经营风险导致或有债务的范畴。

广州金鹏律师事务所整理

（2）或有债务的处理原则

或有负债不管是由什么原因造成的，客观上都造成了目标公司的权益虚增，因此收购方可以据此要求转让方依法承担赔偿责任。但同时因为或有债务存在不确定性，虽在交易谈判时要求转让方承担全部责任最有利于收购方，但由于转让方的抵触往往会造成交易无法达成。

表3-3 股权并购中或有债务的处理要点

序号	项目	具体内容
1	追偿权主体的确定	未披露债务的追偿权可以由当事人自由约定，法院一般按照当事人的意思自治处理，当事人在确定追偿权行使主体时，应当结合法律规定、行使权利的便利性、获得最大限度赔偿等予以考虑。
2	追偿权主体	并购方或目标公司。
3	赔偿责任的担保	实践中，由于转让方不一定有履约能力或赔偿责任承担能力，在签订并购协议时，为保证转让方日后能如约履行协议、足额承担赔偿责任，并购双方可以约定由转让方提供相应担保，例如由转让方股东、实控人提供保证或者提供股权质押担保，再或者由转让方提供银行、保险公司等金融机构的保函。
4	责任期限	在约定或有债务承担规则的时候，也要注意约定转让方承担责任的期限，明确转让方承担责任期限可以防止双方事后追偿时发生争议。对于并购方来说，责任期限的设置要尽量覆盖全部或有债务可能产生的日期，同时要给予并购方足额的追偿期限。一般来说，可以约定从并购方、目标公司实际发现或有债务或者实际为或有债务发生支出时开始计算责任期限，责任期限不少于诉讼时效期间。当然，如果责任承担设有担保的，还要注意在担保合同中设置担保权的追偿期限，即保证期限和担保债务诉讼时效。
5	赔偿履行期限	转让方确定需要承担赔偿责任以后，应当明确转让方支付赔偿金额、违约金的期限，如转让方未在该期限内向并购方支付赔偿金额的，应当支付利息或更高金额的违约金。
6	目标公司和解与债务处分限制	为防止转让方承担过重的、不当的赔偿责任，并购协议中可以约定目标公司、并购方不得在未经转让方同意的情况下与或有债权人和解或向其提前清偿。目标公司控制权移交给并购方过后，转让方无法掌握目标公司或有债务后续的履行情况，如果并购方或目标公司不适当地履行或有债务，在向转让方追偿时可能导致转让方承担过多的赔偿责任，此时转让方有可能主张并购方存在过失从而拒绝赔偿超出的部分。因此并购方和目标公司在向债权人履行债务时，应当审查本应当承担的债务数额，尽量不要提前清偿或者做过多让步。
		广州金鹏律师事务所整理

股权并购模式下或有债务、未披露债务的风险防范、相关案例分析的内容详见本书第四章房地产并购常见类型的纠纷与风险防范类型五：股权并购模式下因未披露的债务产生的纠纷相关部分。

（四）股权收购员工问题的应对

1.并购交易中员工劳动关系发生转移的常见情形

如果股权交易之前或之后，还涉及房地产项目管理团队和营销团队的替换，也有可能涉及员工劳动关系的转移。对于并购方，提前了解目标公司员工组成与状况，拟定合法合规的员工处理和安置的目标与方案，计算经济补偿金等安置成本，并在交易文件中明确双方的成本分担方式和权利义务，也是影响并购交易效果好坏甚至成功与否的重要步骤。

股权并购交易中员工劳动关系转移的情形可能包括：

（1）股权并购交易开始后、完成前，并购方进行业务重组，转让方其他关联主体的相关员工转入至目标公司，纳入并购范围；

（2）股权并购交易开始后、完成前，转让方进行业务剥离，目标公司的部分员工转出至转让方其他关联主体，不纳入并购范围；

（3）股权并购交易完成后，并购方内部进行重组，目标公司的特定员工转移至并购方的其他关联主体。

需要注意的是，无论出现上述哪种转移情形，买方都有可能出于避免承担目标公司潜在历史责任的目的，或新设主体更易于后续进行重组或出售的考虑等原因，而为并购交易专门新设公司实体，以此实现员工接收的目的。在此情况下，员工劳动关系转移前，需要完成设立接收主体、开立银行账户和社保账户、准备好内部工资发放系统和人力团队等工作，以确保管理权实际转移当月员工的发薪和社保缴纳能够顺利衔接。

2.股权转让交易对员工劳动关系、工作年限等的影响

在股权并购交易中，并购方对目标公司的收购，往往意味着对目标公司员工劳动关系、过往用工风险与责任的全盘接收和继受。股权并购交易有可

能伴随着公司业务方向、管理模式、经营范围和用工需求的变化，从而导致主动性的劳动关系转移或减员（合称"员工安置"）。但股权并购也有很大可能不涉及员工劳动关系的转移。因为用人单位发生合并或者分立等情况，原劳动合同继续有效，劳动合同由承继其权利和义务的用人单位继续履行。[①] 因此，目标公司的股东变更，原则上并不影响目标公司与员工之间劳动合同的履行。

由于股权转让交易中员工与单位的劳动关系并不改变，员工的工作年限，也并不因股权转让交易而发生中断，工作年限将会继续计算。

3.股权转让协议中需要特别约定的员工事项

在劳动关系转移的处理过程中，企业为了承担更多的社会责任以及更顺利地实现对目标公司的管理和运营，笔者建议交易各方关注如下事项，做到合法合规，并降低出现员工争议的风险，对于以下事项在协议中予以明确。

（1）双方约定，并购方维持员工规模及一定时间段内不进行大规模经济性裁员的承诺和保证。这样的承诺和保证一般都会写入协议中买方承诺和保证条款中。所以，双方应当交接截至股权转让基准日的目标公司员工的清册等资料，并且并购方应当考虑是否接受这样的条款。

（2）对于与原单位签订了竞业限制协议/条款的员工，建议在劳动关系转移协议中明确：①与新单位建立劳动关系不视为对原单位的竞业限制义务的违反；②与原单位的竞业条款是否仍继续有效。员工转移后即属于从原公司离职，假设在竞业期限内又加入了新公司之外的第三方公司，如该等第三方公司与原公司存在竞争，原公司是否仍希望保留追究其违约责任的权利。新单位也可以考虑是否与重要员工签订新的竞业限制协议/条款。

（3）双方应约定转让方在过渡期间进行某些员工事项的限制条款。尽管这些针对员工的调薪、晋职、调整福利政策（包括保险政策等）等并不

[①] 《中华人民共和国劳动合同法》（2012年修正）第三十三条："用人单位变更名称、法定代表人、主要负责人或者投资人等事项，不影响劳动合同的履行。"第三十四条："用人单位发生合并或者分立等情况，原劳动合同继续有效，劳动合同由承继其权利和义务的用人单位继续履行。"

一定马上产生目标公司的现实义务，但将在未来对目标公司的利益产生重大影响。譬如，转让方无正当理由大幅调高所有员工的薪酬水平、社保缴费基数，就将给目标公司今后的人力成本带来极大的增加。再譬如，无正当理由对部分人员进行晋升等。

（4）鉴于劳动法对公司签订两次以上固定期限劳动合同后再续签需签订无固定期限劳动合同的要求，各方应考虑在转移后是否继承在转移前的劳动合同次数，并在新劳动合同的期限设定上予以体现。

（5）关于劳动协议的签订，以下几点需要注意。①协议形式：并购中的劳动关系转移，通常会采取"劳动关系转移协议+新劳动合同"的形式。劳动关系转移协议一般由新旧用人单位和员工三方签订，新劳动合同由新用人单位和员工签订。②协议内容：劳动关系转移协议中，通常需明确原劳动关系的解除时间、继承工作年限/支付经济补偿的方案、新用人单位与员工将签订劳动合同等内容。新劳动合同通常会采用新用人单位的劳动合同模板。③生效时点：劳动关系转移协议中约定的原劳动合同的解除时点，与新劳动合同的生效时点，通常需无缝衔接。

总体来看，由于在股权转让交易中，目标公司的法人主体并没有变化，所以在人员方面可能会存在较大的风险，需要在尽职调查部分尽量查清并减少风险，当然在股权转让协议中还可以通过设置违约责任以及或然负债等责任条款以保并购方可以获得事后的救济，但有的时候即使这样约定，也很难实现。这是选择股权转让交易方式必须慎重考虑的事项之一。

二、资产收购协议的履行和交割应注意事项

（一）目标资产范围的确定

确定资产收购中目标资产的范围是双方进行交易谈判的第一步。资产收购的标的资产通常包括房屋、建筑物、土地使用权等，这几类资产中，什么样的具体资产适合并购，什么样的具体资产并购风险过大，是我们并购交易

前首先需要明确的事项。

对于如何确定资产收购过程中目标资产的范围，有以下几个原则可以参考。

（1）剔除与收购目的或者业务无关的资产

并购方收购目标公司的资产，收购标的既可能是与目标公司处于同一行业或类似行业的资产，也可能是现在不属于并购方业务范围，但将来打算开拓的行业的资产。不论哪一种，并购方都不会去收购与营业完全无关的资产。除此之外，对于目标公司的工会福利设施、职工宿舍等资产，这类与公司实质经营无关的资产也需要被剔除。这类资产无法通过经营产生业务收益，还会增加管理、整合成本，一般不会被并购方纳入资产收购的范围。

（2）剔除欲报废、处于闲置状态等不良资产

在剔除不符合收购目的、与业务无关的资产后，还需要对余下的资产进行进一步的分析与辨别。对于那些已经接近报废期、维修成本过高、使用价值较低的资产，以及处于闲置状态、很难再投入使用的不良资产都需要进行剔除。对于目标公司来说，当然希望这些不良资产仍然可以售卖一个不错的价格。但并购交易双方天然存在利益分歧，实务中，并购方一般都会在无法将不良资产剔除出去的情况下，进行一个计价打折，以避免"不良资产"被"打包销售"带来更多购买不良资产的支付。

（3）剔除代保管资产等不属于目标公司的资产

一般来说，代保管资产都是动产，但对于房地产企业来说，也会存在一些与生产经营相关的固定资产，包括房屋建筑物、公用设施等。对于这部分目标公司代保管的资产，因所有权并不属于目标公司，自然不能包括在资产收购的资产范围内。

（4）明确纳入收购范围的固定资产、土地使用权等资产

对于房地产企业来说，目标公司的固定资产、土地使用权等资产的形态相对来说比较稳定，是企业赖以生产、经营的资产，一般来说不会轻易发生变动，可协商确定并编制资产明细清单，将固定资产、土地使用权等资产纳

入资产收购的范围。对于目标公司存在在建工程的，等建成验收后再收购或直接将在建工程作为标的资产进行转让，都存在一些不合适之处，此时比较实际的操作是由目标公司将在建工程的具体情况、资料充分向并购方揭露，并将该在建工程合同项下的权利义务概括转让给并购方。对于目标公司已实际竣工验收使用，但未纳入固定资产范围进行核算的工程，可以在了解工程情况后，将其纳入固定资产进行计价核算。

在核算房地产企业的土地使用权这一资产范围时，一般会参考不动产权证书的记载，通过证书获取直观、客观的信息，一般也会去相关主管部门进行核查等。

（5）明确与收购目的相关的必要的应收债权的范围

一般来说，并购方在进行资产收购时，出于经营管理等方面的考虑，不倾向于收购目标公司的应收债权。但当目标公司的应收债权与并购方的经营业务存在某种重要关联且该应收债权明晰、确定时，并购方也会将其纳入资产收购的范围。比如，对涉及在建工程的应收债权，一般可将其作为目标公司的资产一并进行转让。实务中需要注意的是，债权具有时效性，对于超过时效的应收债权，并购方可以根据债权人的还款意愿、债权收取资金与时间成本等实际情况决定是否将其纳入资产收购的范围。

在资产收购的过程中，并购方无法确保完全了解目标公司的各项情况与风险，一般来说，为了防范可能的风险，并购方还会在资产收购协议中设置兜底条款，将与并购方业务有关的资产都囊括进去，以此强化并购的集群效应。

（二）目标资产存在担保的处理

1.标的资产存在抵押的处理

不同于股权收购，资产收购时，需要对每一项资产进行详尽的尽职调查。对于在尽职调查过程中披露的风险与资产存在抵押等情况，需要出让方在资产转让之前解除拟收购资产之上的抵押和担保，在此基础上再协商确定合作条件等。一般来说，资产收购协议中，会明确约定出让方保证拟被收购的资产真实、无瑕疵，并承担因拟被收购的资产存在瑕疵等造成并购方损失时的违约及赔偿责任。对于标的资产存在抵押的，一般有三种方式解除抵押。

第一种方式是债务人（目标公司）偿还债务使资产无负担后，并购交易双方再签订资产收购协议，但出让方出让主要或全部资产的情况下，其往往没有足够的资金偿还债务，这种解除抵押的方式对目标公司的还款能力要求较高，往往不易实现。

第二种方式是由并购方偿还债务。这种方式下，由并购方提供资金解除担保后，双方再进行资产收购活动，但这种方式对并购方的资金需求量大，一般很少有并购方会愿意采取这种方式，但也会有将并购方偿还的债务在并购交易对价中予以扣除的做法。

第三种方式是并购方委托银行付款的方式，实务中采取这种方式的多是大型稳健国企。一般来说，并购方、目标公司会与债权人签订一个"三方协议"，在经过债权人同意后，将抵押资产转让给并购方。"三方协议"一般约定，并购方本应支付给目标公司的收购款将会直接支付给债权人，用于偿还目标公司之前的贷款。为保证债权人的债务能得到及时的清偿，"三方协议"中一般会约定并购方承诺将收购款优先支付给债权人。"三方协议"中各方承诺如下：债权人同意债务人将抵押资产转让给并购方；并购方承诺将对应的收购款优先支付给债权人，用于清偿目标公司的债务；债权人承诺债务清偿后立即为抵押资产解除抵押；目标公司承诺抵押资产解除抵押后，立即协助并购方办理产权过户等手续。如此操作的前提是收购款能够覆盖目标公司拟被收购资产担保的债务，以及注意该"三方协议"与资产收购协议的生效时间节点的安排。在该种操作下，并购方的付款义务并没有扩张，只是付款对象和办理产权过户等手续的程序和时间发生了变化，一般来说，比较能被并购方所接受。

2.目标公司质押金、履约保证金等款项的处理

除了上述的资产抵押之外，在实务中，还经常会遇到目标公司收到或支

付的质保金、履约（经营）保证金、押金等带有质押性质的款项。主要包括如下两种情形：一是目标公司为担保自己的履行义务或确保合同对方积极履行义务而支付或收取的保证金，如因采购而支付的定金、为担保项目的完成而支付的工程履约保证金等，建设单位与施工单位约定的质量保证金等；并购过程中，如何处理这些款项呢？对于目标公司为担保自己的履行义务而支付款项的情形，可以理解为目标公司与对方签订的主合同的从合同，如果主合同转让给收购方，则从合同将一并当然转让。支付的这些款项将纳入目标公司的并购资产范围中。二是对于目标公司为确保合同对方积极履行义务而收取款项的情形，同样如果主合同转让给收购方的话，从合同也将一并转让，但此时并购方在合同对方完全履行合同义务后，需要返还相关款项，因此，该款项需相应在目标公司的并购资产范围中予以扣减。尽管从法律意义上这些带有质押性质的保证金并不属于目标公司对外的真正债务，它仅仅是一个担保金（所有权属于合同对方），但仍然需要在资产作价中单独扣除，因为它已经反映在目标公司的"其他应付款"账户中，而目标公司收取的现金并不在资产转让范围之内。

（三）目标公司债权债务与合同的处理

如前所述，资产收购过程中，拟收购资产范围一般不包括目标公司的债权债务等，但是房地产资产收购实务中，可能存在在建工程还未完工，此时关于在建工程的债权债务等都需要一并转让给并购公司。比如，对于目标公司已经支付的工程价款以及相关款项，自然可以纳入收购资产的范围，予以核算计价。因此，判断目标公司的债权债务是否纳入资产范围，需要结合实际情况具体问题具体分析，总体上本着对并购方有利的原则进行判断。

（四）资产收购过渡期损益与监管

在实务中，一般认为，在对拟收购房地产资产进行评估确定收购款后，到拟收购资产实际交付前，存在一个资产收购的过渡期，在过渡期内，由于还未完成工商登记等手续，标的资产的所有权仍然属于出让方。但此时拟收购资产的市场价值还在发生变化，对出让方在过渡期内的行为加以合理的限制和监管，有利于提高拟收购资产市场价值的稳定性，减少过渡期损失。具体来说，可以对出让方以下行为进行合理的限制与监管。

1.资产收购过渡期损益的相关规定

根据中国证监会于2020年7月31日发布的《监管规则适用指引——上市类第1号》，对于以收益现值法、假设开发法等基于未来收益预期的估值方法作为主要评估方法的，拟购买资产在过渡期间（自评估基准日至资产交割日）等相关期间的收益应当归上市公司所有，亏损应当由交易对方补足，实践中主要是由原股东共同承担或者由实际控制人承担两种情形。[1] 经收集和分析相关案例，近期在采用资产基础法作为最终评估的案例中，过渡期损益安排可分为以下几种：收益由上市公司享有，亏损由原股东承担；收益、亏损由上市公司享有或承担；收益、亏损由原有股东享有或承担。

2.房地产资产收购中的国有资产监管程序

（1）房地产资产收购中涉及国有资产监管的规定

国有资产监督管理法律规定多以部门规章的形式体现，偶尔联合财政部共同发布规定。现有的国有资产监管程序主要包括进场程序和评估程序。

当房地产资产并购项目中交易某一方可被认定为国有企业时，则该项目除需要适用一般针对房地产项目并购的法律规定外，还应当特别关注履行国有资产监管法律规范性文件，履行国有资产监管程序，以规避国有资产流失风险。现阶段，房地产并购项目涉及适用的国有资产监管法律规范性文件主要包括：《中华人民共和国企业国有资产法》、《企业国有资产交易监督管理办法》、《企业国有资产监督管理暂行条例》（2019年修订）、《国有资产评估

---

[1] 《监管规则适用指引——上市类第1号》规定："1-6 过渡期损益安排及相关时点认定：一、过渡期损益安排：上市公司重大资产重组中，对以收益现值法、假设开发法等基于未来收益预期的估值方法作为主要评估方法的，拟购买资产在过渡期间（自评估基准日至资产交割日）等相关期间的收益应当归上市公司所有，亏损应当由交易对方补足。具体收益及亏损金额应按收购资产比例计算。"

管理办法》（2020年修订）、《国有资产评估管理办法实施细则》、《企业国有资产监督管理暂行条例》（2019年修订）、《国有资产评估管理若干问题的规定》、《关于规范国有金融机构资产转让有关事项的通知》、《关于企业国有资产交易流转有关事项的通知》。

其余内容详见本书第二章第二节的（十）国有企业股权、企业国有资产转让涉及的特别程序部分，此处不再赘述。

（2）房地产资产收购中涉及国有资产的监管

①房地产资产收购中涉及国有资产的进场监管程序

自国务院国有资产监督管理委员会于2016年6月24日发布《企业国有资产交易监督管理办法》以来，国有及国有控股企业、国有实际控制企业的交易行为都是以进场交易为原则，不进场交易为例外。[1]

目前关于国有资产流转有关事项监管的最新规定是国务院国有资产监督管理委员会于2022年5月16日发布的《关于企业国有资产交易流转有关事项的通知》[2]。通读该通知可知，国有及国有控股企业、国有实际控制企业的交易行为都是以进场交易为原则，不进场交易为例外，该规则仍未改变。

②房地产资产收购中涉及国有资产的评估程序

根据《国有资产评估管理办法》（2020年修订）[3]及相关实施细则，在转让国有资产时，应当进行评估。若房地产交易涉及国有企业收购非国有资产或者接受非国有企业以实物资产偿债的，则应当对非国有资产进行评估。当房地产并购项目涉及国有资产处置的，应当评估，具体的评估程序及交易定价规则也在该规定中予以明确，即申请立项、资产清查、评定估

---

[1] 《企业国有资产交易监督管理办法》第二条："企业国有资产交易应当遵守国家法律法规和政策规定，有利于国有经济布局和结构调整优化，充分发挥市场配置资源作用，遵循等价有偿和公开公平公正的原则，在依法设立的产权交易机构中公开进行，国家法律法规另有规定的从其规定。"

[2] 《关于企业国有资产交易流转有关事项的通知》，由国务院国有资产监督管理委员会于2022年5月16日发布并生效。

[3] 《国有资产评估管理办法》（2020年修订）第六条："国有资产评估范围包括：固定资产、流动资产、无形资产和其他资产。"

算、验证确认。[①]

其余内容详见本书第二章第二节的（十）国有企业股权、企业国有资产转让涉及的特别程序部分，此处不再赘述。

3.房地产资产收购过渡期监管事项

房地产资产收购交易中，既有房地产企业特有的过渡期应监管的事项，也有资产收购交易中需监管的事项，对于与股权收购过渡期监管事项相同的部分，此处不再赘述，仅就房地产资产收购过渡期应注意的监管事项进行分析。

（1）对目标公司投资从事同类生产经营和业务活动的监管

结合资产收购的交易目的，并购方购买目标公司全部或主要资产，是出于拓展市场份额与业务经营范围、市场经营份额等的目的。若在并购方实际取得目标资产后，目标公司及其股东或实际控制人，不考虑并购目的即利用所得收购价款按照目标公司原有经营模式与思路重新建设新的工厂或者开发新的生产线等，并购方的并购目的与资产利用效益最大化将无法实现。因此，在资产收购协议中，明确约定出让方的限制竞争条款，防范此类事件的发生意义重大。

（2）过渡期经营资质的衔接

一般来说，并购方收购的资产中，经营性资产偏多，而每一项可能转让的资产都需要经过充分的尽职调查和变更登记等转让手续，耗时较长。涉及行政管理部门的相关手续，办理时间大多在几十个工作日，实务中也会有一年多未办理完成的情况。工商主体登记变更生效的过渡期间内，并购交易双方如何在合法合规的情况下连续生产成为一个重要的监管事项。为了解决这类合规性问题，交易双方可以提前就过渡期内的连续生产问题进行沟通与约定，并先行取得政府主管部门的认可或复函。此外，对于涉及需要收购方重新申请的相关经营资质，而非由被收购主体转移的，交易双方也可以直接将

[①] 《国有资产评估管理办法》（2020年修订）第十二条："国有资产评估按照下列程序进行：（一）申请立项；（二）资产清查；（三）评定估算；（四）验证确认。"

交割日约定在收购方获取全部资质之后。

（3）目标公司员工事项的监管

与股权收购不同的是，目标公司在资产收购交易中出售公司全部或者主要资产后，也存在依法注销的可能性。此时，目标公司的员工并不会直接关联到并购方企业，因此更加需要重视资产收购交易中员工事项的处理，避免给并购方的经营、管理造成困难。一般来说，可以与目标公司协商确定，过渡期内目标公司与公司员工就社保、公积金等事项的处理方案。如果资产收购交易完成后，出现交易完成前未妥善解决的欠付职工工资、欠缴社保等情况，并购方可以用资产转让价款支付解决员工事项所需款项。如果并购方愿意与目标公司员工订立劳动合同，则双方应当完善必要的手续，规避可能出现的风险。

（五）资产收购价款支付的安排

与股权收购交易类似，资产收购交易过程中支付节点的设置也十分重要。在资产收购协议中，明确价款支付节点和条件，有利于控制交易过程中的风险。具体来说，为了控制风险、推进收购的目的，并购方通常会希望分次支付，以此控制交易节奏。在资产收购协议签署并生效后、标的资产盘点移交前，支付20%至30%的资产收购价款。而在标的资产盘点移交完成并计价后，再支付20%至30%的资产收购价款。在目标公司完成各项证照等文件的登记等手续后，并购方支付剩余资产收购价款。由于对房地产资产收购交易来说，各类证照等资料的办理可能花费时间较多，因此可考虑在完成此步操作前，留余40%至50%的资产收购价款。具体比例可由资产收购交易双方协商确定，选取双方满意的比例即可。实务中，也有很多并购方会在资金储备状态良好时，选择通过银行设立监管账户的支付方式。

（六）目标资产的盘点与交付

在资产收购交易中，交易双方通常会协商确定资产盘点基准日并依据该日目标公司的资产状况确定标的资产的初步范围。从实务情况看，多数情况下并购方为了控制并购成本，会尽量剔除对并购方企业助益较小的资产、控制资产并购的范围，而目标公司则为了增加转让价格而尽力扩大资产并购的范围。在双方利益的博弈下，通常会在充分进行尽职调查、披露相关风险的基础上，通过双方的谈判拟制一份资产收购明细表，以此确定资产收购的范围，并将其作为资产收购协议的附件。需要注意的是，房地产资产收购交易中，不动产权证等各项权证、法律文件的移交至关重要，需要列明具体的各项权证以及权证记载的重要事项。一般来说，资产收购协议中还会约定对于未妥善交付各项权证、法律文件的违约责任，以此督促目标公司积极交付相关资料。

对于需要经过相关部门批准的资产转让，取得合法有效的批准文件之日，可作为盘点交付日。资产收购双方确定盘点交付日之后，就盘点交付的方式、程序、负责人员、交付标准、交付费用等进行约定，完善实际交付过程中的操作要点、尽量减少交付争议。

第四章

房地产并购常见类型的纠纷与风险防范

第一节 类型一：资产并购模式下转让方未取得土地使用权证书

一、未取得证书并购协议存在无效的风险

实践中，转让方与土地出让部门签订土地使用权出让合同并接受了土地出让部门的土地交付以后，有可能根据项目开发和自身经营的需要，在未缴清土地价款或其他原因导致土地使用权证书还未获得的情形下，即与受让方签订土地使用权转让合同或其他类型的资产并购协议。那么，转让方未获得土地使用权证书即与并购方签订土地使用权转让协议，该举措对并购方来说存在何种风险呢？后续并购交易又有可能发生什么样的争议呢？

根据《中华人民共和国城市房地产管理法》（2019年修正）的规定，转让方如未取得土地使用权证书，原则上不应当将项目土地使用权转让给他人，即使签订了土地使用权转让合同，在取得土地使用权证书之前，也无法办理移转过户登记。[1]即使并购双方基于尽快达成交易的考虑，在转让方尚未获得土地使用权证书之前即签订土地使用权转让合同，土地使用权权属的变更也要等到转让方获得土地使用权证书之后才能办理，此时转让方的土地使用权过户义务属于履行不能。

另外，这样的土地使用权转让协议是否完全合法有效呢？司法实践中不无争议。最高人民法院的部分案例认为，《中华人民共和国城市房地产管理

---

[1] 《中华人民共和国城市房地产管理法》（2019年修正）第三十九条："以出让方式取得土地使用权的，转让房地产时，应当符合下列条件：（一）按照出让合同约定已经支付全部土地使用权出让金，并取得土地使用权证书；……转让房地产时房屋已经建成的，还应当持有房屋所有权证书。"

法》（2019年修正）关于未取得土地使用权证书不得转让土地使用权的规定属于管理性强制性规定，不属于效力性强制性规定，并且债权的效力与物权变动的效力应当予以区分，从而认为未取得土地使用权证书或未办理土地使用权登记而签订的土地使用权转让合同有效。例如某市豪某房地产开发有限公司与高某某、段某某建设用地使用权转让合同纠纷申请再审民事裁定书[①]显示："案涉《委托书》载明，王某某全权代表豪某公司就该公司名下编号为2009-06宗地、总面积50556.36平方米计75.835亩土地的转让事宜与高某某、段某某协商。本院审查查明的事实表明，案涉《协议书》涉及的土地为豪某公司通过签订合同受让的国有建设用地，《协议书》转让的标的物系国有建设用地使用权。本案中，豪某公司并未缴纳土地出让金，亦未办理土地登记手续，未取得该地块的物权。根据《中华人民共和国物权法》第十五条'当事人之间订立有关设立、变更、转让和消灭不动产物权的合同，除法律另有规定或者合同另有约定外，自合同成立时生效；未办理物权登记的，不影响合同效力'的规定，豪某公司未缴纳土地出让金、未办理土地登记手续的事实不影响案涉《协议书》的成立和法律效力。本案双方当事人只要严格履行约定，就能满足转让条件并转让建设用地使用权。因此，二审判决认定案涉《协议书》合法有效，适用法律并无不当。"

但是，由于《最高人民法院关于审理涉及国有土地使用权合同纠纷案件适用法律问题的解释》（2005年）第九条规定"转让方未取得出让土地使用权证书与受让方订立合同转让土地使用权，起诉前转让方已经取得出让土地使用权证书或者有批准权的人民政府同意转让的，应当认定合同有效"（2005年版，现行的2020年修订版已将该条删除），大多数案例认为如果转让方在起诉前未取得土地使用权证书或者经过政府同意，土地使用权转让协议将被认定为无效。

例如山东三某集团有限责任公司潍坊分公司与潍坊华某房地产开发有

[①] 最高人民法院（2013）民申字第276号案件。

限公司买卖合同纠纷申请再审民事裁定书[①]显示："关于三某集团潍坊分公司与华某公司于1995年4月22日签订的《地下停车场销售合同》的效力问题。根据《中华人民共和国物权法》第一百三十六条的规定，建设用地使用权可以在土地的地表、地上或者地下分别设立。《最高人民法院关于审理涉及国有土地使用权合同纠纷案件适用法律问题的解释》第九条规定，转让方未取得出让土地使用权证书与受让方订立合同转让土地使用权，起诉前转让方已经取得出让土地使用权证书或者有批准权的人民政府同意转让的，应当认定合同有效。本案中，双方当事人签订的《地下停车场销售合同》，名为地下停车场销售合同，实为地下建设用地使用权转让合同。签订合同时，华某公司没有取得土地使用权证书，该合同属于效力待定的合同，因起诉前华某公司仍未取得该建设用地使用权证书或者经有批准权的人民政府同意转让，故该合同不能认定为有效。三某集团潍坊分公司依据该合同要求华某公司为其办理产权证书并赔偿损失，没有事实依据和法律依据。一、二审法院据此判决驳回三某集团潍坊分公司的诉讼请求，适用法律并无不当。"再如深圳某进出口有限公司与广东某公司、深圳市某实业发展有限公司建设用地使用权纠纷申请再审民事裁定书[②]显示："鉴于《关于某某综合用地投资开发及过名的合同书》为土地转让合同，而某进出口公司与广东某龙岗公司在签约时，广东某龙岗公司尚未取得出让土地使用权证书，起诉前也没有经有批准权的人民政府同意转让涉案土地，根据本院《关于审理涉及国有土地使用权合同纠纷案件适用法律问题的解释》第九条的规定，该合同无效，故某进出口公司要求继续履行该合同于法无据，一、二审判决结果正确。"

因此，如果转让方未取得土地使用权证书，且后续因未交清地价款等原因仍未取得土地使用权证书的，并购协议存在被认定为无效的风险。

[①] 最高人民法院（2014）民申字第182号案件。
[②] 最高人民法院（2014）民申字第1106号案件。

二、并购协议被认定为无效后的法律后果

除非转让方及时取得土地使用权证书，否则并购协议被认定为无效后，并购就意味着已经失败，交易不应再进行下去，此时双方负有相互返还财产、恢复原状的义务，有过错的一方应当赔偿对方由此所受到的损失[1]。对并购方来说，并购协议无效后，主要是要求转让方返还并购方已经支付的款项，并且要求转让方赔偿其损失。因为并购协议已经被认定为无效，其中的违约责任条款业已无效，并购方无法要求转让方承担违约责任或基于违约责任条款请求赔偿，只能基于缔约过失责任，主张转让方存在使合同无效的过错，从而要求其赔偿自身实际损失。至于实际损失，可以按照资金占用利息计算，通常根据并购方已支付款项的数额、中国人民银行同期同类贷款利率（全国银行间同业拆借中心公布的同期贷款市场报价利率）以及转让方占用资金的时间计算。

例如程某康与李某安、李某军等建设用地使用权纠纷二审判决书[2]载明："承前所述，涉案土地转让协议无效。基于合同无效而请求返还财产，则属于因缔约过失责任产生的债权请求权，诉讼时效期间应从合同被确认无效之日起计算，故李某安、李某军、李某康的请求并未超过诉讼时效。根据《中华人民共和国合同法》第五十八条规定，合同无效或者被撤销后，因该合同取得的财产，应当予以返还。因涉案土地转让协议属无效合同，无效合同自始无效，因该合同所取得的财产应予返还。李某安、李某军、李某康诉请程某康返还转让款12390000元，理据充分，一审判决对李某安、李某军、李某康该诉请予以支持，处理正确。程某康明知自己并非涉案土地的使用权人，未办理任何审批手续，仍转让土地使用权以谋取非法利益，情节特别严重，

---

[1] 《中华人民共和国民法典》第一百五十七条："民事法律行为无效、被撤销或者确定不发生效力后，行为人因该行为取得的财产，应当予以返还；不能返还或者没有必要返还的，应当折价补偿。有过错的一方应当赔偿对方由此所受到的损失；各方都有过错的，应当各自承担相应的责任。法律另有规定的，依照其规定。"

[2] 广东省江门市中级人民法院（2022）粤07民终97号案件。

应对涉案土地转让协议无效承担主要过错责任。由于李某安已分期向程某康支付了土地转让款，在合同无效的情况下，程某康占用资金而产生的利息属于法定孳息，程某康应一并返还。李某安、李某军、李某康在本案中基于合同无效要求返还财产而要求程某康支付资金占用期间利息，合理有据。一审法院根据李某安支付土地转让款的时间，判决程某康支付资金占用期间利息（以4090000元为基数自2012年8月1日起，以4300000元为基数自2012年8月2日起，以2000000元为基数自2012年9月1日起，以2000000元为基数自2012年9月29日起，上述均按中国人民银行同期同类贷款利率计算至2019年8月19日止；以12390000元为基数，自2019年8月20日起按全国银行间同业拆借中心公布的同期贷款市场报价利率计算至款项给付之日止）给李某安、李某军、李某康，并无不当，本院予以确认。"

再如卢某林、王某晖等合同纠纷民事二审民事判决书[①]载明："根据《中华人民共和国合同法》第五十八条规定：'合同无效或者被撤销后，因该合同取得的财产，应当予以返还；不能返还或者没有必要返还的，应当折价补偿。有过错的一方应当赔偿对方因此所受到的损失，双方都有过错的，应当各自承担相应的责任。'因此，卢某林、王某晖因《怀化沅陵某医院安置开发项目转让协议》取得的转让款30万元应予以返还。故原告某医院要求两被告共同返还原告已经支付的30万元的诉讼请求，本院予以支持。本案中，卢某林、王某晖与某医院在未实际取得土地使用权的情况下进行房地产转让，双方都有过错，各自承担与其过错相应的责任。卢某林、王某晖、某医院在本案中均未向本院提交其损失的相关证据，如确实存在损失，可另案处理。"

因此，在并购协议无效的情况下，并购方可以要求返还已支付的并购款项，如果导致合同无效的过错方主要为转让方，那么并购方可以要求转让方赔偿损失，例如可以要求转让方支付已经支付的并购价款的资金占用利息。

---

① 湖南省怀化市中级人民法院（2022）湘12民终420号案件。

综上所述，并购方需要调查转让方取得项目土地使用权证书的情况，未取得土地使用权证书签订的并购协议存在被认定为无效的风险，在土地使用权证书获得之前，并购交易无法完成，如果转让方破产，已支付的并购价款也存在无法完全收回的风险。如出于市场环境和交易需求的考虑，并购方考虑在转让方获得土地使用权证书之前就"锁定"项目土地，需要评估转让方后续获得土地使用权证书的风险大小，可以尽量将并购价款的支付推后，并可以在并购协议中约定或者让并购方出具书面声明，如转让方未取得土地使用权证书或者完成政府批准的用地手续、同意转让手续，过错完全在转让方，转让方应赔偿并购方资金及其占用利息等损失。

三、项目未达到开发投资总额25%以上土地使用权转让合同仍有效

虽然《中华人民共和国城市房地产管理法》（2019年修正）第三十九条规定，按照出让合同约定进行投资开发，属于房屋建设工程的，完成开发投资总额的25%以上，属于成片开发土地的，形成工业用地或者其他建设用地条件，土地使用权受让人才能将土地使用权转让给他人。但是司法实践中的观点普遍认为该规定为管理性强制性规定，并非效力性强制性规定，不会导致土地使用权转让合同无效，只是土地使用权转让合同在符合这一规定之前无法履行。

例如桂某某公司诉全某公司等土地使用权转让合同纠纷案二审民事判决书[1]载明："关于投资开发的问题，城市房地产管理法第三十八条关于土地转让时投资应达到开发投资总额25%的规定，是对土地使用权转让合同标的物设定的于物权变动时的限制性条件，转让的土地未达到25%以上的投资，属合同标的物的瑕疵，并不直接影响土地使用权转让合同的效力，城市房地产管理法第三十八条中的该项规定，不是认定土地使用权转让合同效力的法律强制性规定。因此，超凡公司关于《土地开发合同》未达到25%投资开发条

---

[1] 最高人民法院（2004）民一终字第46号案件。

件应认定无效的主张，本院亦不予支持。"

再如防城港宜某酒店管理有限公司、吴某云等股权转让纠纷民事二审民事判决书[1]载明："《中华人民共和国城市房地产管理法》（2019年修正）第三十九条第一款第二项的规定不属于效力性强制性规定，涉案土地未达到25%以上的投资就约定转让给目标公司导致的结果系不能办理土地使用权变更登记手续，但并不影响涉案《股权转让协议书》的效力。故涉案《股权转让协议书》并没有违反法律、行政法规的强制性规定，应为合法有效。"

因此，在房地产并购项目当中，并购方首先要核实转让方投资开发情况，已投入总额是否达到法律规定的要求，并要求转让方提供相应的审计报告。如果暂未达到法律规定的要求，但根据市场情况和交易的需求，并购双方需要在已开发完成比例达到投资总额的25%之前即签订并购协议的，双方签订的并购协议为有效的合同，只是尚不能完全履行。为了减少并购方的风险，并购方可以在并购协议中约定转让方负有将完成开发的比例提升到投资总额的25%，然后将土地使用权转让登记过户给并购方的义务，未完成这一义务的应当承担违约责任。如后续发生意外，转让方无法完成这一义务的，并购方可以主张转让方是过错方，要求解除合同并要求转让方承担违约责任，赔偿并购方的损失。

需要注意的是，根据目前主流的司法观点，股权并购模式并不受《中华人民共和国城市房地产管理法》（2019年修正）第三十九条的限制，即使项目土地已开发比例没有达到投资总额的25%或者目标公司暂未缴清土地出让金，并购双方通过转让目标公司股权的模式完成目标公司名下土地使用权并购的，股权转让协议也为有效的协议。例如在上海某建设（集团）有限公司、上海某投资有限公司诉上海某房地产开发有限公司等股权转让

---

[1] 广西壮族自治区防城港市中级人民法院（2021）桂06民终1299号案件。

纠纷一案[1]中，法院认为："以转让项目公司股权的方式来转让已经取得的土地开发使用权是目前在房地产市场实践中采取的一种常见方式，该行为系当事人真实意思表示，不为法律所禁止，应认定为合法有效。"再如周某岐、营口某某房地产开发有限公司与付某玲、沙某迪、王某琴、营口经济技术开发区某某房地产开发有限公司股权转让纠纷一案[2]中最高人民法院第二巡回法庭认为："依据《中华人民共和国民事诉讼法》及其司法解释的相关规定，就二审审理之范围先行厘清。对于《公司股权转让合同书》的效力问题，认为无论是否构成刑事犯罪，该合同效力不必然归于无效。沙某武欲通过控制某公司的方式开发使用涉案土地，此行为属于商事交易中投资者对目标公司的投资行为，是基于股权转让而就相应的权利义务以及履行的方法进行的约定，既不改变目标公司本身亦未变动涉案土地使用权之主体，故在无效力性强制性规范予以禁止的前提下，该有关条款合法有效。"

但是，以股权并购模式规避法律对土地使用权转让的限制的，在项目土地使用权不符合法律规定的转让条件的情况下，转让人存在被司法机关认定为构成非法转让、倒卖土地使用权罪[3]的风险，例如在周某岐非法倒卖土地使用权罪驳回申诉通知书[4]中法院认为："关于你所提'原判适用法律错误，申诉人转让公司股权的行为是正常的商业活动，没有社会危害性，不存在非法倒卖土地使用权的行为，不构成犯罪'的申诉理由，经查，你的某公司在成立后，公司资产只有案涉的该宗土地，在你与沙某武签订转让公司股权的时候，某公司并没有取得该宗土地的土地使用证，按照法律

---

[1] 上海市虹口区人民法院（2018）沪0109民初7249号案件。
[2] 最高人民法院（2016）最高法民终222号案件。
[3] 《中华人民共和国刑法》第二百二十八条规定："以牟利为目的，违反土地管理法规，非法转让、倒卖土地使用权，情节严重的，处三年以下有期徒刑或者拘役，并处或者单处非法转让、倒卖土地使用权价额百分之五以上百分之二十以下罚金；情节特别严重的，处三年以上七年以下有期徒刑，并处非法转让、倒卖土地使用权价额百分之五以上百分之二十以下罚金。"
[4] 辽宁省高级人民法院（2016）辽刑申438号案件。

规定该宗土地也不具备转让的条件,你以转让公司股权的形式变相非法倒卖土地使用权,牟取暴利,已构成非法倒卖土地使用权罪。"再如杨某美非法转让、倒卖土地使用权二审刑事裁定书[①]中法院认为:"杨某美等人借用空壳公司取得涉案土地使用权后,一直没有进行开发建设,也没有要开发建设的具体要求和行为,后将所谓的股份转让他人,从中赚取差价,其行为名为转让股份实为转让土地使用权,应根据行为实质作出判断,认定以股份转让形式掩盖非法倒卖土地使用权目的,构成非法倒卖土地使用权罪;杨某美及其辩护人提出的因客观原因无法开发,无论该原因是否存在,均不阻却上诉人行为性质的认定;公司股份转让后,虽土地使用权名义主体仍为苍某公司,但实际持有人已经发生变化,不阻却认定杨某美的行为属于非法倒卖土地使用权。"

因此,不论在股权并购模式还是资产并购模式下,律师都应审慎核查项目土地使用权转让是否达到法律规定的条件,必要时要求转让方和目标公司出具开发已达投资总额25%的审计报告,避免发生纠纷,影响并购交易。

第二节 类型二:股权并购模式下土地增值税征收的问题

一、股权转让仍存在被征收土地增值税的风险

《中华人民共和国土地增值税暂行条例》(2011年修订)规定转让房地产的,取得收入的转让方应当缴纳土地增值税[②],由于土地增值税实行四级超率累进税率,在项目房地产增值额较高的情况下,土地增值税税率较高、税负

---

① 浙江省温州市中级人民法院(2017)浙03刑终399号案件。
② 《中华人民共和国土地增值税暂行条例》(2011年修订)第二条:"转让国有土地使用权、地上的建筑物及其附着物(以下简称转让房地产)并取得收入的单位和个人,为土地增值税的纳税义务人(以下简称纳税人),应当依照本条例缴纳土地增值税。"

较重，并购双方将承担较高的税收成本。因此并购双方在税收成本较高的情况下可能选择股权并购模式，由并购方收购目标公司股权，或者由转让方、目标公司专门设立一家项目公司，然后将项目房地产以投资形式注入到项目公司[1]，再由并购方收购这家项目公司的全部股权从而实现对项目房地产的并购。

但是，股权并购模式下并购双方主要的交易标的为项目房地产即目标公司的主要资产仅为项目土地使用权或在建工程时，税务部门是否会认定此次并购是以股权转让之名行资产并购之实，从而对股权转让征收土地增值税？目前法律和国家税务总局的政策还未对股权转让或股权转让类型的房地产并购模式是否应当缴纳土地增值税进行规定，按照税收法定原则，股权转让不应当缴纳土地增值税。并且项目房地产只要在最终出售给购房业主之时按增值额缴纳了土地增值税，国家的土地增值税并不会流失。江苏高某房地产开发有限公司与福某集团有限公司股权转让纠纷再审一案[2]中法院也认为："现行税法没有对涉及土地使用权的项目公司的股权转让作出是否征收土地增值税和契税的规定。根据税收法定主义，税法未规定需要纳税的，当事人即可不交税。且在股权转让时，土地增值税最终并未流失，因为股权转让也只是股东的变换，土地使用权权属没有变化，股权无论经过多少次转让，土地无论如何增值，公司初始受让土地支付对价的成本不变。但是，只要房地产发生了权属流转，公司就需要按最终的实际房地产销售价与最初的房地产成本价之间的增值部分缴纳土地增值税。因此，涉案股权转让实际上并未逃避土地增值税的征收。高某公司主张涉案股权转让逃避了国家土地增值税征收的理由不能成立。"并且青岛市的政策也曾明确："股东将持有的企业股权转让，企业土地、房屋权属不发生转移，不

---

[1] 《财政部、税务总局关于继续实施企业改制重组有关土地增值税政策的公告》："四、单位、个人在改制重组时以房地产作价入股进行投资，对其将房地产转移、变更到被投资的企业，暂不征土地增值税。"

[2] 江苏省高级人民法院（2014）苏商再终字第0006号案件。

征收土地增值税。"①

然而，由于国家税务总局和各地方税务部门对以股权转让名义转让房地产是否应当缴纳土地增值税有不同的理解，股权转让被征收土地增值税的案例时有发生。例如《国家税务总局关于以转让股权名义转让房地产行为征收土地增值税问题的批复》（国税函〔2000〕687号）载明："你局《关于以转让股权名义转让房地产行为征收土地增值税问题的请示》（桂地税报〔2000〕32号）收悉。鉴于深圳市某集团有限公司和深圳某投资股份有限公司一次性共同转让深圳某（钦州）实业有限公司100%的股权，且这些以股权形式表现的资产主要是土地使用权、地上建筑物及附着物，经研究，对此应按土地增值税的规定征税。"再如《国家税务总局关于土地增值税相关政策问题的批复》（国税函〔2009〕387号）载明："你局《关于土地增值税相关政策问题的请示》（桂地税报〔2009〕13号）收悉。鉴于广西某营销有限公司在2007年10月30日将房地产作价入股后，于2007年12月6日、18日办理了房地产过户手续，同月25日即将股权进行了转让，且股权转让金额等同于房地产的评估值。因此，我局认为这一行为实质上是房地产交易行为，应按规定征收土地增值税。"又如《国家税务总局关于天津某公司转让土地使用权土地增值税征缴问题的批复》（国税函〔2011〕415号）："你局《关于天津某公司转让土地使用权土地增值税征缴问题的请示》（津地税办〔2011〕6号）收悉。经研究，同意你局关于'北京某投资有限公司利用股权转让方式让渡土地使用权，实质是房地产交易行为'的认定，应依照《中华人民共和国土地增值税暂行条例》（2011年修订）的规定，征收土地增值税。"以及《湖南省地税局财产和行为税处关于明确"以股权转让名义转让房地产"征收土地增值税的通知》（湘地税财行便函〔2015〕3号）载明："据各地反映，以股权转让名义转让房地产规避税收现象时有发生，严重冲击税收公平原则，影

---

① 参见青岛市地方税务局《房地产开发项目土地增值税清算有关业务问题问答》"十八、企业合并、分立等过程中发生的房地产权属转移是否应当征收土地增值税？"相关部分。

响依法治税，造成了税收大量流失。总局曾下发三个批复明确'以股权转让名义转让房地产'属于土地增值税应税行为。为了规范我省土地增值税管理，堵塞征管漏洞。对于控股股东以转让股权为名，实质转让房地产并取得了相应经济利益的，应比照国税函〔2000〕687号、国税函〔2009〕387号、国税函〔2011〕415号文件，依法缴纳土地增值税。"

因此，以股权转让名义转让房地产的，存在被税务部门征收土地增值税的风险。并且，在苏州某国际社区置业有限公司与国家税务总局某工业园区税务局、某区管理委员会再审行政一案[①]中，法院从并购双方交易的背景、交易目的、股权转让款计算的方式等方面论述了某公司的股权转让行为实质上构成国有土地使用权转让，从而认为应当征收土地增值税。判决书原文如下：

"原园区地税局要求某公司缴纳土地增值税、营业税的理由是，某公司以股权转让的名义进行国有土地使用权转让。而某公司主张其未取得73046号地块国有土地使用证，不可能转让国有土地使用权。本案争议焦点为某公司的行为是否构成国有土地使用权转让。本院认为某公司的行为实质上构成国有土地使用权转让，主要理由如下：

1. 73046号地块最初由原园区国土房产局出让给上海静安某（集团）有限公司和上海某投资（集团）有限公司，后某公司四名股东一致同意将73046号地块变更至某公司名下，由某公司进行土地登记。原园区国土部门亦确认，某公司为该地块真实受让人，实际享有国有土地使用权出让合同项下的所有权利与义务。

2. 从某公司与星某集团五公司签订的《合作协议书》来看，某公司转让了土地使用权。《合作协议书》明确约定，共同设立的星某公司取得73046号地块国有土地使用权，且保证星某公司为73046号地块土地的唯一权属人。从该约定来看，某公司将该土地使用权进行了处分。星某公司虽然办理了国

---

① 江苏省高级人民法院（2018）苏行申626号案件。

有土地使用证，但与土地行政主管部门签订国有土地使用权出让合同的主体并非星某公司。星某公司虽然缴纳了土地出让金并补缴了利息，但是系代替某某公司缴纳。

3. 从'股权溢价款'的计算来看，某公司实质上构成土地使用权转让。某公司将其持有的星某公司20%股权转让时，获得133033923元'股权溢价款'的计算方式为：314501平方米（73046号地块面积）×1.8（容积率）×235元/平方米。从该计算方式可以看出，某公司获得的'股权溢价款'是根据73046号地块的土地面积和容积率等进行计算。

4. 星某集团五公司之所以愿意与某公司合作，正是因为某公司实际占有并有权处分73046号地块土地使用权。某公司转让股权之前，星某公司实际上并未经营，某公司获得的133033923元'股权溢价款'，实际上是通过股权转让的外在形式，客观上实现了土地增值并转让了土地使用权。如果某公司不占有涉案土地、无权处分涉案土地使用权，其不可能获得所谓的'股权溢价款'。

5. 国税函〔2007〕645号《国家税务总局关于未办理土地使用权转让土地有关税收问题的批复》明确规定，土地使用权者转让土地，无论其是否取得了该土地的使用权属证书，无论其在转让过程中是否与对方当事人办理了土地使用权证书变更登记手续，只要土地使用者享有占有、使用、收益或处分该土地的权利，且有合同等证据表明其实质转让土地并取得了相应的经济利益，土地使用者及其对方当事人应当依照税法规定缴纳营业税、土地增值税和契税等相关税收。该批复虽然不是法律、法规、规章，但系国家税务行政主管部门对未办理土地使用证转让土地的解读，有效解决了非正常转让土地使用权逃避税收的问题。综上，某公司虽未办理73046号地块国有土地使用证，但其实际占有并处分了土地使用权，且客观上某公司通过股权转让的外在形式，实现了土地增值，取得了相应的经济利益，故某公司的行为实质上构成国有土地使用权转让。

二、某公司转让73046号地块国有土地使用权存在偷税情形，依法应当追缴税款。2013年《税收征收管理法》第六十三条第一款规定，纳税人伪造、变造、隐匿、擅自销毁帐簿、记帐凭证，或者在帐簿上多列支出或者不列、少列收入，或者经税务机关通知申报而拒不申报或者进行虚假的纳税申报，不缴或者少缴应纳税款的，是偷税。本案中，某公司隐瞒转让国有土地使用权的事实，未将国有土地使用权转让收入在帐簿上列入，规避了国有土地使用权转让过程中应缴纳的各项税款，属于在帐簿上'不列收入'情形，构成偷税，原园区地税局有权依法追缴相应的税款。"

二、并购方土地增值税征收风险的化解

综上所述，股权并购模式仍然存在被税务部门征收土地增值税的风险。为了避免并购交易被税务部门认定为房地产转让从而导致并购双方承担过多的税费，并购双方应当设置一些风险解决措施，例如事前与当地税务主管部门沟通，了解当地土地增值税征收政策和实操规则，了解到税务部门的态度以后再确定并购方案和交易模式；分步骤完成股权转让，合理安排各个步骤下股权转让的时间，避免一次性转让全部股权，或者安排多个主体同时参与股权转让；股权转让和目标公司增资并用，并购可以以投资入股方式控制目标公司，并且与被并购方合作一段时间；在转让目标公司股权时，可以一同收购目标公司其他资产，如人员、商誉、无形资产等，或者增加目标公司非房地产资产的比例，避免目标公司资产单一、目标公司股权定价主要为项目房地产定价，从而避免股权转让被实质上认定为房地产转让。

从并购方角度出发，并购方律师还可以在并购协议中设置税负安排和税务风险分配条款或者由转让方出具书面承诺，如果股权转让被税务部门认定为资产交易从而征收了土地增值税，该税收应当完全由转让方承担，并购方和被并购之后的目标公司代替转让方承担的，应由转让方向并购方和目标公司补偿，由此导致的滞纳金、罚款以及并购方和目标公司的资金利息等也应由转让方承担。当然也要明确，除了土地增值税以外，如果税务部门要求并购方或目标公司补缴资产交易的契税、增值税、城市维护建设税、教育费附加、地方教育附

加、印花税或其他税费的，该部分税费最终也应由转让方承担。

三、股权并购模式下土地增值税税负转嫁的风险

如果并购双方以股权转让的名义转让项目房地产最终未被税务部门征收土地增值税，那么由于转让方未就并购时项目房地产已发生的增值额缴纳土地增值税（目标公司主要资产为项目房地产的，目标公司股权的转让对价可以反映并购时项目房地产转让价格，从而体现并购时项目房地产已发生的增值额），等到并购后项目开发完成、销售并清缴土地增值税时，以项目房地产从拿地开始所发生的所有增值额为计税依据的土地增值税都要由并购后的目标公司即并购方来最终承担。因此，股权并购模式下并购方存在被转嫁土地增值税税负的风险。

根据《中华人民共和国土地增值税暂行条例》（2011年修订）第六条的规定，计算增值额的扣除项目：（一）取得土地使用权所支付的金额；（二）开发土地的成本、费用；（三）新建房及配套设施的成本、费用，或者旧房及建筑物的评估价格；（四）与转让房地产有关的税金；（五）财政部规定的其他扣除项目。股权并购模式下并购方支付的股权收购的成本不属于土地增值税扣除项目，因此，并购完成后并购方或者目标公司无法将股权转让的对价作为土地增值税扣除项目在计算增值额时予以扣除，也就是说，在将来并购方或者并购后的目标公司销售项目房地产、计算增值额时仅能用项目销售收入减去转让方和并购前目标公司承担的土地成本和前期开发成本。由于无法扣除并购方向转让方支付的并购价款，拿地到完成部分前期开发的并购时以及并购完成后到项目开发完成、实现销售时这两个阶段内项目房地产所产生的全部增值额都要作为计税依据由并购方缴纳土地增值税，所以说转让方通过未征收土地增值税的股权转让的方式将并购时可能已经发生的土地增值税负担转嫁给了并购方。

例如某案例中，并购方A公司以人民币5亿元的价格购买了B公司持有的目标公司的股权，B公司为目标公司拿地和前期开发的成本为2亿元，项

目开发完成后A公司控制的目标公司以人民币7亿元的价格出售了该批房地产项目。计算项目销售的土地增值税时，扣除项目的总金额不是A公司收购目标公司股权所支付的5亿元对价款，而是B公司前期支付的2亿元成本，所以增值额为5亿元。土地增值税的税率为：增值额未超过扣除项目金额50%的部分，税率为30%；增值额超过扣除项目金额50%、未超过扣除项目金额100%的部分，税率为40%；增值额超过扣除项目金额100%、未超过扣除项目金额200%的部分，税率为50%；增值额超过扣除项目金额200%的部分，税率为60%。如此计算下来，并购后的目标公司也就是最终A公司在项目全部销售后需要缴纳2.3亿元的土地增值税，加上A公司向B公司支付的5亿元股权收购价款，在不考虑其他税费和成本的基础之上，A公司的成本总计是7.3亿元，但A公司将项目房地产销售后的收入仅为7亿元，亏损0.3亿元，因此A公司的此项并购交易为失败投资。

因此，在股权并购模式中，如果税务部门未对股权转让征收土地增值税，那么并购方最终需要承担项目开发所产生的所有土地增值税。对于并购方而言，股权并购模式更适合并购时增值额较小的项目房地产，如果并购时项目房地产增值额较大，并购方需要支付的股权转让价款远超转让方前期支付的成本，那么并购方就需要考虑后续土地增值税清缴的问题，并和转让方协商后续土地增值税的负担，可以考虑在股权转让价款当中将转让方应当负担的土地增值税扣除，避免投资亏损。

第三节　类型三：股权并购模式下其他股东优先购买权的问题

一、股东优先购买权的规定与行权条件

股权并购模式下如果并购方仅收购目标公司大股东或部分股东的股权，

而不收购全部股东的股权，那么就要考虑小股东或剩余未被收购股权的股东的优先购买权问题。

《中华人民共和国公司法》（2018年修正）明确：其他股东同意转让股权的，在同等条件下，其他股东享有优先购买权，并规定公司章程对股权转让另有规定的，从其规定。[①] 对公司法及其司法解释进行分析可知，股东优先购买权的行使存在以下条件。

（一）股东有转让股权的意向

公司其他股东得以主张优先购买权的前提条件是公司股东有对外转让股权的意愿。除另有协议约定或受到司法强制外，任何人不得强迫股东对外转让其持有的公司股权。

（二）股权转让经过其他股东过半数同意

《中华人民共和国公司法》（2018年修正）第七十一条第二款规定："股东向股东以外的人转让股权，应当经其他股东过半数同意。股东应就其股权转让事项书面通知其他股东征求同意……"可见，书面通知其他股东并征求意见是对外转让股权的必经程序。实务中侵害股东优先购买权的纠纷大多就是因为没有满足这一必经程序，未书面通知其他股东并经过其他股东过半数同意。另外，《中华人民共和国公司法》（2018年修正）要求拟转让股权的股东采取书面通知的方式通知其他股东，但未明确规定其他股东表达意见的形式，股东既可通过书面文件、股东会决议的方式表达意见，

[①] 《中华人民共和国公司法》（2018年修正）第七十一条："有限责任公司的股东之间可以相互转让其全部或者部分股权。股东向股东以外的人转让股权，应当经其他股东过半数同意。股东应就其股权转让事项书面通知其他股东征求同意，其他股东自接到书面通知之日起满三十日未答复的，视为同意转让。其他股东半数以上不同意转让的，不同意的股东应当购买该转让的股权；不购买的，视为同意转让。经股东同意转让的股权，在同等条件下，其他股东有优先购买权。两个以上股东主张行使优先购买权的，协商确定各自的购买比例；协商不成的，按照转让时各自的出资比例行使优先购买权。公司章程对股权转让另有规定的，从其规定。"

也可采取默示的方式表达自己的意见。

（三）"同等条件"下行使优先购买权

《最高人民法院关于适用〈中华人民共和国公司法〉若干问题的规定（四）》（2020年修正）对同等条件的解释应当考虑转让股权的数量、价格、支付方式及期限等因素。[①]其中，对于股权转让数量的规定，最初以不予支持股东购买部分股权的表述见于公司法司法解释（四）征求意见稿中，该意见稿中曾提到："有限责任公司的股东向股东以外的人转让股权，其他股东主张优先购买部分股权的，不予支持，但公司章程另有规定的除外。"[②]但公司法司法解释（四）正式稿中删除了该条规定，最终规定为应考虑股权转让的数量，这一表述更加明确、具体。而对支付方式这一因素的考虑，也提示大家注意以现金还是以无形资产支付、分期还是一次性支付等，这些都是"同等条件"的考量因素。

实务中，还会考虑是否存在其他可能对转让方权利产生实质性影响或者增加额外负担的因素。但在认定是否符合"同等条件"时，也不是稍有差异就剥夺股东"同等条件下的优先购买权"，还是会综合考量、理性判断。

二、侵害股东优先购买权的情形与合同效力

（一）侵害股东优先购买权的情形

1. 未取得其他股东同意而对外转让股权

实务中未取得其他股东同意的情形主要有两种，一是未通知其他股东拟对外进行股权转让的事项；二是虽然履行了相应的通知义务，但未待法

[①] 《最高人民法院关于适用〈中华人民共和国公司法〉若干问题的规定（四）》（2020年修正）第十八条："人民法院在判断是否符合公司法第七十一条第三款及本规定所称的'同等条件'时，应当考虑转让股权的数量、价格、支付方式及期限等因素。"

[②] 载中华人民共和国最高人民法院网，https://www.court.gov.cn/zixun-xiangqing-19342.html，访问日期2023年4月7日。

定期限三十日届满就对外转让股权。这两种情形，都侵害了其他股东的优先购买权。

2.未完全披露股权转让信息而对外转让股权

该种情形是指拟出让股权的股东虽书面通知其他股东对外转让股权的事项，但是未对转让条件进行详细的披露而侵害其他股东优先购买权的情形，比如未披露股权转让是以什么方式进行支付、是否分期、拟转让股权的具体数量等。

3.实际转让条件与披露条件不一致而对外转让股权

实务中，实际转让条件与披露条件不一致是较为常见且较难举证的一种侵害其他股东优先购买权的情形。具体指的是转让人经书面通知、取得其他股东过半数同意的情况下，并未以披露时的条件进行对外股权转让。一般来说，这种方式较为隐蔽，其他股东较难掌握实际转让条件与披露条件不一致的实际证据，因此也较难维护自己的权益。

4.转让股东放弃股权转让

该种情形是指其他股东以"同等条件"主张行使优先购买权后，转让人放弃转让股权，此时主张优先购买权的股东，失去行权基础，也是对其他股东优先购买权的一种侵害。

（二）侵害股东优先购买权的股权转让合同的效力

对于未经其他股东同意即签订的股权转让合同，司法实践并不否认其效力。具体来说，有以下法律依据与案例，可供参考。

首先，我国是"民商合一"的国家，公司等商事主体的民事活动也受《中华人民共和国民法典》的规制，未经其他股东同意即对外转让股权并不是该法规定的民事法律行为无效的法定情形。[①]《中华人民共和国公司法》

[①] 《中华人民共和国民法典》第一百五十三条："违反法律、行政法规的强制性规定的民事法律行为无效。但是，该强制性规定不导致该民事法律行为无效的除外。违背公序良俗的民事法律行为无效。"

（2018年修正）中对外转让股权的，应当经其他股东过半数同意的规定，也并不是强制性规定，违反该规定签订的股权转让合同并不当然无效。

在"高某、栾某文等与张某文股权转让纠纷"[①]"戴某福、宗某仙等与黄某傲确认合同效力纠纷"[②]案件中，法院认为《中华人民共和国公司法》（2018年修正）第七十一条不是强制性规定，即认为："《最高人民法院关于适用〈中华人民共和国合同法〉若干问题的解释（二）》第十四条规定：'合同法第五十二条第（五）项规定的"强制性规定"，是指效力性强制性规定。'在公司法及相关法律法规没有明确规定违反第七十一条的规定将导致股东与公司以外的第三人签订的股权转让协议无效或不成立，违反该规定也不损害国家利益和社会公共利益，故公司法第七十一条不属于效力性强制性规范。"

在某信托股份有限公司与江苏某建设工程有限公司股权转让纠纷一案[③]中，法院说理认为违反法律、法规强制性规定的民事法律行为并不当然无效。并认为："新华某公司与江苏某公司于2013年10月21日签订的《股权转让协议》是双方的真实意思表示，不存在双方以及案外人提出的《股权转让协议》无效的异议情形，也无证据证明《股权转让协议》存在下列情形之一：（一）一方以欺诈、胁迫的手段订立合同，损害国家利益；（二）恶意串通，损害国家、集体或者第三人利益；（三）以合法形式掩盖非法目的；（四）损害社会公共利益；（五）违反法律、行政法规的强制性规定。对于江苏某公司提的股权转让未书面通知其他股东的答辩意见，一审法院认为，《中华人民共和国公司法》第七十一条关于股东对外转让股权，应当经其他股东过半数同意的规定属于管理性规定，并非强制性规定，未履行书面通知义务并不能导致《股权转让协议》无效，亦不会导致股权转让的交易行为处于不稳定的状态。综上，《股权转让协议》签订后，新华某公司及江苏某公

---

① 内蒙古自治区呼伦贝尔市中级人民法院（2013）呼民终字第480号案件。
② 安徽省六安市中级人民法院（2016）皖15民终498号案件。
③ 重庆市第一中级人民法院（2018）渝01民终3331号案件。

司应当按照合同约定积极履行各自义务。"

其次,《最高人民法院关于适用〈中华人民共和国公司法〉若干问题的规定(四)》(2020年修正)中明确[1],法院支持其他股东在以下情形时按照同等条件购买该转让股权,即"在合理期限内对未就其股权转让事项征求其意见,或者以欺诈、恶意串通等手段,损害其他股东优先购买权"。但该规定并未否定此两种情形下股权转让合同的效力,且法院对其他股东优先购买权的保护有一定的期限和条件限制,其他股东需要自知道或者应当知道行使优先购买权的同等条件之日起三十日内或者自股权变更登记之日起一年内主张行使优先购买权。对于其他股东仅提出确认股权转让合同及股权变动效力等请求,未同时主张按照同等条件购买转让股权的,人民法院不予支持,即其他股东未主张行使优先购买权的,股权转让合同应继续履行。

对于其他股东未主张行使优先购买权的,股权转让合同应当继续履行,该观点可见于甘肃某集团有限责任公司、兰州某房地产经营开发有限公司股权转让纠纷再审一案[2]中,最高人民法院认为:"某公司(其他股东)诉讼请求为确认案涉股权转让无效,但未主张按照同等条件购买转让股权。一审庭审中已问及某公司就案涉股权是否愿意行使优先购买权,其仍未作出明确答复。故原判决依据《公司法司法解释四》第二十一条规定,驳回某公司关于确认股权转让无效的诉讼请求并无不当。"

---

[1] 《最高人民法院关于适用〈中华人民共和国公司法〉若干问题的规定(四)》(2020年修正)第二十一条:"有限责任公司的股东向股东以外的人转让股权,未就其股权转让事项征求其他股东意见,或者以欺诈、恶意串通等手段,损害其他股东优先购买权,其他股东主张按照同等条件购买该转让股权的,人民法院应当予以支持,但其他股东自知道或者应当知道行使优先购买权的同等条件之日起三十日内没有主张,或者自股权变更登记之日起超过一年的除外。前款规定的其他股东仅提出确认股权转让合同及股权变动效力等请求,未同时主张按照同等条件购买转让股权的,人民法院不予支持,但其他股东非因自身原因导致无法行使优先购买权,请求损害赔偿的除外。股东以外的股权受让人,因股东行使优先购买权而不能实现合同目的的,可以依法请求转让股东承担相应民事责任。"

[2] 最高人民法院(2019)最高法民申2345号案件。

最后，2019年《最高人民法院关于印发〈全国法院民商事审判工作会议纪要〉的通知》中专门提到[①]，为保护股东以外的股权受让人的合法权益，股权转让合同如无其他影响合同效力的事由，应当认定为有效。其他股东行使优先购买权的，虽然股东以外的股权受让人关于继续履行股权转让合同的请求不能得到支持，但不影响其依据股权转让合同请求转让股东承担相应的违约责任。在否定合同效力的情况下，股权受让人只能通过缔约过失的责任机制获得救济，既需要缔约当事人存在过错，也只能就当事人实际遭受的损失求偿，不利于保护股权受让人的权益。不否定股权转让合同的效力，是股东以外的股权受让人请求转让股东承担相应违约责任合理的行权基础。

实务中，这类未经其他股东同意即对外转让股权的合同，在符合合同其他要件的情况下，一般也会被认定为有效。如2020年被刊登在《人民司法·案例》的唐某祥、林某丰股权转让纠纷二审一案[②]中，法院认为："公司法第七十一条有关赋予其他股东优先购买权的规定，是为了维系有限公司的人合性，以避免未经其他股东同意的新股东加入公司后破坏股东之间的信任与合作，但实现该项目的，只要股权权利不予变动，阻止股东以外的股权受让人成为新股东即可，而无需否定股东与股东以外的人之间的股权转让合同效力，并且公司法亦无违反公司法有关转让股权的规定而股权

[①] 2019年《最高人民法院关于印发〈全国法院民商事审判工作会议纪要〉的通知》：二、关于公司纠纷案件的审理的（三）关于股权转让的第9点："【侵犯优先购买权的股权转让合同的效力】审判实践中，部分人民法院对公司法司法解释（四）第21条规定的理解存在偏差，往往以保护其他股东的优先购买权为由认定股权转让合同无效。准确理解该条规定，既要注意保护其他股东的优先购买权，也要注意保护股东以外的股权受让人的合法权益，正确认定有限责任公司的股东与股东以外的股权受让人订立的股权转让合同的效力。一方面，其他股东依法享有优先购买权，在其主张按照股权转让合同约定的同等条件购买股权的情况下，应当支持其诉讼请求，除非出现该条第1款规定的情形。另一方面，为保护股东以外的股权受让人的合法权益，股权转让合同如无其他影响合同效力的事由，应当认定有效。其他股东行使优先购买权的，虽然股东以外的股权受让人关于继续履行股权转让合同的请求不能得到支持，但不影响其依约请求转让股东承担相应的违约责任。"

[②] 福建省漳州市中级人民法院（2019）闽06民终1800号案件。

转让合同无效的规定。即便受让股权已经完成了变更登记，其他股东仍还可以依法主张优先购买权，变更登记的公示效力不能对抗其他股东优先购买的权利诉求，因而也无需对股权转让合同效力予以否定。如因违反了公司法有关对外转让股权的规定而被认定无效，将导致优先购买权人在放弃优先购买权后，转让人和第三人必须重新缔结合同的不合理结论，违背经济、效率的商事法则。因此，审查股权转让协议是否有效，仍应根据合同法第五十二条的规定来认定，只要股权转让协议系双方当事人的真实意思表示，亦不存在合同法第五十二条关于合同无效规定的情形，股权转让协议即为有效协议。"

最后，并购方需注意的是，股权转让合同有效并不代表股权发生变动，无论是股权转让协议签订前还是签订后，都应按照法律规定的程序进行股权变动，做到程序规范、手续完备，否则极有可能因为无法受让股权，导致并购失败。

三、股东优先购买权被侵害的防范与救济

（一）股东优先购买权被侵害的救济

1.其他股东主张按照同等条件购买该转让股权

《中华人民共和国公司法》（2018年修正）规定，股东对外转让股权，其他股东有权主张按照同等条件优先购买该转让股权，但其他股东应达到拟受让方提供的"同等条件"，并在知道或者应当知道行使优先购买权的同等条件之日起三十日内进行主张，不知道优先购买权行使条件的情况下，自股权变更登记之日起一年内行使。

2.其他股东请求非因自身原因导致无法行使优先购买权的损害赔偿

一般来说，其他股东仅提出确认股权转让合同及股权变动效力等请求，未同时主张按照同等条件购买转让股权的，人民法院不予支持。但根据《最高人民法院关于适用〈中华人民共和国公司法〉若干问题的规定（四）》可知，对

于其他股东非因自身原因导致无法行使优先购买权，请求损害赔偿的除外。[1]

损害赔偿请求权存在以下行使条件：

①其他股东主张以同等条件行使优先购买权

根据前文所述，同等条件不仅包括股权转让的价格，还包括股权转让的数量、价格的支付方式、期限等。股东主张损害赔偿请求权的前提条件是主张以与拟受让股东购买股权的同等条件行使优先购买权。

②非因自身原因导致无法行使优先购买权

非因自身原因导致无法行使优先购买权是行使损害赔偿请求权最重要的前提。根据后文所述，在实践中"非因自身原因"存在多种情形，对其认定也比较灵活，需要结合具体情况进行具体分析。一般来说，实际情况确定可以被认定为"非因自身原因导致无法行使优先购买权"是行使损害赔偿请求权的前提。

③拟转让股东不愿意其他股东以同等条件行使优先购买权

实践中，拟转让股东可能出于多种考虑不愿意其他股东以同等条件行使优先购买权，具体表现为拟转让股东减少拟转让股权的数量、提高拟转让股权的对价，甚至直接拒绝转让股权等。不论属于哪种情形，都会损害其他股东的优先购买权。

④未能行使优先购买权导致了其他股东的损害

侵害其他股东优先购买权可以行使的损害赔偿请求权属于财产请求权，一般来说，需要非因自身原因导致无法行使优先购买权的行为导致了其他股东的损害。比如股权价值的时间差价、公司利润分配的预期损失、财务报表

---

[1] 《最高人民法院关于适用〈中华人民共和国公司法〉若干问题的规定（四）》（2020年修正）第二十一条："有限责任公司的股东向股东以外的人转让股权，未就其股权转让事项征求其他股东意见，或者以欺诈、恶意串通等手段，损害其他股东优先购买权，其他股东主张按照同等条件购买该转让股权的，人民法院应当予以支持，但其他股东自知道或者应当知道行使优先购买权的同等条件之日起三十日内没有主张，或者自股权变更登记之日起超过一年的除外。前款规定的其他股东仅提出确认股权转让合同及股权变动效力等请求，未同时主张按照同等条件购买转让股权的，人民法院不予支持，但其他股东非因自身原因导致无法行使优先购买权，请求损害赔偿的除外。股东以外的股权受让人，因股东行使优先购买权而不能实现合同目的的，可以依法请求转让股东承担相应民事责任。"

中的所有者权益、公司资本公积金等。

（二）现实中并购方不侵害其他股东优先购买权情况下成功并购的操作分析

1.取得其他股东同意后接受股权转让

首先，并购方作为股权转让的受让方，可要求查看目标公司章程，特别关注章程中有无对股东优先购买权的特殊约定。

其次，并购方应要求查看是否有其他股东自愿放弃优先购买权的有效书面文件，对于以股东会决议方式取得其他股东同意股权转让并自愿放弃优先购买权的，注意查看股东会决议是否有效。

最后，并购方还需注意转让方披露的交易条件是否与实际交易条件一致，对于不一致的，并购方应提醒转让方按照实际交易条件向其他股东披露，并在并购协议中约定转让方未取得其他股东同意导致并购失败时对并购方的赔偿责任。

2.取得其他股东同意股权转让的策略

（1）考虑并购成本，尽量提高股权转让的对价

对外转让股权过程中，其他股东在满足"同等条件"时，才能行使优先购买权，根据《中华人民共和国公司法》司法解释四可知，"同等条件"包括转让股权的数量、价格、支付方式及期限等因素。[①]并购方，可以在综合考虑并购标的价值、预期收益以及公司的资产状况等后，采取如适度提高股权转让的对价、尽量一次性支付、交易后立即支付、购买转让方全部转让股权等方式，提高其他股东达到"同等条件"的难度，从而使其他股东同意放弃优先购买权。

（2）先参股后并购

实际并购过程中，公司其他股东出于防范经营风险、维持公司人合性等

---

① 《最高人民法院关于适用〈中华人民共和国公司法〉若干问题的规定（四）》（2020年修正）第十八条："人民法院在判断是否符合公司法第七十一条第三款及本规定所称的'同等条件'时，应当考虑转让股权的数量、价格、支付方式及期限等因素。"

目的，对于股东对外转让股权比较警惕，但公司内部股东之间进行股权转让不涉及优先购买权问题，其他股东也不会因此保持高度警惕。因此先以较高对价转让少部分股权给并购方，实现并购方参股，此后再进行股权转让就不涉及其他股东优先购买权的问题。但实际中此种操作可能被法院认定为"恶意串通"损害其他股东的优先购买权，从而支持其他股东行使"同等条件"下的优先购买权，因此不可忽视该种操作下的这一风险。

（3）间接股权收购

间接股权收购是指并购方并不直接与目标公司的股东进行交易，而是当实际控股人想要转让目标公司的股权时，并购人通过购买该股权的持股公司的股权，从而实现对拟收购股权的间接持有。

举例：A股东、B股东、C股东为目标公司的股东，分别持有目标公司40%、20%、40%的股权。B股东是D公司设立的全资子公司，C股东是E公司设立的全资子公司，并购方拟收购目标公司B股东、C股东的股权，于是收购了D公司和E公司100%股权，间接持有了目标公司60%的股权。

具体操作如图4-1所示：

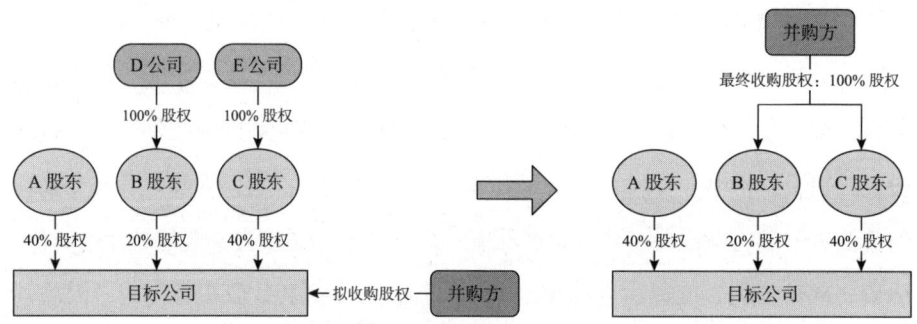

图4-1　间接股权收购流程图

该例即为典型的间接股权收购的操作模式，形式上，间接股权收购的过程中，并未触发适用股东对外转让股权，其他股东可行使优先购买权的情形，但实质上，并购方已经间接持有目标公司60%的股权。此时，目标公司的实际控制人，已然发生了变化。那么，此种间接股权收购的行为，是否可由A股东以B股东、C股东通过间接转让股权规避了A股东的优先购买权为由,请求认定并购方进行的该系列交易无效呢?

在实务中,对此类间接转让股权行为的效力问题存在两类观点。

第一类观点认为,该行为有效。理由包括以下几点:首先,该间接收购股权的行为并未改变A公司的持股比例和持股地位。其次,间接收购股权并未改变目标公司的股权结构,并购方仅是取代了D公司、E公司的位置,因此并未触发A股东对目标公司对外转让股权的优先购买权。

第二类观点认为,该行为无效。该观点认为间接收购股权的行为形式上虽然没有触发A股东的优先购买权,也未改变A股东在目标公司的持股比例,但是实质上并购方已经获得目标公司的控股地位,A股东的权益已经受到了实质性的影响,目标公司的权益也受到了实质性的影响。该观点认为该行为具有主观恶意,构成以合法形式掩盖非法目的,故应当被确认为无效。

司法实践中,支持两类观点的案例都存在,但似乎更倾向于支持第二类观点。支持第二类观点的案例如浙江复某商业发展有限公司诉上海长某投资管理咨询有限公司财产损害赔偿纠纷一审一案[①]。该案例简要案情为:"上海外滩×地块属于项目公司,项目公司由上海某某置业公司设立,后由海某某公司收购。海某某股权结构为:浙江复某50%,某某五道口35%,绿某10%,磐某5%。某某五道口收购磐某的股权后,股权结构为:浙江复某50%,某某五道口40%,绿某10%。通过签订一系列协议,某某全资子公司上海长某分别收购某某五道口公司和绿某公司100%的股权,间接控制海某某50%股权。浙江复某认为上海长某侵犯了其股东优先购买权,请求确认被告间的交易合同无效。"该判决认为:"股权转让协议无效,判决生效日起15日内将股权状态恢复原状。(1)股东优先购买权是一种法定、专属的形成权和期待权,被告一系列交易规避了法律关于优先购买权的规定。系以合法行为掩盖非法目的,应当依法确认为无效。(2)被告的交易行为,导致原告相

---

① 上海市第一中级人民法院(2012)沪一中民四(商)初字第23号案件。

对控制权受到了实质性影响。海某某公司内部人合性和内部信赖受到了根本性颠覆。上述交易行为不利于项目公司的实际经营和运作。"

笔者认为,对于以间接收购股权的方式实现间接持有目标公司股权的行为,目前仍无确定统一的裁判规则用以直接判定该行为有效或者无效。实务中,还是需要结合每一个案件的具体情况,综合分析间接收购股权的行为是否有效。

对于想尽量降低该类行为所带来的法律风险的目标公司来说,可以在公司章程或者其他法律文书中,对优先购买权的具体情况进行约定,将通过间接收购股权改变目标公司实际持有人的行为纳入到其他股东行使优先购买权的情况中。对于想以此种方式进行并购的并购方来说,也可由目标公司在公司章程或者其他法律文书中,对优先购买权的具体情况进行约定,将通过间接收购股权改变目标公司实际持有人的行为排除在其他股东行使优先购买权的范围之外。

(4)搭建全资子公司桥梁,再间接转让

实务中,存在一种情况:将出资股东B持有的目标公司的股权以非货币形式出资,设立全资子公司B1,并购方通过受让B1子公司全部股权的方式持有目标公司80%股权。该种交易方式流程图如下:

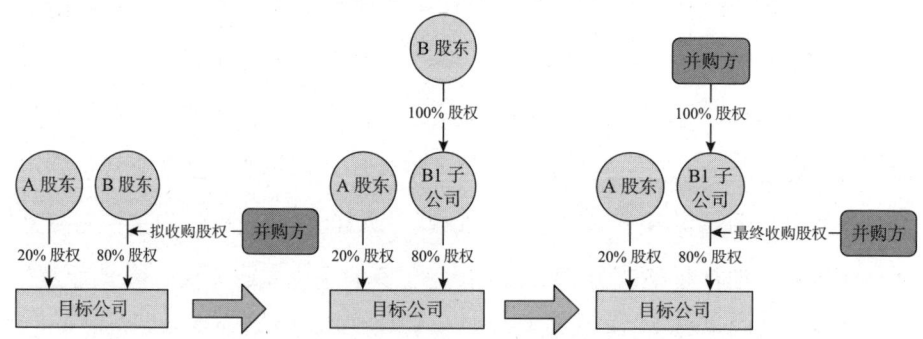

图4-2 搭建全资子公司桥梁,再间接转让的流程图

该种交易方式下,B股东以自己所持有的目标公司的股权出资设立全资子公司B1。目前《中华人民共和国公司法》(2018年修正)未有关于股东以股权出资的情况下,目标公司的其他股东是否存在优先购买权的规定。但实务中,

该种交易行为存在被认定为视同股东对外转让股权的行为的风险。

因此，并购方为保证并购交易的顺利进行，可通过修改公司章程的内容来规避被认定为视同股权转让行为的法律风险。但修改公司章程需经代表三分之二以上表决权的股东通过[①]或由全体股东在决定文件上签名、盖章[②]。目标公司可在章程中明确规定因公司重组发生的企业合并、分立以及母子公司之间股权划转、以股权作价出资设立全资子公司等方式，均不视为股东对外转让股权，其他股东在此情况下均不享有优先购买权。

综上所述，如果并购交易只涉及收购部分股东的股权，为防范其他股东阻碍并购交易，并购方律师在尽职调查过程中，需要特别发现和强调其他股东优先购买权的问题，并结合实际情况，找出避免其他股东行使优先购买权的方法。

第四节　类型四："一地数卖"与并购协议履行的问题

一、转让方"一地数卖"，各份转让协议原则上均为有效

在实践中，转让方可能出现"一地数卖"或者"一房多卖"的情况，也就是在与并购方签订并购协议之前或者之后，又同时与其他项目土地使用权和地

[①] 《中华人民共和国公司法》（2018年修正）第四十三条："股东会的议事方式和表决程序，除本法有规定的外，由公司章程规定。股东会会议作出修改公司章程、增加或者减少注册资本的决议，以及公司合并、分立、解散或者变更公司形式的决议，必须经代表三分之二以上表决权的股东通过。"

[②] 《中华人民共和国公司法》（2018年修正）第三十七条："股东会行使下列职权：（一）决定公司的经营方针和投资计划；（二）选举和更换非由职工代表担任的董事、监事，决定有关董事、监事的报酬事项；（三）审议批准董事会的报告；（四）审议批准监事会或者监事的报告；（五）审议批准公司的年度财务预算方案、决算方案；（六）审议批准公司的利润分配方案和弥补亏损方案；（七）对公司增加或者减少注册资本作出决议；（八）对发行公司债券作出决议；（九）对公司合并、分立、解散、清算或者变更公司形式作出决议；（十）修改公司章程；（十一）公司章程规定的其他职权。对前款所列事项股东以书面形式一致表示同意的，可以不召开股东会会议，直接作出决定，并由全体股东在决定文件上签名、盖章。"

上在建工程、房产（标的资产）受让意向方签订转让协议，这时候，各份转让协议之间就会存在履行冲突问题。作为并购方的律师，需要辨析在此种情况下，并购是否能继续进行也即并购方在签订并购协议之后是否能如约取得项目土地使用权等标的资产，从而对后续的交易步骤和应对措施作出安排。

首先需要明确的是，转让方"一地数卖"并不会影响其和各个受让方签订的转让协议的效力，如各份协议不存在违反法律强制性规定情形，各份转让协议仍然合法有效，在标的资产还未过户给任何一方之前，各份协议也均处于可以履行的状态，也只有在这样的法律状态下，各份协议的履行才会存在冲突。例如深圳市扬某股份合作公司、深圳市汇某实业有限公司确认合同无效纠纷二审一案[1]中法院论述："本案扬某股份公司就同一土地与多人签订合作合同的情形类似于一物数卖，系经济生活中的常见现象。一般而言，后买受人以更高价格买取已售之物，系市场经济自由竞争之体现，即便后一交易对象对前一交易知情，亦不必然导致行为无效。《最高人民法院关于第八次全国法院民事商事审判工作会议（民事部分）纪要》关于一房数卖合同履行问题的规定、《最高人民法院关于审理涉及国有土地使用权合同纠纷案件适用法律问题的解释》（2004年11月23日最高人民法院审判委员会通过，以下简称国有土地使用权司法解释）关于一地数卖合同履行问题的规定，均表明仅重复交易本身并不影响合同效力。"再例如某地公共道路妨碍通行损害责任纠纷二审一案[2]中，法院论述："梁某云作为土地使用权人与周某、黄某迪签订《土地使用权转让（变更）协议书》，周某、黄某迪与缪某寿之间转让国有土地使用权的行为以及缪某寿与郑某友签订的《协议书》是各方真实意思表示，不违反法律和行政法规强制性规定，是合法有效的。同样，梁某云作为土地使用权人与李某波签订的《建设用地转让协议书》也是双方的真实意思表示，也没有违反法律和行政法规的强制性规定，也是合法有效的。

---

[1] 广东省深圳市中级人民法院（2020）粤03民终10433号案件。
[2] 广西壮族自治区玉林市中级人民法院（2018）桂09民终345号案件。

李某波、刘某平上诉称其与梁某云签订的《建设用地转让协议书》合法有效，理由正当，本院予以采信。"

当然，如果能证明转让方与其他受让方恶意串通损害并购方利益的，并购方可请求法院确认转让方与其他受让方签订的转让协议无效。①

二、转让方"一地数卖"的情况下并购协议能否得到履行

在各份转让协议均有效的情况下，如果各受让方同时起诉要求转让方履行转让协议、交付项目土地使用权并办理过户登记，法院应当如何处理？并购方是否能够通过诉讼方式得到项目土地使用权？《最高人民法院关于审理涉及国有土地使用权合同纠纷案件适用法律问题的解释》（2020年修正）第九条规定："土地使用权人作为转让方就同一出让土地使用权订立数个转让合同，在转让合同有效的情况下，受让方均要求履行合同的，按照以下情形分别处理：（一）已经办理土地使用权变更登记手续的受让方，请求转让方履行交付土地等合同义务的，应予支持；（二）均未办理土地使用权变更登记手续，已先行合法占有投资开发土地的受让方请求转让方履行土地使用权变更登记等合同义务的，应予支持；（三）均未办理土地使用权变更登记手续，又未合法占有投资开发土地，先行支付土地转让款的受让方请求转让方履行交付土地和办理土地使用权变更登记等合同义务的，应予支持；（四）合同均未履行，依法成立在先的合同受让方请求履行合同的，应予支持。未能取得土地使用权的受让方请求解除合同、赔偿损失的，依照民法典的有关规定处理。"

从该司法解释可以看出，土地使用权权属以登记为准，已经办理过户登

---

① 《中华人民共和国民法典》第一百五十四条："行为人与相对人恶意串通，损害他人合法权益的民事法律行为无效。"《最高人民法院关于审理商品房买卖合同纠纷案件适用法律若干问题的解释》（2020年修正）第七条："买受人以出卖人与第三人恶意串通，另行订立商品房买卖合同并将房屋交付使用，导致其无法取得房屋为由，请求确认出卖人与第三人订立的商品房买卖合同无效的，应予支持。"

记的一方已获得项目土地使用权,可以要求转让方交付占有,其他转让协议的受让方无法获得项目土地。例如周某明、永州安某实业有限公司与程某顺、王某星土地使用权转让合同纠纷二审一案[①]中,法院认为:"周某明与程某顺签订的《土地转让合同》和永州安某实业有限公司与程某顺、王某星签订的《土地转让协议书》均系有效合同,王某星、程某顺的行为构成一地二卖。《最高人民法院关于审理涉及国有土地使用权合同纠纷案件适用法律问题的解释》第十条规定,已经办理土地使用权变更手续的受让方,请求转让方履行交付土地等合同义务的,应予支持。本案中,永州安某实业有限公司对案涉土地已办理土地使用权变更登记手续,并已实际开发。因此,周某明主张将案涉4172平方米的土地使用权过户至本人名下,于法不符,本院不予支持。"

如果项目土地使用权还未过户登记给任何一方,就要看是否有任何受让方先行占有项目地块即转让方是否已经向某一方交付了土地,先行占有或先行接受交付的受让方可以优先请求转让方办理过户登记从而取得项目土地。例如长沙金某开发建设有限公司与长沙市某局建设用地使用权纠纷二审一案[②]中,最高人民法院认为:"就涉案土地,金某公司在1996年12月31日已与长沙市某局签订了《土地使用权转让协议》的情形下,又于2009年7月17日,将涉案土地通过5号调解书转让给江某公司,金某公司上述转让行为均未办理土地使用权变更登记。根据《最高人民法院关于审理涉及国有土地使用权合同纠纷案件适用法律问题的解释》第九条第一款第二项规定:'土地使用权人作为转让方就同一出让土地使用权订立数个转让合同,在转让合同有效的情况下,受让方均要求履行合同的,按照以下情形分别处理:……(二)均未办理土地使用权变更登记手续,已先行合法占有投资开发土地的受让方请求转让方履行土地使用权变更登记等合同义务的,应予支持。'长

---

① 湖南省永州市中级人民法院(2020)湘11民终3165号案件。
② 最高人民法院(2015)民一终字第163号案件。

沙市某局先行占有涉案土地并在该土地上投资建成某汽车站，一审法院据此认定金某公司应将涉案土地使用权证变更登记至长沙市某局名下并无不当。"

如果没有任何受让方先行占有项目土地的，就要看哪一受让方支付了土地转让款，最先支付土地转让款的受让方有权优先要求转让方交付土地、办理过户登记从而取得项目土地。例如华某某与那某、赵某秀资源行政管理——土地行政管理再审复查与审判监督一案[①]中，法院认为："本案中，针对涉案土地存在两份转让协议。其中，赵某秀、赵某连与那某之间签订的转让协议系双方真实意思的表示，内容未违反法律的禁止性规定，应为有效合同，且该协议的效力也已经再审审理确认为有效。华某某与那某之间的转让协议是在原二审判决解除那某与赵某秀、赵某连双方签订的转让协议以后签订，也应为有效合同。本案争议的焦点是在诉争土地上有两份有效协议，应履行哪一份合同的问题。华某某再审申请的主要理由是其已在土地上进行投资开发，应该适用《最高人民法院关于审理涉及国有土地使用权合同纠纷案件适用法律问题的解释》第九条第（一）款第（二）项的规定，判令其履行与那某之间签订的转让协议。经审查，华某某虽在土地上建盖简易房、砌围墙、回填土方，还不足以认定其已经对土地进行了投资开发。一、二审法院依据《最高人民法院关于审理涉及国有土地使用权合同纠纷案件适用法律问题的解释》第九条第（一）款第（三）项，以先行支付土地转让款为由判决履行那某与赵某秀、赵某连之间的合同并无不当。华某某的再审申请不能成立。"再例如申某、蔡某、邵阳市某房地产开发有限公司隆回分公司诉肖某花、邵阳市某房地产开发有限公司建设用地使用权转让合同纠纷一案[②]中，法院认为："从原告和第三人提交的交款收据来看，原告和第三人均先后多次支付了土地转让款，每次付款的时间有先有后，但原告第一次付款的时间（2007年9月8日）以及最后一次付款的时间（2011年9月16日），均先于第三人第

---

① 云南省高级人民法院（2015）云高民申字第316号案件。
② 湖南省邵阳市中级人民法院（2017）湘05民终1527号案件。

一次付款的时间（2008年7月2日）以及最后一次付款的时间（2012年8月28日），由此可以确认原告先行支付了土地转让款。根据《最高人民法院关于审理涉及国有土地使用权合同纠纷案件适用法律问题的解释》第九条第一款第（三）、（四）项规定，对于原告请求被告履行交付土地和办理土地使用权变更登记等合同义务的诉讼请求应予支持。"

如果没有受让方支付土地转让款，那么就要看转让协议的成立时间，转让协议成立在先的受让方有权主张优先取得项目土地。例如梁某海、覃某民建设用地使用权转让合同纠纷二审一案[①]中，法院认为："如覃某民与韦某之间、韦某与梁某海之间的建设用地使用权转让合同均为有效的情况下，涉案建设用地使用权最终归谁所有的问题。从上述认定的事实可知，涉案建设用地存在一地两卖的事实，现覃某民和梁某海均请求继续履行与韦某之间的建设用地使用权转让合同，并都请求涉案建设用地使用权归其所有。根据《最高人民法院关于审理涉及国有土地使用权合同纠纷案件适用法律问题的解释》第九条规定，一地数转的处理原则：出让土地使用权人就同一土地使用权与他人订立数个转让合同，在数个转让合同均为有效的情况下，如果数个土地受让方均请求继续履行合同、取得土地使用权的，首先根据我国立法确立的物权变动原则规定，确认土地使用权由已经办理权属变更登记手续的受让方取得；对均未办理土地使用权变更登记手续的，按照合法占有原则和土地利用效益原则，土地使用权由先行占有投资开发的受让方取得；对均未办理土地使用权变更登记手续，或者均未投资开发的，按照诚实信用和合同履行的原则，土地使用权由先行支付土地转让款的受让方取得；对合同均未履行的，按照诚实信用原则，土地使用权由依法成立在先的土地使用权转让合同的受让方取得。对于以上有权取得土地使用权的受让方请求继续履行合同的，应予支持。对于没有取得土地使用权的受让方请求解除合同、赔偿损失的，人民法院应当按照《中华人民共

---

① 广西壮族自治区崇左市中级人民法院（2018）桂14民终457号案件。

和国民法典》的有关规定处理。综观本案，合同当事人对涉案建设用地均未办理权属变更登记手续、两方买受人亦未占有，本着诚实信用和合同履行的原则，覃某民存在订立合同在先、支付土地转让款在先的优先受让条件，故涉案建设用地使用权应当归覃某民所有。"

因此，在转让方存在"一地数卖"的情况下，如果并购方计划继续收购标的资产，并购方可以要求转让方按照协议约定及时办理标的资产的过户登记或者协商提前办理过户登记。若无法及时办理过户登记或者不具备办理过户登记条件的，可以要求转让方及时交付项目土地或者与转让方协商提前完成交付和移转占有。若无法及时完成交付或不具备交付的条件，并购方可以考虑以优先于其他受让方支付价款的方式要求转让方优先向其交付土地并完成过户登记。如转让方与其他受让方的转让协议以及与并购方的并购协议均尚未签订，并购方可以与转让方协商尽快签订并购协议。并购方如果确定无法取得项目土地使用权的，可以考虑解除并购协议并要求转让方承担违约责任，及时采取措施维护自身权益、减少后续的成本。

第五节　类型五：股权并购模式下因未披露的债务产生的纠纷

一、存在未披露债务的情况下并购双方的权利与义务

股权并购模式下，并购方受让目标公司的大部分或全部股权，成为目标公司实际控制人并成为目标公司名下资产的间接所有者，同时也成为目标公司负债的最终承受者。在并购时，双方以对目标公司资产和负债进行审计和评估的结果确定了交易价款，如果目标公司在并购前存在已产生但未披露的债务特别是重大负债，那么就说明并购方收购的股权和资产存在不实或减值风险，并购方也就不应支付对应的交易价款。因此，为保证并购方收购的

股权和资产价值的完整性，双方一般都会在并购协议中约定作为定价依据的审计报告、评估报告未反映的目标公司的负债，需要由转让方负责解决和最终承担，并购方可以要求转让方赔偿或向转让方追偿。当然，在少数的情形下，双方也能约定股权转让后目标公司的所有债务（无论是否被披露）都由转让方或目标公司承担，这样的约定是双方意思自治的结果，不存在违反法律强制性规定的情形，为合法有效的约定，那么并购方就不得再就未披露的债务向转让方索偿。

即使合同未就未披露的债务的负担作出约定，按照转让方为并购方所作的陈述和保证以及法律规定的诚实信用原则和转让方对标的物的瑕疵担保责任，转让方应保证其转让的股权对应的目标公司资产符合双方约定的情况，在目标公司存在未披露的负债或其他资产瑕疵状况时，转让方应向并购方承担违约责任。[1]

未披露的债务主要分为两种，一种是公法上的行政债务，例如税费、滞纳金、罚款等；另一种是私法上的民事债务，主要是基于合同或侵权等产生的债务。由于公法上的债务在尽职调查过程中较为容易发现，侵权债务在目标公司的债务中存在的情形也较少，而基于合同产生的债务例如民间借贷的债务等又具有隐蔽性，更难以被并购方发现，所以合同债务占未披露的债务的大头，但税费等未披露债务也值得并购方关注。

---

[1] 关于瑕疵担保责任，《中华人民共和国民法典》第六百一十五条规定："出卖人应当按照约定的质量要求交付标的物。出卖人提供有关标的物质量说明的，交付的标的物应当符合该说明的质量要求。"第六百一十七条规定："出卖人交付的标的物不符合质量要求的，买受人可以依据本法第五百八十二条至第五百八十四条的规定请求承担违约责任。"法律关于买卖合同的规则也同样参照适用于股权转让合同，例如《中华人民共和国民法典》第六百四十六条规定："法律对其他有偿合同有规定的，依照其规定；没有规定的，参照适用买卖合同的有关规定。"以及《最高人民法院关于审理买卖合同纠纷案件适用法律问题的解释》（2020年修正）第三十二条规定："法律或者行政法规对债权转让、股权转让等权利转让合同有规定的，依照其规定；没有规定的，人民法院可以根据民法典第四百六十七条和第六百四十六条的规定，参照适用买卖合同的有关规定。权利转让或者其他有偿合同参照适用买卖合同的有关规定的，人民法院应当首先引用民法典第六百四十六条的规定，再引用买卖合同的有关规定。"

二、法院对未披露债务的负担以及并购方求偿规则的案例

在苏某、王某圣诉刘某、马某红、陈某铮股权转让案[1]中，法院的裁判要旨说明："股权转让人隐瞒或未向股权受让人披露目标公司债务使股权受让人遭受损失的，应承担赔偿责任，赔偿方式依据法定及约定情况确定。如双方约定隐瞒债务由股权转让人承担，目标公司对外清偿后，股权受让人主张股权转让人等额赔偿损失的，人民法院应予支持。"

同时，要明确的是，讨论目标公司未披露债务的问题，是目标公司存在未披露债务导致并购方损失时并购方和转让方对内责任分配的问题，目标公司的债务对外还是由目标公司向债权人承担，不论股权是否发生转让，股权转让前后公司的债务本身都应由作为独立法人主体资格的公司承担，并不会因为股权发生转让而变更为股东承担，例如上述案件中法院论述的部分："一、关于杰某公司承担债务的分析。《中华人民共和国公司法》（2018 年修正）第三条规定：公司是企业法人，有独立的法人财产，享有法人财产权。公司以其全部财产对公司的债务承担责任，有限责任公司的股东以其认缴的出资额为限对公司承担责任。公司和股东是两个性质不同的法律主体，各自承担法律责任，履行法律义务。有限责任公司债务承担主体为公司，无论股权如何转让，股东如何变更，均不影响公司履行对外承担债务的义务。虽然案涉《股权转让合同》中约定'在转让合同生效之前发生的债权、债务由甲方承担；转让合同生效后的债权债务由乙方承担'，上述约定实则存在表述不当问题，杰某公司并不受股权转让影响而本身就应始终作为对外承担公司债务的主体，只不过股权转让人和受让人内部约定可产生转让人、受让人之间的内部追偿等法律后果。"

因此，如果转让方隐瞒、未披露或者不实披露目标公司债务导致并购方损失，而合同又约定了转让前的目标公司债务应由转让方承担，那么并购方

---

[1] 北京市第一中级人民法院（2021）京 01 民终 366 号案件。

就有权请求转让方赔偿。在御某国际有限公司、刘某霞股权转让纠纷再审审查与审判监督一案中,最高人民法院也说明:"案涉及的股权转让后潍坊御某公司偿还的债务,御某公司、青某公司认可是潍坊御某公司在股权转让前即存在的债务,只是主张相关债务系潍坊御某公司在经营过程中产生,属于潍坊御某公司的正常经营行为。御某公司与青某公司主张股权转让前其已完全向刘某霞、郑某云披露了公司的债务情况,但未提供证据予以证明,其应当承担举证不能的不利后果。御某公司、青某公司未向受让人披露相关债务事实,应当承担相应的责任。二审判决认定御某公司、青某公司连带向刘某霞、郑某云支付未披露的债务25笔共计16345223.12元具有事实依据……案涉《股权转让协议》第五条第三款约定:'本次股权转让未披露的债务,新股东不承担任何责任。'《股权转让协议》各方实际上形成了以公司股权为标的物的买卖关系,御某公司、青某公司作为出让方应保证所转让的股权不存在瑕疵。二审判决结合《股权转让协议》特别约定未披露的债务新股东不承担责任的事实,认定御某公司、青某公司未向刘某霞、郑某云披露目标公司存在大量债务,其所转让股权存在瑕疵并导致公司股权转让价款与实际价值严重不符,应当赔偿由此给受让方造成的损失并无不当。"

在海某地产控股集团有限公司与中某地产开发合肥有限公司股权转让纠纷二审一案[1]中,最高人民法院对转让方未如实披露的目标公司债务导致的并购方的损失作了具体详尽的裁判,包括并购方支出的转让方未披露的目标公司合同债务、工程款欠款、容积率调整而多支出的土地出让金、税费等,有支持并购方赔偿请求的部分,也有未支持的部分,可供参考:

关于中某合肥公司是否已经履行了合同义务问题。中某合肥公司主张,其已经按照《产权转让合同》的约定交付了股权,且交付的股权不存在瑕疵,故其已经完成了合同义务。但如前所述,按照合同的约定,中某合肥公司履行义务不限于将股权转让至海某地产公司名下,还包括把与股权相对应

---

[1] 最高人民法院(2015)民一终字第82号案件。

的中某置业公司资产移交给海某地产公司控制。但由于资产的所有权并未转移至海某地产公司名下，故并不存在公司法人资产与股东股权相混同之情况。同时，双方在合同中还约定，不在审计报告、资产评估报告和期间审计报告范围内以及审计报告、资产评估报告和期间审计报告未披露的目标公司资产、负债由中某合肥公司享有或承担。由此可见，中某合肥公司不仅要把与股权相对应的中某置业公司资产移交给海某地产公司，同时交付的资产要符合其在合同中的承诺，即中某合肥公司对其移交的资产负有瑕疵担保责任。而海某地产公司提交的证据证实，由于中某合肥公司未能披露或不实披露中某置业公司的多项资产及负债，海某地产公司为此向政府及他人额外支付了相应的款项，中某合肥公司的行为违反了诚实信用和等价有偿的原则。中某合肥公司辩称，关于中某置业公司股权转让信息的披露方式不能仅限于股权转让时的审计报告、评估报告，还应包括政府公开的信息，但双方在合同中约定，审计报告、评估报告、期间评估报告及转让期间的公告为信息披露的载体和范围，而未提及政府公开的信息，在此情况下，若将政府公开的信息也作为信息披露的范围，则将显著加重海某地产公司的责任，不符合公平原则，故中某合肥公司该项主张缺乏法律和合同依据。中某合肥公司还称，海某地产公司所主张的相关项目损失情况，已在期间审计报告中披露，依约应由海某地产公司承担相应的损失。但期间审计报告形成于《产权转让合同》签订之后，且根据约定期间审计报告的功能是对《评估报告》所确认的评估基准日至工商变更登记日期间正常生产经营损益情况的审计，不涉及对评估基准日之前《评估报告》中未披露的信息的补充披露。此外，虽然期间审计报告在"特别事项说明"中对九个事项进行了说明，但该九个事项均发生在评估基准日之前，不属于目标公司在约定期间正常生产经营所发生的损益；加之，该九个事项涉及财产价值数额巨大，如果在《评估报告》中予以披露，将会对股权转让价格的商定产生举足轻重的影响。因此，期间审计报告不涉及对评估报告未披露的信息进行补充披露，中某合肥公司认为期间审计报告对海某地产公司所主张的事项进行了披露，不符合合同约定和诚实信用原则，一审法院未采信中某合肥公司的该抗辩理由是正确的。综上所述，中某合肥公司未能全面履行信息披露义务，构成违约，根据合同的约定及《中华人民共和国合同法》第四十二条的规定，中某合肥公司对海某地产公司应当承担相应的违约责任。

关于中某合肥公司所要承担的具体责任问题。如上所述，由于中某合肥公司存在未披露及披露不实行为，导致海某地产公司损失，因此中某合肥公司需承担相应的赔偿责任。下面，围绕海某地产公司、中某合肥公司的各项上诉请求，本院就中某合肥公司所要承担的责任进行具体分析和认定。

1.关于某山路2500万元修建费用的责任承担问题。某山路系市政公路，通常由政府出资修建。而根据中某置业公司与政府相关部门的约定，某山路修建费用由中某置业公司承担50%。经查，中某合肥公司在签订《产权转让合同》时未告知海某地产公司关于中某置业公司承担某山路50%修建费用的情况。而在《评估报告》中对于所承担的2500万元修建费用情况，中某合肥公司是以"预付账款"的名目列示的。对于预付账款的含义，一般理解为买受人为购买某种商品或利益预先支付给出卖人的款项，买受人因而将来可获得该商品或利益；若无法取得商品或利益，买受人也可以将预付的款项收回。但某山路系中某置业公司与政府约定投资修建的公共基础设施，海某地产公司既无法取得该公路的相关利益，也不可能收回已经支出的2500万元。由此可见，由于中某合肥公司对某山路修建费用的不实披露，导致海某地产公司相信将来可从政府收回2500万元修建费用，进而影响了海某地产公司对转让价款的判断，故中某合肥公司违反诚实信用原则，其应当承担该笔费用。一审法院对该问题的处理不妥，本院予以纠正。

2.关于"某某水岸"一期、"中某兰郡"项目别墅一期逾期交房3346218元违约金的责任承担问题。根据中某置业公司与购房人的约定，"某某水岸"一期房屋交付时间为2011年10月20日，"中某兰郡"项目别墅一期的交房时间分别为2011年12月20日和2012年3月20日，中某置业公司未能按照约定交房。根据查明的事实可知，逾期交房时间均发生于评估基准日之后，故逾期交房行为属于合同约定的企业正常生产经营行为，按照《产权转让合同》的约定，该责任不应由中某合肥公司承担。鉴此，一审法院未支持海某地产公司要求中某合肥公司承担上述违约金的主张具有事实和合同依据。

3.关于某路修建费用的责任承担问题。根据中某置业公司与政府相关部门的约定，某路建设费用由中某置业公司全额承担，但《评估报告》对此未予披露；虽然期间审计报告提及了此事，但该事项发生在评估基准日之前，故期间审计报告仅是对该事项的事后说明，不发生信息披露的作用。中某合肥公司抗辩称某路修建费用应计入已预提扣减的某路修建评估成本中，但其提交的证据不足以证明自己的主张，故一审判令中某合肥公司承担某路修建费用13909835元并无不当。

4.关于某公园建设费用的责任承担问题。根据政府的要求，某公园为中某置业公司建设，但《评估报告》对此没有披露。中某合肥公司称规划情况属于政府对社会公开的信息，但正如前面所述，查阅政府公开的信息不是海某地产公司合同义务，海某地产公司不必担责。中某合肥公司还称在原规划信息中规划的公园是在用地西侧，而海某地产公司提交的规划文件表明某公园在用地东侧，此为海某地产公司出于自身经营需要单方申请的规划变更，且没有证据证明建于用地东侧的公园即为原规划中用地西侧公园，但海某地产公司举证证明规划部门已将《某市规划（单体）方案审定通知书》中的用地西侧更正为用地东侧，且中某合肥公司亦无证据证明是海某地产公司出于自身经营需要而申请的规划变更，因此一审判令该费用由中某合肥公司承担是正确的。

5.关于某某"水岸阳光城"所补缴的2400万元土地出让金的责任承担问题。某某"水岸阳光城"容积率调整时间系在评估基准日之前，《评估报告》对此未予披露；虽然期间审计报告提及了此事，但该事项发生在评估基准日之前，故期间审计报告仅是对该事项的事后说明，不发生信息披露的作用。此外，就容积率调高后所得利益，中某合肥公司已向法院另行提起诉讼，故一审法院判令中某合肥公司承担该项费用并无不当。

6. 关于某某"颐和花园"所欠3849204元工程款的责任承担问题。海某地产公司受让股权后向他人支付了3849204元工程款，经查上述工程款发生在评估基准日之前，《评估报告》对此未予披露；虽然期间审计报告提及了此事，但期间审计报告仅是对该事项的事后说明，不发生信息披露的作用。因此，上述工程款应由中某合肥公司承担。

7. 关于某某"阳光水岸"项目土地出让金740.48万元的责任承担问题。某某"阳光水岸"土地使用权证面积较土地规划面积少4482.30平方米，《评估报告》在评估时按土地规划面积予以评估，中某合肥公司隐瞒了真实情况，导致海某地产公司多承担了740.48万元土地出让金，因此中某合肥公司应将上述款项退还海某地产公司。

8. 关于某某"水岸阳光城"项目所补缴的税款、滞纳金及支付的逾期交房违约金等费用的责任承担问题。欠缴税款行为及逾期交房行为均发生在评估基准日之前，《评估报告》对此未予披露，而期间审计报告又不发生信息披露的作用，故一审法院判令中某合肥公司承担上述费用符合双方的约定。中某合肥公司称股权转让评估时其已将某某"水岸阳光城"项目需预缴的相关税费、预提的后期应缴税费合并计入成本并予以扣减，但其没有提交充分证据加以证明，故本院对其该上诉理由不予采信。

9. 关于违约金问题。如上所述，中某合肥公司存在违约行为，其应当支付违约金，且一审法院确认的违约金并不过分高于海某地产公司的损失，故一审法院判令中某合肥公司给付海某地产公司100万元违约金具有事实和法律依据。

上述案例说明目标公司存在未披露债务的情况下转让方应向并购方承担赔偿损失、支付违约金等违约责任，那么除了要求赔偿损失以外，并购方是否可以主张由于目标公司存在未披露债务转让方构成根本违约，从而要求解除合同、双方不再继续履行股权转让协议？

在恒某地产集团广东房地产开发有限公司、袁某贤股权转让纠纷二审一案中，法院认为："第一，钱某娴、袁某贤是否存在违约行为。根据案涉股权转让协议约定，钱某娴、袁某贤确保远某公司的股权不存在任何权利受限制的情况，也不涉及诉讼、仲裁、查封等纠纷。该合同签订后一个月即2016年6月23日，袁某贤持有的远某公司50%股权因借款纠纷被原审法院冻结。案涉股权转让协议还约定，钱某娴、袁某贤承诺截至交割日远某公司的负债不超过469403612.39元，详见资产负债表及科目余额表，该表详细列明了远某公司的负债情况。双方均确认的《银行及民间借贷欠款情况》显示，远某公司存在本金8513万元、利息约5000万元的民间借贷和拆迁补偿债务，该债务并未在资产负债表及科目余额表中列明，远某公司的实际债务明显超过了股权转让协议所披露的金额。原审法院认定钱某娴、袁某贤的行为构成根本违约，应依照合同约定支付违约金，认定事实清楚，适用法律正确，本院予以支持。至于远某公司所欠银行借款未能取得展期的问题，银行借款已在股权转让协议中披露，且约定了在该情况下双方均不承担违约责任，具体解决方式双方另行协商。银行借款并未导致合同履行的障碍，原审法院认定银行借款未能取得展期不属于违约行为，处理正确，本院予以维持。"因此，如果未披露债务数额巨大而转让方又未予以解决的话，法院可能会支持并购方要求解除合同的请求。

此外，除了主张转让方根本违约而要求解除合同以外，如果并购双方在股权转让协议中约定了如果转让方未如实披露目标公司债务，并购方有权解除合同，那么并购方可依据合同约定享有约定解除权。例如马某、梁某武股权转让纠纷二审一案[1]中法院认为："《中华人民共和国合同法》第九十三条规定，当事人可以约定一方解除合同的条件。解除合同的条件成就时，解除权人可以解除合同。本案中，双方约定有下列情形之一的，梁某武可单方解除合同：（1）甲方故意未完整披露目标公司债务情况的；（2）其他严重违反本合同约定的。首先，马某在股权转让协议中承诺除《股权转让协议书》第三条已披露的债务36795005元外，某某煤源公司不存在其他未披露的债务，

---

[1] 四川省宜宾市中级人民法院（2019）川15民终1525号案件。

也无未披露的或然负债，而某某煤源公司出具的《关于2017年2月7日前公司债务情况说明》中载明，除《应付账款清单》中列明的债务外，公司尚有对外债务601172元。马某辩称此债务在双方签署的协议应付款清单里已经记载，但其辩称与说明内容不一致，且也未提供证据予以证明，故对该辩称意见一审法院不予支持。马某未尽协议约定的债务信息披露义务，符合《股权转让协议书》中关于合同解除情形之一的第（1）条的约定……综上，梁某武诉请解除《股权转让协议书》，一审法院予以支持。《中华人民共和国合同法》[①]第九十六条规定'当事人一方依照本法第九十三条第二款、第九十四条的规定主张解除合同的，应当通知对方。合同自通知到达对方时解除'。本案中，梁某武未提供通知马某解除合同并送达对方的证据。其向一审法院起诉请求解除合同并得到一审法院支持，合同应自起诉状副本送达给马某之日即2019年1月31日起解除。"

综上所述，如果转让方存在未如实披露目标公司债务的情形，并购方可以要求转让方赔偿其损失，包括并购方代替承担的评估基准日前未披露的合同债务、税费及滞纳金、补缴的土地使用权出让金、欠付的工程款等，并且转让方隐瞒的债务数额较大又未为并购方解决，导致股权转让协议无法继续履行的，或者合同约定并购方可以此解除合同的，并购方可主张解除合同，不再继续履行合同义务并且要求转让方支付违约金、赔偿损失。为最大限度防范风险、防范争议，并购方律师可在并购协议中约定清楚未披露的债务的负担规则以及转让方对转让标的的瑕疵担保义务和保证责任、承诺无隐瞒的债务，并且约定清楚转让方违约时应承担的违约金等违约责任以及并购方的解除权等。

---

① 本法已失效。

第五章

跨境与困境中的房地产并购

第一节　跨境房地产并购项目尽职调查

企业并购存在诸多利好，如企业并购会产生协同效应，直接减少市场中企业的数量，助力优势企业提高市场地位等，房地产行业的并购也是如此。随着国家或地区间合作程度的提高，开展境外经济合作的业务量不断增大，境外房地产并购总数一直在快速增长。笔者的团队在澳大利亚墨尔本开设了法律服务办公室，在开展房地产跨境并购尽职调查业务方面积累了一定的探索经历和经验，日常工作中也注重跨境并购的相关理论知识与实务经验积累，现就我国香港特别行政区、澳大利亚、新西兰房地产并购尽职调查方面的经验略作分享。

一、我国香港特别行政区房地产并购尽职调查实务要点、难点

（一）我国香港特别行政区房地产法律尽职调查要点

由于我国香港特别行政区在地理位置、制度和政策、人才储备等诸多层面的优势，其已成为内地企业"走出去"的重要桥头堡，也是实现中国与"一带一路"各国互联互通的理想平台。在并购过程中，在我国香港、澳门地区进行尽职调查，尤其是法律尽职调查，往往是项目"走出去"成功与否的关键所在。

我国内地法律制度与构成我国香港地区法主要来源的普通法、衡平法及香港制定的成文法，在渊源、理念、体系乃至具体概念等诸多方面都存在巨大的差异。法律的各种差异，是跨境提供法律服务的难点所在。但作为法律服务提供者，我们不应该受限于法律的差异，笔者在我国内地和澳门地区均有丰富项目承办经验、参与过大量在港投资和收购项目，糅合多方实务经验，介绍如何开展我国香港、澳门地区法律尽职调查工作，望与我国客户和同行共同进步。

对我国香港地区公司进行法律尽职调查，是相关方基于项目需求，通过信息核查、文件审阅、会见访谈、实地考察等方式，对依据我国香港地区法例《第622章〈公司条例〉》("《公司条例》")[1]注册设立之公司的基本信息、设立及历史沿革、存续状况、股权结构及出资情况、股权上的权利负担、公司治理等方面，进行全面、客观的调查并据此提供法律分析、风险评估、行动建议的过程。

相较我国内地公司严格的登记要求，《公司条例》及《商业登记条例》施加于香港公司（特别是私人公司）的强制性登记要求比较有限。因此，我们不能直接从公开途径获得关于香港公司基本情况的全部信息，部分信息需要香港公司协助提供。鉴于此，我们对我国香港地区公司的设立及存续信息开展尽职调查时，通常采取公开途径查询结合我国香港地区公司自主提供的方式。

（二）我国香港地区房地产法律尽职调查工具

表5-1　我国香港地区房地产法律尽职调查网站核查清单

序号	核查工具	核查内容	核查依据
1	我国香港地区公司注册处网上查册中心	公司注册证明书	公司注册证明书载明公司编号、公司名称、公司类别（有限公司或无限公司）、成立时间等内容；公司注册证明书系该公司已根据《公司条例》注册的证明。
2		公司更改名称证明书	公司应在有关更改公司名称的特别决议通过后15日内，将更改公司名称证明公司名称通知书交付公司注册处登记；公司名称的更改，在公司更改名称证明书发出之日起生效。
3		公司章程	公司应在章程修改生效后的15日内，向公司注册处提交修改登记公司章程申请（仅变更公司名称的，无需登记）；通过查册无法获得公司最新有效的章程。

---

[1] 《第622章〈公司条例〉》，2013年第1号编辑修订，载电子版香港法例，https://www.elegislation.gov.hk/hk/cap622，访问日期2023年3月9日。

续表

序号	核查工具	核查内容	核查依据
4		股东信息	公司无需单独就股东变更在公司注册处提交变更申请，仅需在当年股东信息的周年申报表中予以更正即可； 通过查册无法获得公司最新有效的股东信息。
5		董事信息	公司应在董事变更（包括委任、停任）后15日内，向公司注册处交付董事信息更改通知书； 通过查册无法获得公司最新有效的董事信息。
6		公司秘书信息	公司应在秘书变更（包括委任、停任）后15日内，向公司注册处交付更改通知书； 通过网上查册可能无法获得公司最新有效的公司秘书信息。
7		周年申报表	私人公司须在每一年（其成立为法团当年除外）该公司的周年申报表报表日期后的42日内，将周年申报表交付公司注册处登记。
8		押记情况	公司需于指明押记设立后的一个月内，向公司注册处提交押记登记申请； 除另有规定外，未登记的指明押记相对于该公司的任何清盘人及债权人而言无效。
9		股份配发申报书	有限公司需在股份配发后的一个月内，将指明格式的配发申报书交付公司注册处登记； 公司须在配发日期后的两个月内，在股东名册中对配发予以登记。
10		更改股本通知	公司需在更改其股本后一个月内，将更改股本的通知交付公司注册处登记； 公司无需就股份配发导致的股本更改提交更改股本的通知。
11	香港税务局电子服务平台"税务易"	商业登记证号码	查询时需输入公司名称及其所处地区； 无法查询已结业十年或以上公司及其分行的商业登记证号码。
12		商业登记册内的资料	无法查询刚办理商业登记而其资料尚未记录在商业登记证上的信息。
13	香港破产管理署网上查册服务	强制性清盘个案记录	破产管理署的数据库不包括被自动清盘的记录以及1984年以前结束的强制清盘个案记录。

二、澳大利亚房地产并购尽职调查实务要点、难点

大型的外国投资通常需要取得澳大利亚外国投资审查委员会（FIRB）的批准，由于澳大利亚房地产的房屋和土地性质绝大多数为永久产权且房产可以作为财产永久继承，所以澳大利亚房地产的买卖交易长久以来都是维系和促进澳大利亚经济市场繁荣的支柱产业，也一直是当地人和海外人士投资的不二之选。但海外并购最大的风险在于不知道风险在哪里。信息不对称、政治风险、文化差异等诸多因素都可能成为中国企业海外并购的阿喀琉斯之踵，不仅失去了商业机会，而且后续持续经营状况堪忧。因此，对澳大利亚目标公司进行法律尽职调查对于投资安全的保障就十分必要，除了通过尽职调查的基本流程了解目标公司是否具有购买价值之外，还要了解由于澳大利亚法律、经济政策等的不同导致的诸多不可遗漏的存在风险的事项，笔者将在本书中进行简单的介绍。

（一）外商并购澳大利亚房地产适用的主要法律法规与审查

1.外商并购澳大利亚房地产适用的主要法律法规

首先，笔者认为，了解一个国家的法律法规最好的办法是去你想要了解的国家发布法律的官网查看，一般来说，这会比通过westlaw等[1]搜索引擎寻找外国法律要快速和更权威，也能获取效力最新的版本。比如通过简单的搜索就会发现，澳大利亚规制外商投资的主要法律和法规包括《1975年（联邦）外国收购与兼并法》《2015年外国收购与兼并条例》《2015年（联邦）外国收购与兼并费用征收法》《2015年水源或农业用地外商所有权登记法》这四部，以及并购澳大利亚房地产一般需要通过外国投资委员会（Foreign Investment Review Board，FIRB）和联邦政府财政部（Federal Treasury）的审查时，就可以直接去FIRB官网进行搜索和浏览，该官网还提供外国投资

---

[1] Westlaw是法律出版集团Thomson Legal and Regulator's于1975年开发的，为国际法律专业人员提供的互联网的搜索工具。

者并购澳大利亚住宅等所需填写的审批申请表格等。

2. 澳大利亚的国家安全审查

由于海外并购可以充分集中相关行业的人力、财力、技术和资源优势，提高相关企业的竞争力，在此趋势下，也可能使得相关行业的集中度上升，限制或者排除竞争从而损害消费者的利益。出于维护国家经济稳定和市场良性竞争的目的，各国在反垄断法中基本都会包含对并购安全的审查，要求超过一定营业规模的交易主体需就并购的相关事宜事先如实向反垄断法核查机构进行申报或审批申请。

具体到澳大利亚，其外国投资审查委员会由五六个经验十分丰富的专家学者、企业家组成，本着保护国家利益、个案处理、自由裁量的原则审阅收购者提交的申请材料，并据此向财政部部长提交建议，最终由财政部部长决定审查结果。

根据《1975（联邦）外国收购与兼并法》的相关规定，"外国投资者"是指外籍人[①]、外国政府、外国公司、非澳洲经常居民的自然人、非澳洲经常居民或外国公司持有"控制权"（单个外资超过15%或者多个外资超过40%会被认为对公司持有"控制权"）的澳洲公司或符合"重大权益"[②]的澳洲信托。而需要申请外国投资审批的项目包括他国政府和国有企业投资的项目、

[①] 澳大利亚1975年92号《外国收购和接管法》，"外籍人士是指：（a）非通常居住在澳大利亚的个人；或（b）非通常居住在澳大利亚的个人、外国公司或外国政府持有重大权益的公司；或（c）一家公司，其中有2人或2人以上持有合计的重大权益，其中每一人都是非通常居住在澳大利亚的个人、外国公司或外国政府；或（d）非澳大利亚普通居民个人、外国公司或外国政府持有重大权益的信托的受托人；或（e）信托的受托人，其中有2人或2人以上持有合计的实际权益，其中每一人均为非通常居住在澳大利亚的个人、外国公司或外国政府；或（f）外国政府；或（g）任何其他人，或符合条例规定的条件的任何其他人"。

[②] 澳大利亚1975年92号《外国收购和接管法》，"合计重大权益：在以下情况下，2人或以上持有实体或信托的合计重大权益：（a）对于一个实体——该人持有该实体至少40%的总权益；或（b）对于信托（包括单位信托）——该等人士连同其中任何一人或多人合计持有信托收入或财产中至少40%的实际权益"。

拥有澳洲资产超过2.52亿澳元的非他国国有企业投资的项目。[①]其中，澳大利亚认为他国政府直接或间接持有15%以上股份的公司，就属于他国国有企业。澳大利亚相关部门有公布一份敏感行业清单，房地产行业不在其发布的敏感行业清单上，但是在收购合计金额超过1500万澳元的农业用地时，仍需要经过外国投资审批。房地产行业需要进行外国投资审批的项目还包括购买一手或者二手的房地产住宅、闲置土地、保证24个月内动工进行拆除重建的二手房。

澳大利亚外国投资审查委员会审批时考虑的因素十分广泛，主要有国家安全机构的建议、造成垄断的可能性大小、政府的税收和环境保护政策、外国政府投资者是否带有政治或者战略目标、投资者本人的品格（商业透明度、监管力度、公司治理状况）。这些因素主要是从两个方面进行考察，一个是经济方面，考察并购项目是否能对国内经济产生向上的推动力，是否能增加税收、促进就业、发展国内经济。另一个是政治方面，考察并购项目是否只是单纯的不带政治目的的商业行为。审查委员会在收到审批申请后30天[②]内决定是否批准该申请，经财政部决定可以延长90天。

经过对审批影响因素的了解与分析，更容易通过审批申请的是那些能给被投资国家带来各项正面结果的项目。比如明确在并购完成后仍然保留澳洲员工、尽量避免涉及敏感资产、保证将收购规模控制在安全审查范围内，这些保证与声明可以在一定程度上提高被认为是不带有政治目的的并购、能稳定甚至促进澳大利亚就业与经济发展的项目的可能性。相对来说，提出以上保证和声明，审批更容易通过投资安全审查。

---

① The Foreign Acquisitions and Takeovers Act 1975, Part I A, Section 9, 20, 21; Foreign Acquisitions and Takeovers Regulations, Section 4. 澳大利亚1975年92号《外国收购和接管法》第一部分第九章、二十章、二十一章；《外国收购与接管条例》第四章。

② 澳大利亚1975年92号《外国收购和接管法》，"该法第61（1）(a)款规定，规定的期限为30天。注意：财务主任必须在30天期限结束之前或根据该法案延长的期限之前决定是否批准豁免证书的申请"。

（二）尽职调查工具与清单

确定并购项目是否可以通过审批之后，跨境并购目标公司才具备一定可能性。在此基础之上，我们需要对表5-2中事项进行进一步的调查、分析，该表未全面收纳所有澳大利亚房地产并购尽职调查工具，仅供参考。

表5-2　澳大利亚房地产并购尽职调查清单

序号	事项	核查指引	备注
1	房地产并购适用的法律法规	https://firb.gov.au/general-guidance/legislation	了解并购法律风险
2	目标公司主体信息	澳大利亚安全调查委员会	通过目标公司名称或目标公司编号对目标公司的曾用名称、经营状况等进行初步检索
3	不动产抵押情况	各州和地区的土地权办公室	通过搜索所有权人的姓名或房产的地址查询
4	诉讼信息	各州法院	出席法院相关的活动、搜索法院举行的记录和笔录活动，专门的搜索机构也可提供搜索服务
5	证券信息	澳大利亚证券交易所	查看澳大利亚上市公司对价格、股票价值有重大影响的消息
6	环境保护许可	各州环境保护管理局	有关环境问题的记录是由各个州和地区分别管理的
			广州金鹏律师事务所整理

三、新西兰房地产并购尽职调查实务要点、难点

根据世界银行发布的《2020年营商环境报告》及之前几年的营商环境报告来看，新西兰多次被认为是世界上最适合商业投资的国家之一。《2020年营商环境报告》中载明："世界上做生意的最佳地点为：新西兰（在满分100分中得

分 86.8 分），新加坡（86.2 分），中国香港特别行政区（85.3 分）。"[1]新西兰也与我们国家签订了诸多国际条约，如《中华人民共和国政府和新西兰政府关于促进和保护投资协定》，其中对两国公民和公司在对方国家的投资给予公平、公正的待遇和保护，新西兰与中国同是《区域全面经济伙伴关系协定》[2]的成员。新西兰政府为有效吸引和利用海外投资，建立和完善了一套以《海外投资法》为核心的高效、灵活的法律法规体系，并迅速在海外设立了投资办公室，用于对海外投资项目和海外投资者进行更准确、真实的评估和审批。

了解房地产并购的法律规定，是法律尽职调查的第一步，也是了解新西兰房地产并购法律风险的第一步。对于无法通过所需查询国家的官方网站查看相关法律法规的，可以借助中华人民共和国商务部官网，在商务部公共服务中的全球法规板块，搜索并下载域外法律法规的有效版本，更新时间也比较趋近于搜索时间，是十分值得信赖的域外法规查询途径。[3]

（一）并购新西兰房地产适用的主要法律规定

对于房地产行业来说，并购新西兰房地产需要仔细分析的法律法规主要是《2005年海外投资法》[4]（Overseas Investment Act 2005）及其修正案、《2005年海外投资条例》（the Overseas Investment Regulations 2005）及《收购法典》。其中，新西兰通过海外投资法和海外投资条例建立起"海外投资审查"的行政审批制度体系，该体系主要规定了什么样的主体需要获得批准、什么情况需要获得批准以及获得批准需要经过的程序等。新西兰政府适用的部分法律法规在新西兰司法部的司法部门和政策中的"机柜和相关资料"处可以

---

[1] 世界银行官网，《2020年营商环境报告》，https://archive.doingbusiness.org/zh/reports/global-reports/doing-business-2020，2019年10月25日发布。
[2] 中华人民共和国商务部，《区域全面经济伙伴关系协定》，2022年1月1日生效。
[3] 载中华人民共和国商务部官网，http://policy.mofcom.gov.cn/law/index.shtml，访问日期2022年6月16日。
[4] 《2005年海外投资法》（2005年6月16日发布），http://www.legislation.govt.nz/act/public/2005/0082/latest/DLM356881.html，访问日期2022年6月20日。

找到有效的官方版本，对于找不到的法律法规，可以使用后文所述的中华人民共和国商务部官网搜索和浏览。

该体系涉及对海外人士的投资行为进行的监管。在《2005年海外投资法》中，海外人士是指以下几类个体：首先是指不属于新西兰的公民也未通常居住在新西兰的个人；其次是指在新西兰境外注册成立的法人团体；再次是指对不在新西兰上市发行的法人团体来说，拥有该法人团体超过25%的A类证券或控制该法人团体管理机构25%以上组成的权力或表决权；最后是指理事机构中超过25%是海外人士或海外人士享有超过25%收益权的合伙企业、非法人合营企业或其他非法人团体。[1]

海外投资法进一步规定了海外人士的哪些房地产投资项目需要获得批准。在获得新西兰批准的豁免之前，海外人士在投资敏感土地、重大商业资产时需要获得海外投资办公室的同意。得到同意后的海外投资，该海外投资项目才能生效。

关于如何判断是否属于敏感土地，《2005年海外投资法》有明确规定。敏感土地包括部分住宅用地，面积超过5公顷的非城市用地，属于海滩、海床或某个已经被命名的岛屿的土地，面积大于0.4公顷且具有环保、遗址保护、环境保护等功能的土地，面积大于0.2公顷且毗邻海滩的土地，面积大于0.4公顷且毗邻某处敏感土地的土地。[2] 对于敏感土地的范围判断，具体可见图5-1和图5-2。

---

[1] 《2005年海外投资法》，第7条第2点："在本法中，海外人士是指：（一）既不是新西兰公民，也不是通常居住在新西兰的个人；（二）在新西兰境外注册成立的法人团体，或是在新西兰境外注册成立的法人团体中超过25%的子公司。"http://www.legislation.govt.nz/act/public/2005/0082/latest/DLM356881.html，访问日期：2022年6月16日。

[2] 《2005年海外投资法》："《附表1敏感土地》第1部分：什么土地是敏感的根据该法，土地是敏感的，如果——（一）该土地是或包括表1所列类型的土地，并且该类型土地的面积超过相应的面积阈值（单独或与该类型的任何相关土地一起），如果有的话；或（二）土地（土地A）与表2所列类型的土地相邻，土地A的面积超过相应的面积阈值（单独或任何相关土地一起），如果有的话。"

表1

排	土地是敏感的，如果它是或包括这种类型的土地	...并且该类型超过此区域阈值（如果有）
1	住宅用地	—
2	非城市土地	5公顷
3	本附表第2部分规定的岛屿上的土地	0.4公顷
4	在其他岛屿上登陆（北岛或南岛除外，但包括与北岛或南岛相邻的岛屿）	—
5	海洋和沿海地区	—
6	湖床	0.4公顷
7	根据1987年《保护法》为保护目的而持有的土地	0.4公顷
8	根据1991年《资源管理法》规定的地区规划或拟议的地区规划提供的土地将用作保护区，作为公园，用于娱乐目的或作为开放空间	0.4公顷
9	根据1991年《资源管理法》或《2014年新西兰遗产Pouhere Taonga法案》受遗产令或遗产令要求管辖的土地	0.4公顷
10	被列入新西兰遗产名录/Rārangi Kōrero的历史名胜、历史区、wahi tapu 或 wahi tapu 地区，或根据《2014年新西兰遗产Pouhere Taonga法案》第67（4）或68（4）条通知的申请	0.4公顷
11	根据1993年《毛利人法》第338条，被划为毛利保留地的土地是wahi tapu	0.4公顷

附表1 第1部分 表1：根据《2021年海外投资修订法》（2021年第17号）第32（2）条于2021年7月5日修订。
附表1 第1部分 表1第5项：于2021年7月5日根据《2021年海外投资修订法》（2021年第17号）第32（1）条进行了修订。
附表1 第1部分 表1第1项：2018年10月22日由《2018年海外投资修订法》（2018年第25号）第5（1）条修订。
附表1 第1部分 表1第11项：于2018年10月22日由《2018年海外投资修订法》（2018年第25号）第5（2）条修订。
附表1 第1部分 表1：2014年5月20日由《2014年新西兰遗产Pouhere Taonga法案》（2014年第26号）第107条修订。

图5-1 《2005年海外投资法》附表1：敏感土地—表1

表2

排	如果 Land A 与这种类型的 Land 相邻，则它是敏感的	...和陆地 A 超过此面积阈值（如果有）
1	海洋和沿海地区	0.2公顷
2	湖床	0.4公顷
3	根据1987年《保护法》为保护目的而持有的土地（如果该保护地的面积超过0.4公顷）	0.4公顷
4	根据1977年《保护区法》由保护部管理的任何保护区（如果该保护区面积超过0.4公顷）	0.4公顷
5	根据《2002年地方政府法》第139条须遵守声明的任何地区公园或地区公园的一部分（如果该公园或部分公园超过80公顷）	0.4公顷
6	根据1980年《国家公园法》持有的任何国家公园	0.4公顷
7	毗邻海洋和沿海地区或湖泊的土地，并且是毛利人保留地，1993年《毛利人法》第340条适用于该保留地（如果该土地/保留地面积超过0.4公顷）	0.4公顷
8	超过0.4公顷的土地，包括被列入新西兰遗产名录/Rārangi Kōrero的wahi tapu或wahi tapu地区，或根据《2014年新西兰遗产Pouhere Taonga法案》第68（4）条通知的申请	0.4公顷
9	超过0.4公顷的土地，根据1993年《毛利人法》第338条，被划为毛利保留地，这是 wahi tapu	0.4公顷
10	根据1975年《怀唐伊条约法》附表3或条例中规定的立法，土地（如果该土地面积超过0.4公顷），—— （一）由毛利人集体的治理实体（如iwi或hapū）拥有； （二）根据1987年《保护法》或该法附表1中提到的立法进行管理	0.4公顷
11	根据1977年《储备法》规定的任何保护区（如果该保护区面积超过0.4公顷），根据1975年《怀唐伊条约法》附表3或条例中规定的法规，由毛利人集体的治理实体（如iwi或hapū）全部或部分或共同管理	0.4公顷
12	Te Urewera土地（定义见2014年《Te Urewera法案》第7条）	0.4公顷
13	旺格努伊河（定义见《2017年蒂阿马瓦图普阿（旺格努伊河索赔和解）法》第7条）	0.4公顷
14	芒加塔里山风景保护区（定义见《2014年纳提科罗基卡胡库拉索赔解决法》第71（1）条）	0.4公顷

附表1 第1部分 表2：于2021年7月5日被《2021年海外投资修订法》（2021年第17号）第32（3）条取代。

图5-2 《2005年海外投资法》附表1：敏感土地—表2[①]

可以发现，敏感土地主要是出于居住、生态环境保护的目的考虑划定的土

---

① 《2005年海外投资法》：《附表1敏感土地》，https://www.legislation.govt.nz/act/public/2005/0082/latest/LMS468073.html，访问日期2022年8月16日。

地范围。也可以看出，非住宅用地中敏感土地的范围也很大。新西兰海外投资办公室在审查对非住宅用地中的敏感土地的投资时，也有明确的考量标准，主要从经济利益角度审查该投资是否将会促进新西兰经济的发展。对于非敏感土地的住宅用地，新西兰对其进行考察的标准会因海外人士和所购土地的状况不同而有所不同。这些测试可能包括使新西兰受益的测试；承诺在新西兰定居的测试；承诺在住宅用地上建房的测试；非住宅用途测试；附带住宅用途测试；以及投资者测试（见下文所述适用于重大商业资产投资的标准）。

关于如何认定重大商业资产，新西兰海外投资办公室也对其进行了一定的解释和指引。《2005年海外投资法》提到属于海外投资重大商业资产的第一种情况是：海外人士或联营公司（单独或与其联营公司一起）欲通过收购实现在目标公司中拥有超过25%的所有权或控制权权益，或在目标公司中增加超过现有25%的所有权或控制权权益，且所提供的证券或对价的价值超过1亿新西兰元的，可能被认为涉及海外投资重大商业资产；第二种情况是：该新西兰企业由海外人士或海外人士的联营公司（单独或与任何其他人士）设立，每年业务经营持续时间在90日以上，且业务经营投资额在1亿新西兰元以上，也会被认为属于海外投资重大资产。[①]

由于敏感资产的特殊性、海外投资交易的复杂性，以及实际中存在严格遵守《2005年海外投资法》不切实际、成本过高或负担过重的情况，新西兰

---

① 《2005年海外投资法》第13点："海外投资重大商业资产为：（一）海外人士或海外人士的联营公司收购某人的证券权益（A）在以下情况下：（1）作为收购的结果，海外人士或联营公司（单独或与其联营公司一起）在A中拥有超过25%的所有权或控制权权益，或在A中增加现有超过25%的所有权或控制权权益，该权益在第12（1）（b）（ii）条中提及；（2）所提供的证券或对价的价值，或A或A及其超过25%的子公司的资产价值，超过1亿美元或根据第61A条制定的规定适用的替代货币门槛；或（二）在下列情况下，海外人士或海外人士的联营公司（单独或与任何其他人士）在新西兰设立企业：（1）该业务在任何一年中持续超过90天（无论是连续还是累计）；和（2）在开始业务之前，为确定该业务超过1亿美元或根据第61A条制定的规定适用的替代货币门槛而预计产生的总支出；或（三）如果提供的对价总价值超过1亿美元或根据第61A条制定的法规适用的替代货币门槛，则海外人士或海外人士的关联人收购新西兰境内用于在新西兰开展业务的财产（包括商誉和其他无形资产）（无论是通过1笔交易还是一系列相关或关联交易）。" https://www.legislation.govt.nz/act/public/2005/0082/latest/whole.html#DLM358019，访问日期2022年8月16日。

海外投资办公室也会豁免部分住宅用地的申请。海外人士租赁的住宅土地属于以下情况之一的，则海外人士在签订该类租约时，不需要得到海外投资办公室的批准：固定期限少于5年（包括续约）的住宅租约或租约可以随意终止，且没有3年或以上的确定期限。对于购买期房公寓、酒店单元的海外人士，也可以获得新西兰海外投资办公室的豁免。

需要注意的是，在对重大商业资产的投资许可申请进行审查时，新西兰海外投资办公室除要求该海外投资人不属于2009年《移民法》第15条和第16条[①]所列的个人类型外，还会考虑其是否具有足够的商业经验和敏锐的商业意识、是否品格良好。如果办公室部长认为某项交易与新西兰的国家利益相悖，部长可以拒绝同意该交易，此时该项海外投资也不生效。

（二）新西兰房地产并购尽职调查工具与清单

表5-3　新西兰房地产并购尽职调查清单

序号	事项	核查指引	备注
1	目标公司主体信息	新西兰公司办公室登记处	公司董事名字和住址、注册办公场所、服务所在地、发行的股票数额、注册日期、公司章程、财政资助和回购等
2	土地所有权与权利负担	新西兰土地局	还可以查询到该不动产的其他资产负担
3	商标、专利信息	新西兰知识产权办公室	公司登记的商标、设计、专利、植物多样化等权利信息和使用者
4	诉讼及执行情况	地方法院、高等法院、上诉法院、最高法院	只能通过人工搜索，可以采取雇用目标公司所在地的搜索代理人进行
5	船舶抵押信息	新西兰船舶登记处	可以作为寻找其他相关债权债务的线索

广州金鹏律师事务所整理

[①]　《移民法》，http://www.legislation.govt.nz/act/public/2009/0051/latest/DLM1440303.html，访问日期2022年6月23日。

第二节　困境房地产并购项目尽职调查[①]

近年来,由于市场经济下行、市场不明朗等因素的影响,房地产开发企业面临价格下降、成交减少、库存增加及融资困难等诸多难题。伴随着风险的不断累积,一旦出现流动资金不足、资金链断裂,自有资金难以承担巨额的债务,项目乃至企业自身都将陷入困境,企业股权估值会大幅度低于内在价值。与此同时,土地资源作为稀缺资源,优质的房地产项目即显得尤为珍贵。加之为了支持经济发展,保障就业和民生,特别是守住不发生区域性系统性金融风险的底线,地方政府也非常支持房地产企业积极寻求投融资方,进行资产资源整合,有些地方政府还出台了一系列包括土地、税收等方面的支持政策。鉴于此,对于有意向实施救助、盘活资产和创造价值的投融资方来说,困境房地产项目成为最具投资价值的一个资产类别。

困境类房地产项目作为高风险与高收益并存的项目,其风险点特别多。风险并不可怕,可怕的是我们不知道风险在哪里,实践中不乏由于股权、资产、债权等方面存在重大未排除的隐患,导致最终交易被禁止、限制或尽管交易未被禁止、限制,但交易完成后给投融资方造成重大投资损失的案例,因此,事前做好尽职调查,及早发现风险、评估风险、解决风险显得尤为重要,也是决定项目成败的关键因素之一。

一、困境房地产项目常见的法律风险

困境房地产项目中的法律风险较多,常见的法律风险主要有:资产风险、债务风险、股权风险等。

[①] 本节内容摘自《困境房地产项目投融资风险尽职调查》一文,原文发表在《广东律师》第四季度总第223期,作者吕春华,发表日期为2019年12月。

（一）资产风险

1.困境房地产项目通常存在证照到期、拆迁、迟延交付、违规销售等一些房地产行业特有风险。

2.土地及在建项目一般都涉及抵押，且抵押行为均与大额债务相关，解困资金需求量大。

3.困境房地产项目可能涉及土地限制转让、无证土地、土地被收回、土地闲置以及相邻权问题。

4.项目被设定担保或收益权被限制。为项目融资，项目实际控制人可能将尚未开发完毕的项目资产或收益权提前出售或设立担保。

（二）债务风险

房地产项目开发需要大量资金，房地产企业大多通过各种途径进行融资借款，在项目因各种原因停滞开发、成为不良资产后，各类债务因无法偿付而进入逾期、违约，融资借款方面的风险也逐一显现。

1.债务总量高

困境房地产项目通常资金需求量大，因此债务总量高。资金链断裂后，到期债务无法偿付，未到期债务的债权人也可能主张公司预期违约、要求公司提前还款或要求公司增加担保，从而引发公司债务缠身。

2.违约债务附带高额违约金

困境房地产项目中，绝大部分债权均为违约状态，债权人有权要求公司按照合同约定或法律规定支付违约金。在项目陷入不良若干年的情况下，违约金金额往往很高且随时间推移增长。

3.民间借贷债权人利益诉求难以平衡

除正常融资借款外，困境房地产项目还会寻求民间借款。相比之下，民间借贷可能体现为售后回租、以卖代借，民间集资甚至是民间高利贷借款等方式。尽管部分民间借贷债权不具有优先权、抵押权等保障，但该等债权因涉及人数众多、诉求难以平衡，可能会涉及当地社会治安等问题，不容小觑。

4.隐藏债务多

困境房地产项目在开发过程中，项目实际控制人为融资借款，可能会以自己名义或通过公司的股东、子公司等关联方名义对外借款，因债务本身的债务人并非公司，该等隐藏债务往往容易被忽略。

（三）股权风险

1.公司股权权利限制

项目实际控制人为与其他方合作或为项目融资，可能会就公司的股权作质押、回购、明股实债等相关安排，该等安排限制了公司的股权权利，可能对公司的股权交易形成障碍。

2.违约债务引发对项目股权、资产多轮查封

债权人为维护自身权利，会对公司提起诉讼并同时申请对项目股权、资产保全；实践中，困境房地产项目的股权、资产通常会被多轮查封。在查封状态未解除的状态下，股权、资产交易会存在一定障碍。

3.控制权瑕疵

困境房地产项目，大多涉及多次融资，其中不乏项目原实际控制人为融到资金与债权人签署公司的股权代持协议。在此种情形下，项目的控制权不仅由表面的实际控制人掌握，被代持人也有一定的控制权。此外，特殊机会房地产项目的债权人为维护自身利益，可能对公司的营业执照、印章等进行共管；在这种情况下，项目实际控制人对项目的控制权也受到限制。

（四）其他风险

除上述风险外，困境房地产项目还存在管理风险、财税风险、宏观政策风险、司法资源整合等风险。

二、困境房地产项目尽职调查关注重点

困境房地产项目投融资虽然涉及的债权金额大、利益相关方众多、法律关系复杂、风险较高，但高风险即意味着高收益，而且有些风险并非毫无解决之道。为有效把控风险，提高收益率，投融资方往往会对困境房地产项目进行专业而全面的尽职调查，评估、量化风险，寻找对策，降低困境潜在的投资风险，盘活房地产项目，获取高收益。

尽职调查是困境房地产项目投融资风险防患的第一道防火墙，主要解决两大问题，一是提示投资可行性和法律风险，解决要不要投的问题；二是量化风险，确定交易结构、交易价格、投融资额度、先决条件、交割后的义务等，解决怎么投的问题。

对困境房地产项目的尽调主要有阅卷并审核项目方提供的资料、高管人员访谈、查阅账册、访问并求解相关政府部门、走访并函证主要债权人、现场考察、网络查询、法院及仲裁机构问询等方式。使用这些方法尽职调查时，应对困境房地产项目的以下几个方面重点关注。

（一）项目公司主体、实际控制人

1.项目公司的主体资格

项目公司的主体资格是尽职调查的首要内容，即调查项目公司设立的程序、条件、方式等是否符合当时法律、法规和规范性文件的规定。如果项目公司涉及批准或备案事项的，是否得到有权部门的批准和备案。项目公司是否履行了验资等必要程序，如果是以非现金方式出资的，其资产的出资价格是按股东约定还是经过资产评估程序，如涉及国有资产则必须经过资产评估。股东身份及资格是否合法有效，股东是否已足额出资，资产是否已交接并办理变更登记，如是分期出资，需注意剩余出资金额和时间等。

2.项目公司存续情况

应查验项目公司是否有效存续，是否存在持续经营的法律障碍，其经营

范围和经营方式是否合法合规,项目公司是否正常年检。项目公司的章程对公司经营期限的约定,是否存在提前终止的情形,章程对股权转让有无限制或反收购条款,该等约定是否构成收购障碍或需要增加收购成本。

3. 项目公司的实际控制人

实际控制人虽不是公司的股东,但通过投资关系、协议或者其他安排,能够实际支配公司行为。很多房地产项目之所以陷入困境,跟实际控制人有很大关系,因此,应对实际控制人进行重点调查。

(二)项目公司的股权

1. 注册资金不到位的股权

在尽职调查阶段,可通过核查验资报告、审计报告和汇款转账凭证、章程等确定股权转让方是否已经履行了相应的出资义务或者后期还需缴纳的出资。注资不到位一般不会构成股权投融资障碍,但因为受让股权的股东对注册资金仍有补足和继续缴纳的义务,故在股权转让价款中需充分考量该因素。如违反公司章程约定,则存在对其他股东承担违约责任的风险,因此,可要求其他股东出具不予追究逾期缴纳出资的声明。

2. 代持的股权

股权代持现象实践中常有发生,除转让方自行披露外,可通过与目标公司员工的谈话、查阅公司经营管理的决策文件、本次交易谈判的接洽主体等判断是否存在股权代持情况。在股权转让协议中应要求转让方提供股权不存在代持情况的承诺。对于已知的代持股权,股权转让应取得名义股东及实际股东双方的书面认可。

3. 涉及合作建房项目的股权

应重点核查项目公司股权是否存在合作建房的行为。如涉及合作建房,在尽职调查阶段需要对该合作建房项目及相关的合同进行分析,对合同的效力、后续合同履行以及股权收购能否实现收购房地产项目等事项提出法律意见。

4.涉及国有股权和集体股权

涉及国有股权和集体股权的，依照法律规定必须履行特定的程序，如国有股权需要国有资产管理部门审批，需要进行审计和评估，通过指定的产权交易所挂牌交易等，而集体股权需要村民代表大会、村民委员会等按规定表决通过。在尽职调查阶段，对于标的股权存在上述两种类型的，应重点关注目标公司历史沿革中是否存在转让情形，转让过程中是否履行了特定的程序。

5.质押的股权

对于设定质押担保的股权，如果无法取得担保权人同意解除质押的，则项目公司股权转让存在根本的障碍。鉴于股权质押需要办理登记备案，一般情况下，可通过查询公司工商内档信息或者通过国家企业信用信息公示系统获知。

6.抵债的股权

抵债的股权包括：债权人通过债务人抵债方式直接取得股权并可自由支配的情形；债权人虽实际取得股权，但该股权将按照约定进行转让并以股权转让款偿还债权人债权的情形；抵债转让的股权实为担保，即债务人在约定的期限内偿还债务的，债权人应按照约定将股权转回给债务人的情形。在尽职调查阶段，应尽可能核查转让方股权取得的法律文件、要求转让方提供股权转让款支付凭证等获悉股权是否存在抵债的情形。对于名为股权转让实为担保的情形，在司法实践中往往被认定该股权转让行为仅仅是为债权提供担保，此种情况下，受让方受让股权的，应要求原股东（债务人）出具认可该股权转让行为的书面文件。

7.名股实债的股权

名股实债，即名义上是股权投资，实际上是发放贷款、享有债权。此类股权往往在股权持有期限、股权收益、股东权利的行使、股权回购等方面有特别约定，持股多数是为了享有股权投资带来的稳定收益，并不享有其他股东权利。如果所收购的股权存在此类情形的，需充分考虑本次收购的目的，如以控制开发房地产项目为目的，建议避开此种类型股权或妥善处理好此类股权后再行收购。

8.司法冻结的股权

涉及司法冻结或涉诉的股权，通常需先行解决相关纠纷，否则，将对股权转让产生障碍。因此，在尽职调查阶段，应通过查阅转让方提供的资料和工商部门的内档，包括公司设立资料、公司章程、原有的股权转让协议等文件资料，结合履行情况，对存在的股权纠纷及解决的可能性进行识别及判断。

（三）项目公司的负债

困境房地产项目通常涉及大量负债，往往都与房地产项目本身相关。在并购当中这些债务一般剥离不了，多由并购方承接或投资方解决。因此，在尽职调查中，应重点核查涉及债务的合同、往来流水、凭证以及审计报告等，必要时，可就债务事宜直接向债权人了解，以核查债务的真实性，为后续债务处理作出初步判断。

1.涉及优先债权人的负债

困境房地产项目所涉及的土地、房产通常存在抵押情况，以及工程款的欠付情况，而优先债权人的行权将直接影响投融资目的的实现。投融资之前需要对优先债权进行评估，设置妥善处置方案。因此，在尽职调查阶段，需重点关注导致优先债权产生的协议、所涉优先债权的金额，并视情况将优先债权的解决作为合作的前提。

2.民间借贷

很多困境房地产项目受累于民间借贷的高利息、高违约金。且有一些民间借贷打着投资的幌子，赚取超高额的利息，造成困境房地产企业难以翻身。在尽职调查中，应重点关注这类民间借贷，对债务涉及的合同期限、利息、罚息、滞纳金和违约金等约定进行重点核查和分析，必要时应与债权人进行沟通，确定最终的债务金额。避免介入房地产项目后，增加项目开发运作成本，延迟投资回收周期，进而影响项目投融资利润。

3.未披露、隐性债务

对困境房地产项目进行投融资，还需重点关注未披露或隐性债务所产生的法律风险。在尽职调查阶段，应要求项目方提供所有的合同台账、公章使用登记簿，通过对合同台账、公章使用登记簿的筛选，确定重大合同并进一步审查，同时结合合同履行情况，判断是否存在潜在的债务纠纷。

4.已披露但未确定的债务

对于已经披露但是最终未能确定的债务，应重点核查该债务产生的协议、履行情况，对债务的真实性作出初步判断，评估是否影响交易目的的实现。

5.诉讼、仲裁或行政处罚涉及债务

应当核查项目公司是否存在尚未了结的或可预见的重大诉讼、仲裁及行政处罚案件；关注项目公司转让方或项目公司的其他股东是否存在尚未了结的或可预见的重大诉讼、仲裁及行政处罚案件，因为如果股东存在此类情况，其又不具备执行能力，可能会对项目公司股权结构产生影响。

（四）项目公司的资产

对于房地产项目公司来说，其名下或掌控的土地、房产是其主要资产，也是投融资方决定投融资的关键所在，因此在尽职调查中应予以重点关注。

1.项目公司的开发资质

尽职调查中应着重核查项目公司是否具备开发资质、具备几级开发资质、资质是否到期，结合项目情况，确认项目公司是否具有与项目相适应的开发资格和能力。

2.土地使用权及在建工程

（1）需要核查项目公司是否取得土地使用权，签约的主体是否真实有效，其取得土地的方式是协议、招标、拍卖出让还是转让，土地使用权主体是否已通过多次转让，土地用途有无变更，是否存在土地开发限制条件。

（2）对于必须以分宗为前提的土地转让项目，可以调查原土地出让合同对于分宗及土地分宗转让是否存在限制，已开发建设用地的分宗情况，并向

国土规划部门咨询该宗地分宗的可行性，以综合判断该宗用地能否分宗。

（3）对于土地及在建工程涉及抵押的，应关注相关抵押合同对权利的限制。如涉及直接并购房地产项目的，则必须以解除抵押为前提；涉及股权并购的，可以视情况确定是否保留抵押状态。但是需注意抵押行为一般均与大额债务有关，需识别该债务是否与项目房地产相关，一般情况下，非与项目房地产相关的债务应予以剥离，与项目房地产相关的债务在双方确认的前提下可以由并购后的目标公司继续承担。

（4）涉及农用地、宅基地等集体土地

涉及农用地、宅基地等集体土地，如需收购的，应该依法履行必要的法定征收程序，将集体土地变更为国有土地。务必注意集体土地征收应依法获得村民委员会、村民会议或村民代表会议表决通过，否则将可能因程序问题引发纠纷甚至导致项目无法开展。因此，应重点关注已签署协议（包括土地一级开发协议、土地征地补偿协议等）的合法合规性、是否履行了必要的程序、被征地主体对征地行为的意愿和配合度、征地拆迁开展情况等。同时，虽然此类拆迁一般由政府主导，企业多为实际出资主体，但基于拆迁工作较为复杂且容易导致周期过长影响项目开展。因此，尽职调查过程中应实地考察，与当地拆迁主体代表进行沟通交流，以了解项目开展的实际情况。

（5）宗地涉及拆迁及相邻权、可能被收回问题

涉及这类问题，在尽职调查中，需要重点关注拆迁是否完成，拆迁进度情况，已签署的协议的合法合规性，是否履行了相应的法定程序，现有拆迁主体对于拆迁的态度及认可情况。同时对于拆迁房地产周边的土地利用现状，是否可能引发相邻权纠纷作出法律分析和判断。对于土地可能存在被收回的情况，既要审阅土地取得的原有协议、查询该片区的规划情况，也有必要向规划国土部门了解土地是否存在被收回的情况。

（6）土地用途、性质及变更用途的程序

通过查询土地权属证书，可获悉该土地的用途及性质。如涉及需要变更

土地用途及性质，还应了解变更土地用途及性质所涉法律程序，以确定土地变更用途及性质的可行性。

3.项目开发情况

（1）除须了解项目的基本情况，包括项目性质、容积率等规划指标外，还需特别关注项目是否根据进展取得了相应的政府批文，如建设规划许可、工程规划许可、建设施工许可、销售许可等。土地使用权及开发权的合法性也至关重要，须特别审查实际开发情况与政府批文是否存在不符的情况，与规划设计相对照是否存在变更情况，该等变更是否需要再次报批，同时还须审查是否进行了在建工程抵押。项目公司是否存在违规操作，已进行的开发建设是否存在重大安全或质量隐患。关于工程施工质量、消防等非律师专业知识所能及的问题，应提醒客户聘请专业人员进行核查。

（2）涉及项目开发的重大合同

涉及项目开发的重大合同，如规划设计合同、设备采购合同、建设施工合同，该等合同的签订是否履行必要的程序，如招标程序，合同内容是否全面、详尽，是否可能存在潜在纠纷，是否有权利义务约定不明等情况。

（3）项目已进行预售的

须审查销售合同中是否存在无法履行的承诺以及相应的违约责任，该等责任将可能造成多大损失等，另外，还需重点关注房产是否存在私售情况。

（4）无证的土地及房产

对于没有取得权属登记证明的土地及房产，应重点核查权属登记证明无法取得的原因，是否有取得的可行性，取得权属登记证明可能需要付出的成本及代价，并向该土地及房产所在地的国土规划部门问询、核实上述情况。

三、给律师同行的尽职调查风险防范建议

鉴于困境房地产项目投融资的特殊性，相较于一般行业的尽调，困境房地产项目的尽职调查范围广而复杂，且重点涉及主体、股权、债务、资产等诸多问题。为了保证法律尽职调查服务质量，防止失误，建议律师同行从以

下几方面加强尽职调查风险防范：

第一，尽职调查应通过律师团队共同完成，尽量不要由单个律师独立完成。尽调开始前，制定全面的调查方案，明确每个成员的工作和责任，由主办律师把握工作重点和难点。调查中应集思广益，建立合理有效的沟通协调机制，从而保证调查的有效性和针对性，满足客户需求。

第二，律师接受委托开展尽职调查，应向客户声明给予客户的是事实陈述和法律建议，商业决策权力和风险应由客户自行承担。

第三，对于未了解的情况、不确定的事实，应出具有条件的和保留的意见，并尽可能全面详细披露调查所得并声明未关注到的事项。

第四，尽调中，应善于与客户沟通，与被调查对象沟通，争取得到被调查对象的理解和支持。同时务必做好工作记录，这是证明律师勤勉尽责的依据。

第五，律师事务所要建立风险控制和质量控制程序，通过内部审核程序，把好质量关。

总之，困境房地产项目投融资法律尽职调查是一项充分考验律师业务水平和实践经验的工作，也是律师专业能力高下的试金石，需要我们不断地摸索方法和总结经验。

后　记
我的律师生涯与执业感悟

我立志成为一名律师，很大程度是受初中时期香港律政剧里的律师形象影响。当别人问我为什么会选择从事房地产法律业务，我常这样真诚地回应。人就是这么奇怪，潜意识会影响你的生命轨迹，这些模糊的向往和心里暗示，一直影响着我的律师生涯至今。就是因为这种"缘分"，我成为一名主攻房地产领域业务的律师。当然，我能够常年为房地产开发商及上下游企业服务，离不开中国房地产行业迅速发展和繁荣的时代浪潮。如今房地产行业日益复苏、并购浪潮渐至，作为拥有近二十年房地产行业法律服务经验、服务过五十多家知名房地产企业、参与过众多大型房地产并购项目的律师，希望能将自己一路走来积累的经验，尽可能系统、全面地分享给有志从事房地产并购业务的参与者。在并购时代浪潮中，有一份热，发一份光，指引一段前行的路。

大学时代曾读过一本书，书由一位七十多岁的英国退休律师撰写，书中记录了这位异国同行五十年执业生涯的点点滴滴，对我影响深远，使我早在大学毕业前便立志成为一名优秀律师。弹指间从业二十年，已成为一名资深律师的我，依旧热爱着自己的事业，也想尝试写本书，把对人生的思考与多年从业的执业感悟分享给更多的人，以此来回敬那位仰慕已久却恨未相见的前辈。

这些年，获得过不少嘉奖，让我尤为触动的是律师行业协会授予的"省、市优秀律师"殊荣，以及母校北京大学的广东省校友会授予的首届"优秀校友"称号，能同时得到母校和行业的认可和嘉许，是对我最大的鼓励。我时常提醒自己，要有积极面对困难的勇气，也要有苦行僧修炼的意志力，这样才能欣然接受人生不同阶段的不同旋律与感悟。我也经常鼓励饱受挫折的当事人，不能消极地生活与工作，相反，应该积极面对一切，以因果关系来表达："是对'因'的执着，对'果'的坦然接受。"个人认为，律师的最大社会价值是法律风险防控和争议纠纷解决，所以，我盼望能跟一起奋斗的法律从业者、至友和每一位读者互助共勉，一起追求与践行人生价值，传递出源于自己的"正能量"。我也经常用一句话，来鼓励他人也激励自己："眼中星辰大海，心中皓月空中。"我们要站在前人的肩膀上仰望星空，我们需要比前人更加饱含热爱和脚踏实地。

衷心感恩律师行业与金鹏律师事务所的众多前辈及金鹏创办人王波会长，有了他们的耐心引导和谆谆教诲，我才得以在房地产业务领域深耕，也期盼本书能为房地产相关行业人员以及有志于从事房地产并购业务的参与者带来一点借鉴。同时衷心感谢中国法制出版社的编辑老师们、金鹏律师事务所同人和我亲爱的团队伙伴们，本书能够出版离不开他们对我的用心支持。祝愿我们都站在前人的肩膀上，抓住时代浪潮，守正创新，未来的发展之路一定会更加敞亮！

最后，感谢广东省北京大学校友会徐枢会长专门为本书作的诗《贺吕春华校友专著〈房地产并购实务：操作指引与案例精释〉付梓出版》（新韵），这篇七言律诗表达我写作的心路历程：

廿年实录亮新篇，严幄精求笔下妍。
法理兴邦恩百姓，爱心阅世付桑田。
挑灯展卷经寒暑，案例挥毫废寝安。
大道为公楼市净，放飞梦想向青天。

图书在版编目(CIP)数据

房地产并购实务：操作指引与案例精释 / 吕春华著.—北京：中国法制出版社，2023.5

ISBN 978-7-5216-3391-7

Ⅰ.①房… Ⅱ.①吕… Ⅲ.①房地产业－企业兼并－研究－中国 Ⅳ.①F299.233

中国国家版本馆CIP数据核字（2023）第058187号

策划 / 责任编辑：黄会丽（foreverhuili@163.com） 封面设计：周黎明

房地产并购实务：操作指引与案例精释
FANGDICHAN BINGGOU SHIWU: CAOZUO ZHIYIN YU ANLI JINGSHI

著者 / 吕春华
经销 / 新华书店
印刷 / 三河市紫恒印装有限公司

开本 / 710毫米×1000毫米 16开	印张 / 22.5 字数 / 311千
版次 / 2023年5月第1版	2023年5月第1次印刷

中国法制出版社出版
书号 ISBN 978-7-5216-3391-7　　　　　　　　　　　　　定价：88.00元

北京市西城区西便门西里甲16号西便门办公区
邮政编码：100053　　　　　　　　　　　　　传真：010-63141600
网址：http://www.zgfzs.com　　　　　　　　编辑部电话：010-63141785
市场营销部电话：010-63141612　　　　　　　印务部电话：010-63141606
（如有印装质量问题，请与本社印务部联系。）